アダム・スミスの市民社会体系

アダム・スミスの市民社会体系

高 島 善 哉 著

岩 波 書 店

新版『アダム・スミスの市民社会体系』への序文

本書の成立の事情ならびに研究目的については、「旧版『近代社会科学観の成立』への序言」においてやや詳しく述べておいたから、ここで改めて言及する必要はあるまい。ただ、本書をこのような形でふたたび世に問うことを許された著者としては、新たに若干の感想を抱かないわけにはいかないのである。

まず本書の成立の事情について一言しよう。旧著『近代社会科学観の成立』の刊行(東京出版、一九五八年)から早くも十五年の歳月が流れた。この間国の内外におけるアダム・スミス研究の成果には、目を見はらせるに足りるものがあった。他国のことはしばらくいわないとしても、わが国におけるスミス研究の機運は年とともにますます高まるばかりであった。たとえば、シャフツベリーやハッチスンとスミスとの関係、ホッブズやロックとスミスとの関係、ヒュームやファーガスンとスミスとの関係、ステュアートとスミスとの関係など、まだこれまで開拓されるべくして必ずしも然るべき開拓をみなかったスミス研究の作業に、一大躍進の時期が訪れた。このことは多分アダム・スミス生誕二百五十年記念(一九七三年)となんらかの関係があるであろうし、また来るべき『国富論』刊行二百年記念(一九七六年)の目途とも深いつながりがあるであろう。私が半生にわたる自己のアダム・スミス研究に一応の結着をつけ、本書を不完全ながらこのような体裁の下に刊行しようと決意するに至ったその動機の裏には、このようなわが学界の新動向があったことを認めないわけにはいかない。

これらの一連の研究によって、旧来のようにたんに経済学者としてのアダム・スミスが解明されたばかりでなく、さらに進んで、社会思想家としてのアダム・スミス、道徳哲学者としてのアダム・スミス、文明批評家としてのアダム・スミスの相貌がしだいに浮き彫りにされるに至った。そればかりではない。さらに進んで、スコットランド歴史学派の一代表者としてのアダム・スミス、重商主義や植民地問題など時代の大きな問題と対決しようとする時論家としてのアダム・スミスといった、これまで比較的等閑視されてきたスミスが新たな照明の下におかれるようになった。その結果として、現在私たちが持っているアダム・スミス像には、にわかに厚みと深さが増してきたように思われる。たとえば、スミスの同感概念にたいする理解の深さにおいて、スミスのインターナショナルな性格とナショナルな性格との相即関係の認識において、いわゆる近代化の闘士としてのスミス像の再認識において、いちいち枚挙にいとまがないほどである。さらに伝えられるところによれば、最近スミスがグラズゴウ大学において行った講義の新たなノートが発見されたという。このノートは、すでにキャナンの手によって公刊されたいわゆる『グラズゴウ大学講義』(一八九六年)が経済学を主な内容とするものであるのにたいし、法学を主な内容とするものであるといわれる。いずれこの新たなノートが目下進捗中の『アダム・スミス全集』に加えられ公刊されることになれば、わが国におけるスミス研究者の視野にまた新たな局面を展示することになるであろう。

旧著の公刊以来十五年の歳月が流れたにもかかわらず、私はこれらの新たな諸研究からどれだけのものを摂取しえたかはもちろん疑問である。率直にいって、私はほとんど学ぶべきものを学んでいないといわざるをえない。それはこれらの諸研究が学ぶに値しないというのではなく、思いながらもそれに「ついていく」心の余裕を持たなかったというのが偽りのない実情であろう。私は一人のスミス研究者として自らの怠慢を深く恥じるほかはない。それにもかかわらず、なぜ私が本書の公刊を決意するに至ったかということには、右に述べた学界の新動向に触発されたというとのほかに、私自身の半生にわたるアダム・スミス研究に、この辺で一応のまとまりをつけてみたいという気持にかられたということがある。思えば、旧著『経済社会学の根本問題』(一九四一年)の中で私がいわゆる「アダム・スミス問題」ととり組み、スミスにおける三つの世界――道徳と法と経済――の関係の究明に立向かってから、三十二年を閲したわけである。たとい新しい世代の研究者たちの歩みが私のそれよりも比較にならぬほど早く、今日一老学究がはるか彼方におき去りにされたという感じを禁じえないとしても、私には私のペースがあり、私自身の姿勢があったことを自ら恃みとするほかはない。かりに本書が国の内外におけるアダム・スミス研究の新たな水準からみて、すでに季節外れのものだとしても、もしそれがわが国のスミス研究者にとってのり越えられるべき一つの里程標であるということができるとすれば、私にとって本書を改めて公刊する意義は十二分に認められたものといわざるをえない。

それはともかく、この機会に当って、私はできるだけ本書をアップ・ツー・デイトなものにしようと努力し、ここかしこに新たな補注を付加し、思索の不足や表現の不十分をできるだけ補足し書き改めた。とくに終章「市民社会と資本主義体制」は、本文の全部にわたって書き改められたことを明記しておきたい。読者はこれによって、私が本書において何をいおうとしているかを端的に知ることができるであろう。著者が現代のアダム・スミス研究に求める基礎視角が何であるかを、私はここに要約して示したつもりである。そして今回新たに付け加えられた二つの補論は、右の終章と相俟って、スミス研究者である著者の問題意識を一層はっきりさせるのに役立つであろうと信じる。なお補論一「価値論の復位」は『経済評論』(一九四六年八月)に、補論二「体制概念と価値法則」は『人文』(一九四七年六月)に掲載されたものであるが、本書に再録するに当っては多くの加筆訂正を施した。とくに補論二はほとんどまったく書き改められたことをお断りしておく。

つぎに本書の研究目的について一言しておこう。この点については旧著の序言においてやや詳しく述べてあるから、もはやそれをくり返すのは無用である。私はただ、本書に旧著『アダム・スミスの市民社会体系』という標題を復活させたことについていっておかなければならない。それはいま述べた私の問題意識である「市民社会と資本主義体制」に、直接結びついていることだからである。

市民社会という名辞は発想としてイギリス－フランス的であり、社会科学のカテゴリーとしても西欧以外の諸国においては容易に市民権を獲得しがたい運命にあった。わが国において、この名辞がまだ十分に学界の認めるところとなっていないのはまことに驚くべきことであるが、けっして怪しむに足りないのである。ある者は、市民社会というものはすでに過去的なものであり、大衆社会というカテゴリーがそれにとって代らなければならないと考え、他の者は、市民社会は資本主義社会と同義語であるにすぎないと考える。さらに他の者は、市民社会なる語はつまるところ、基本的人権、民主主義、契約の自由、思想言論の自由などと同様に、一つのイデオロギー的な表現にすぎないと解している。これらの見解がすべて誤解でなければ偏見であることは、本書の研究によって剰すところなく論証されえたであろうと私は信じる。近代市民社会が人間共同体の特殊歴史的な存在様式であること、それは経済を基底として展開する社会ではあるが、たんに物質的生活の総体としてではなく、政治的、教育的ならびに精神的文化の総体をも包含するものとして把握されなければならないこと、にもかかわらずそれが優れて経済的な社会として、経済に即して把握されなければならないこと、以上のことを私は本書においてできうる限り明確に論証しようとした。アダム・スミスの学問体系はまさにこのことを実証するものであると考えられるからである。私はこれを生産力の体系としてまさに社会把握する。それは前述の意味において、物質的、社会的、精神的文化の総体を集約するカテゴリーであり、まさに社会科学の最も基本的な範疇の一つだといわなければならないのである。

経済学は市民社会の解剖の学として生れたといわれる。近代経済学者や近代政治学者がこの命題を理解しえないのは、彼らが市民社会の正しい概念を把握しえないことから由来する。しかしマルクス主義の立場に立つ人たちの側においてさえ、市民社会概念の混乱が未だに続いているのはなぜであろうか。思うにこれはマルクスその人の中に原因があったであろう。周知のとおり、初期のマルクスは市民社会の概念を、当時の先進国であるイギリスやフランスから学びとることができた。しかし当時のドイツにはこれに該当する適切な言葉がなかった。言葉がなかったのは市民社会の現実そのものがなかったためである。ヘーゲルと同様マルクスは、市民社会の発想と実体を知るためには、結局市民社会の母国であるイギリスへ赴かなければならなかった。そこでマルクスは、経済学は市民社会の解剖の学であることを発見し、そのことによって彼は、ドイツ的市民社会像の観念性を克服することができたことは、一般によく知られているところである。とはいえこのマルクスにしても、初めから一義的で疑問の余地のない市民社会概念を身につけていたわけではなく、その研究が進むにつれて彼の概念もまた整備され豊富化され、浄化されてきたものであることは明らかである。この過程の追跡と究明が、これまでのマルクス研究者の間で必ずしも十分でなかったとすれば、これはむしろ驚くべき現象ではあるまいか。私はこの意味において、望月清司『マルクス歴史理論の研究』(一九七三年)に一つの画期的意義を認めるのに吝かではない。それはマルクスの市民社会概念の検討をヘーゲルから始めるのではなく、スミスから始めることを示唆するものであり、市民社会把握の理論はたんに経済理論の問題ではなく、同時に歴史理論の問題であることを教えるものである。そしてこれこそまさにアダム・スミスの市民社会概念に内包されている発想なのである。

本書の再刊に当り、私の申出でを心よく受諾して下さった岩波書店編集部の方々に深甚の謝意を表したい。これらの方々の御厚意がなかったなら、私は旧稿をこのような形にまとめ上げる機会を永久に持たなかったであろう。最後に、本書の校正ならびに索引の作製については、一橋大学助手佐伯尤氏の御協力に負うところが多かった。これまた心から感謝の意を表したいと思う。

一九七三年秋

著　者

旧版『近代社会科学観の成立』への序言より

本書の研究目的ならびに研究態度について述べる前に、本書の成り立ちについて一言しておかなければならない。第一章から第五章までは、旧著『経済社会学の根本問題』(一九四一年、日本評論社)の第二部「アダム・スミスと市民社会の問題」として公表されたものであるが、それはまだ、私のいわゆる経済社会学者としてのアダム・スミスについて語るに止まるものであった。太平洋戦争に突入しようとする危機寸前の当時の状況の中においては、スミスについて語ることはけっして尋常一様の仕事ではなかった。そこに大きな時代の制約があったことはやむをえないところであろう。何よりも、経済学者としてのアダム・スミスというもっとも重要な一環が、そこでは故意に脱落させられていたことは、スミス研究としては致命的であったといってよい。

戦争の終結とともに事態は好転した。たとい私たちは明日の食糧を求めて書斎を外に歩き回らなければならなかったとしても、自由な学問研究の日がふたたび訪れたのは、かけがえのない喜びだったのである。私はさっそく、旧著では沈黙をよぎなくせざるをえなかった研究部分を増補すべく決意した。その増補版は一九四七年に、『アダム・スミスの市民社会体系』(日本評論社)として公刊されるに至った。そして本書の序論と、スミスの経済理論を論ずる第六章、およびスミスの歴史観を論ずる第八章が新たに付加されることになった。けれどもこの書物は当時のみじめな生活状況を反映して、紙質が粗悪であったばかりでなく、研究内容においてもなおすこぶる不満なところが多かった。私はその後同学の諸氏とともに、『スミス国富論講義』(全五巻、一九五〇―一年、春秋社)の刊行を試み、日本の民主化の線にそって学問の新たな機運に協力すべくつとめた。私はこの努力を通して、しだいに私のスミス研究に一応のまとまりを与えることができるようになった。その結果として生れたものが文庫版『アダム・スミスの市民社会体系』(一九五五年、河出書房)であって、本書の第七章「国家と経済」が新たに追加され、全篇にわたって多くの改訂が行われるとともに、かなりの数の注が付記された。

今回これを『近代社会科学観の成立』という新たな題名の下に、ふたたび、あるいは三たび世に出すについては、改めて全篇にわたりできるだけの改訂を行なったことはいうまでもない。それよりもむしろ、本書の題名がこのように新たに書き変えられたことについて、私は当然釈明の義務を負うものである。それは本書の研究目的を明らかにすることによって果されるであろう。

本書の研究目的は、社会科学者としてのアダム・スミスの全体像を理論的に摑みとろうとするところにある。アダム・スミスは経済学の父である。だからスミスにおいて経済学の生誕をみるということはもちろん誤りではない。誤りでないばかりか、きわめて当然の見方である。けれどもスミスが経済学の父となることができたのは、彼がたんに経済学者であったためではない。彼は同時に法学者であり、政治学者であり、さらに道徳哲学者であった。彼はたんに社会学者であったばかりでなく、同時に歴史家でもあった。彼はその上すぐれた思想家であり、文明批評家でもあった。このような視野の広さと資質の多面性は、すべて学問の偉大な創設者にはいつでもみられるところのものであるが、アダム・スミスにおいて特徴的なことは、第一にそれが近代的社会科学観の最初の体系的な結実として現れたということであり、第二にそれが社会科学の中の社会科学、すなわち経済学として歴史上最初の成型をとげたということである。アダム・スミスはたんなる経済学者ではない。だがしかし、アダム・スミスはたんに経済学者以外のものではない。私の研究目的は、スミスの思想に一貫して流れているとみられる社会科学的なものの見方を追求することによって、そこからいかにして経済学という特殊な学問が生れ落ちてきたかということを、理論的に解明することにあるといえる。このことは裏を返していえば、経済学者としてのアダム・スミスにおいて、近代的社会科学観の成立を読みとることを意味するものにほかならない。

経済学は市民社会の解剖の学だといわれる。この命題は経済学の古典時代において、もちろん正しい命題である。けれどもこの古典時代においても経済学だけが独走したのではない。市民社会というものはすぐれて経済的な社会であるとしても、たんに経済的な社会に止まるものではない。それは経済的であると同時に法的、政治的、道徳的な社会、一言でいえば、物質的ならびに精神的文化的な社会の総体であり、その歴史的に規定された特殊の存在形態にほかならない。このことは、現在ではわが国の社会科学者にとってはほとんど説明を要しない学問的常識に近くなっている。だから市民社会の解剖の学としては、ひとり経済学だけでなく、そのほかに政治学や法学や社会学や歴史学など多くの社会科学が存在しうるし、また歴史上そのような諸科学が存在した。市民社会の成立期においてこれらの学問の胎動をみたということは、とくにここに想起されなければならない。

このことは、十七世紀から十八世紀にかけてのイギリスにおける社会諸科学の成立過程を研究することによって、何びとの目にも明らかであろう。イギリスにおけるこの時期は、何よりもまず近代政治学の基礎がおかれた時期であった(ホッブズ、ロック)。また啓蒙史学の名の下に知られているように、新たな歴史意識と歴史研究の活発なめざめをみた時期であった(ヒューム、ギボン)。そして興味のあることには、社会学もまたイギリスのこの時期にその最初の姿を表わしたといってさしつかえないのである。社会学という学問についてどのような定義を下すのが妥当であるのか、いまは問題外として、ホッブズにたいする戦いの中に社会学の発端を認めようとするゾムバルトの見解には、注目すべきものがあるように思われる(W. Sombart: "Die Anfänge der Soziologie", in Erinnerungsgabe für Max Weber, 1923.)。この意味でアダム・スミスを社会学者として把握しようとする試みは、現在に至るまでその跡を絶たないのであって、このようなスミス解釈には一応も二応もの根拠があるといわなければなるまい。

私がかつてアダム・スミスをもって経済社会学者とみなそうとしたのは、このようなイギリスにおける社会諸科学の成立過程に着目したためであった。イギリスにおける社会科学の成立過程を研究してみると、それは政治学や法学や歴史学や社会学や経済学などの同時発芽の過程として現れながら、結局経済学においてもっとも代表的な開花をとげたものであることが知られる。換言すれば、経済学は政治学や法学や歴史学や社会学などと結びついて発達し、これらの社会諸科学との共通の地盤の上に結実したものであることが知られるのである。この共通の地盤というのは、歴史的社会的には市民社会の発達ということであり、学問的には社会科学的な思考様式の成立ということである。アダム・スミスの思想と科学はこのような社会的地盤と学問的風土の成熟によってのみはじめて出現が可能となったものであって、経済学者アダム・スミスは社会科学者アダム・スミスの集約的な、集中的な表現であるにほかならないのである。私がスミスを経済社会学者として把握しようとしたのは、実にこのような意味においてであった。

もう一度くり返していおう。市民社会はたんに経済的な社会ではないけれども、しかしそれはすぐれて経済的な社会である。だから市民社会の解剖の学としての経済学は、社会科学の中の社会科学であるという特権を主張することができると同時に、この特権を維持するためには、経済学の研究者は絶えずそれが市民社会の科学として生れたものであることを念頭におかなければならないのである。スミスは、経済をふまえ、経済に即して、このような市民社会の全体像を摑むことに成功した最初の人であった。スミスの経済学は社会科学としての経済学の根本要求を満たすものであった。

経済に即しながら市民社会の全体観を打立てようとするスミスのこの学風は、イギリスの経済学者ミークによれば、スコットランド歴史学派の特徴をなすものであるという(R. L. Meek: Studies in the labour theory of value, 1956. p. 52.)。ミークはこのような見方を指して唯物論的な見解だという。ミークの所説はイギリス経験論が唯物論的な一面をもっていたという意味においては正しいであろう。けれども言葉の正確な意味においては正しくないと私は思う。スミスによって代表されるかぎり、スコットランド歴史学派のいわゆる唯物論なるものは、正確には唯物論ではなくして即物論にすぎないというべきであろう。しかしながら、スミスが「事情に精通した観察者」の目をもって市民社会の現実を研究すればするほど、歴史と社会の動きを経済の動きに即して把握することになんらの躊躇もみせず、はっきりと「唯物論的」な考え方をとったということ、この点を私はミークとともに改めて強調せざるをえない。私が十七年前にこのようなスミス解釈に到達したときには、まだミークの所説を知らなかった。そしてミークの所説の拠りどころとなっているパスカルの論文(R. Pascal: "Property and society, the Scottish historical school of the eighteenth century", in the Modern Quarterly, Vol. 1, No. 2, March 1938.)はすでに公けにされていたにもかかわらず、不幸にもそれに気がつかなかった。私は顧みて自己の不勉強を恥じるとともに、しかしこれらの諸研究とは独立にほぼ同様のスミス解釈に到達していたことを今日知ることができて、これを不幸中の幸いであったと考えている。

つぎに本書の研究態度について一言しなければならない。『経済社会学の根本問題』においてスミスと対比されたものは、ドイツの社会科学者、とくにヘーゲルとリストであった。これは当時の学問状況の下ではやむをえないところではあったが、スミスをただ後方から、すなわち逆光線に照らすことによってその進歩性を露出させようとしたにすぎなかった。これは、当時として許されうる一つの消極的抵抗の形態であったといってよいであろう。だがすでに述べたように事態は一変した。私たちはスミスをたんに後方からでなく前方から、スミスをたんに逆光線におくのでなく正射光線の下におくことを学ばなければならない。スミスはいまやたんにヘーゲルやリストとのつながりにおいてでなく、マルクスとのつながりにおいて再検討されなければならないようになった。この点からいえば、スミスは市民社会の科学者ではあったが、資本主義体制の科学者であったということはできない。マルクスにおいてはっきりと確立された資本主義体制の意識は、当然のことながらスミスにはなかった。スミスの社会観はまだ即物論的であったが、マルクスのそれは唯物論的であった。スミスの科学は動的発展的な見地を持たなかったが、マルクスのそれはすぐれて動的発展的な論理を持っていた。スミスの歴史観は啓蒙の合理主義を出なかったが、マルクスの歴史観は啓蒙の合理主義とロマン派の歴史主義を統一しようとするものであった。この意味において、近代社会科学観の真の確立はマルクスにおいてはじめてみられるものであって、スミスはそれへの最初の偉大な里程標を打立てたものであるということができるであろう。本書が『近代社会科学観の成立』という新たな題名の下に世に現れたのは、実はこのような構想によるものである。

これでもわかるように、本書は主として理論的研究である。研究の材料は学説史の上に求められているけれども、それをどこまでも歴史的に素材的に研究しようとするものではない。現代社会科学の光に照らしてみて、何をアダム・スミスは教えているか、現代の社会科学は何をそこから学ばなければならないかというモティーフから本書の研究は行われている。このために、スミスがおかれていた当時の精神的ならびに社会的状況を前後左右の連関において跡づけるという仕事は、ここでは直接にはほとんど行われていない。およそ学説史の研究態度としてはきわめて一面的な、超越的な研究態度であることを私自身よく知っている。このために、本書にはきわめて多くの欠陥が現れていることを告白しなければならない。そしてかりにもっぱら理論的研究の課題の中で作業を進めるとしても、なお意に満たないところはけっして僅少ではないが、主として健康上の理由からいまはやむをえないと考えている。ただ本書の超越的な性格について一言することを許されるなら、それは本書が一つの理論的な研究書であることからきているものであって、私自身としては、できるだけスミスに内在しようと心がけたということを強調しておかなければならない。日本におけるスミス研究者の態度には超越的な研究態度が横行しがちであるという現状からみて、私はこのような内在化の必要を痛感するのである。

日本におけるスミス研究には二通りの型がある。一つはマルクス経済学の立場から行われているもので、いま一つは近代経済学の立場から行われているものである。これらの研究者は、立場は正反対でありながら、スミス解釈において超越的であるという点で非常に接近している。これは一見奇妙な現象であるようにみえるかもしれないが、実はそうではない。マルクス経済学者はスミスのうちにマルクスを探し求めようとし、近代経済学者はスミスのうちに近代理論の原点を発見しようとする。人間の解剖が猿の解剖の一つの鍵であるかぎり、これらの経済学者たちのスミス解釈の態度も必ずしも誤りであるということはできない。それは理論家としてやむをえない超越的な態度であるということもできるであろう。だが近代経済学者の場合は論外としよう。マルクス経済学者の場合は問題はおのずから別である。たんに理論的であるだけでなく、同時に歴史的であるということ、すなわち歴史的にして同時に理論的な研究態度がマルクス経済学の基本態度であるとするなら、アダム・スミスについての正しい研究態度は、たんにマルクスからスミスへではなく、同時にスミスからマルクスへの道を跡づけることによってはじめて確立されうるものといわなければならない。人間の解剖は猿の解剖の一つの鍵であると同時に、猿の解剖は人間の解剖のもう一つの鍵である。わが国のマルクス経済学者によるスミス解釈には、この意味でなお再考を要する問題が残されているのではなかろうか。

本研究はこのような残された問題にいくらか答えようとして書かれたものであるけれども、どこまでその目的を達しているか、もちろん自信はない。戦前から戦後を通じて、わが国には非常に多くのすぐれたスミス研究書が現れた。たとえば大河内一男、大道安次郎、遊部久蔵、越村信三郎、小林昇、内田義彦、藤塚知義、水田洋等の諸氏の研究によって、わが国のスミス研究は世界の水準に近づいているといってもおそらく過言ではあるまい。私はこれらの諸氏の研究からもっと多くのことを学ぶべきであった。もし私の健康が許せば必ずそうしたであろうと思う。それにより本書の内容が一そう豊かで客観的なものとなりえたであろう。残念であるが、いまはその余裕がない。これらの諸氏の学恩に感謝しつつ他日を期さなければならない。

一九五八年五月二一日

高島善哉

この書物でもっとも頻繁に引用されるスミスの主著を列挙して、いちいち書名を引用するの煩を省いておく。

1. The Theory of Moral Sentiments. To which is added, a dissertation on the origin of languages. With a biographical and critical memoir of the author, by Dugald Stewart. Reprinted from stereo-plates by William Clowes and Sons, London,

1892. 米林富男訳『道徳情操論』上下（一九四八―九年）、水田洋訳『道徳感情論』（一九七三年）。本書においては『道徳感情論』として引用する。

2. Lectures on Justice, Police, Revenue and Arms, delivered in the University of Glasgow by Adam Smith. Reproduced by a student in 1763 and edited with an introduction and notes by Edwin Cannan, Oxford, 1896. 高島善哉、水田洋共訳『アダム・スミス グラズゴウ大学講義』（一九四七年）。本書においては『講義』として引用する。

3. An Inquiry into the Nature and Causes of the Wealth of Nations. Edited with an introduction, notes, marginal summary and an enlarged index by Edwin Cannan, With an introduction by Max Lerner (The Modern Library), New York, 1937. 竹内謙二訳『国富論』一―五（一九二一年）、大内兵衛、松川七郎共訳『諸国民の富』一―五（一九五九―六六年）、水田洋訳『国富論』上下（一九六五年）。本書においては『国富論』として引用する。

目次

序論　アダム・スミスと現代の立場

哲学者にして社会学者、倫理学者にして経済学者、文明史家にして社会批評家であるアダム・スミスについて語ることは、研究者にとって終生のよろこびであるとともに、また至難の課題であるに相違ない。スミス生誕(一七二三年)より今日に至る二五〇年の間に、近代の文化と社会とはいくつかの革命的な変転を経験した。たとえば十八世紀末のアメリカ合衆国の独立、フランス革命、十九世紀中葉における七月革命および二月革命(とくにドイツ)、十九世紀末における「社会問題」および社会不安の昂進、二十世紀初頭における第一次世界大戦とそれに続く社会危機(とくにロシア革命)、そして最後に、第二次世界大戦の勃発とそれが世界史上にひき起した激変などはそうである。これらの重要な世界史的変革の起るたびごとに、人びとは多面的で包括的なアダム・スミスの許へ帰って行く。それは人びとが、スミスにおいて近代の文化と社会の全体観に復帰できると考えるからにほかならない。また、スミスが歿してから(一七九〇年)今日に至るまで一八〇年余、近代社会を論じながら彼について語らない者はほとんどなく、彼に言及しない著者はほとんどない。にもかかわらず、人びとはこれら先人のスミス解釈に満足しないで、いま一度スミス自身の全体観に立ち帰ろうとするのである。そこに古典としてスミスの偉大さがあり、われわれにとって古典解釈における無限のよろこびがあるのである。

それでは、ここにいわゆる近代の文化と社会の全体観というのは何であろうか。またなぜこのような全体観がとくに変革の時代に要求されるのであろうか。

一　社会の科学

封建的な文化および社会にたいする近代的な文化および社会の特色は、一言にしていえば市民的civilという言葉でいい表わすことができるであろう。もし封建的なものの特質をもって、身分的・隷属的・因襲的・非合理的な人間関係であるとするならば、市民的なものとは、ちょうどこれらの諸関係の否定、すなわち民主的・同権的・開放的・合理的な人間の社会関係において成り立つというるであろう。だから近代社会の正しい理解は、市民社会の物質的ならびに精神的構造をはっきり摑みとることによってはじめて可能となるといえる。近代の文化と社会の全体観といわれるものは、とりも直さず、市民社会の物質的ならびに精神的構造の全体像を指すものである。ところで封建社会は、まさにそれが身分的・隷属的・因襲的・非合理的な社会であったから、全体として固定的・停滞的であり、したがって封建社会の全体はたやすく見通しのできる、直接的な、与えられた全体であった。(1)これに反して、市民社会の全体は見通しの困難な、直接に与えられていない、反省と模索によってはじめて眼にみえるものとなる全体であった。なぜなら、市民社会においては上からの統治の代りに下からの自治が、隷属の代りに独立が、束縛の代りに自由が、非合理の代りに合理が支配する結果として、全体は、自由で自主独立、合理的で開放的な個人の活動を通して、いわば動的統一としてはじめて生成してくるものだからである。もし封建社会の全体性が静態的全体性であったといえるならば、市民社会の全体性は動態的全体性であるというべきであろう。

（1） ここでは封建社会の厳密な規定について述べているのではない。市民社会の特質を浮彫りにするために、これとの対比において、封建社会の特質をネガティブに述べているだけである。封建社会からすべての合理性を剝奪したり、封建社会の動的性格をまったく無視したりするものでないことはいうまでもない。

最も広い意味での社会学[(1)]、あるいは社会の科学としての社会科学は、本来、このような動的全体性の把握を目指して生れたものである。全体が上から与えられているような封建社会にあっては、近代の意味における個人がないから近代の意味における社会というものもなく、したがって社会的全体への探求心も起りえない。ところが市民社会にあっては、全体は諸個人によって造られながら、造られた全体が逆に諸個人を支配するようになってくる。個人の立場からこれをみるならば、市民社会の成立期以来、社会の全体はつねに個人の日常的世界を超える魔力的な存在となってくる。全体は固定されないで動いているから、かえって個人にとって活力と不安の源となる。ここに全体にたいする個人の戦いが始まる。すなわち全体を見通しのできるものとしようとする個人の努力が始まるのである。全体にたいする個人のこのような戦いは、封建的全体性にたいする闘争が封建社会それ自体の解体を目指していたのとはちがって、市民社会の全体性を見通しのできるものとすることによって、自我の拡充と個人生活の安全感とを確保しようとする近代人の努力の現れにほかならない。これがすなわち近代になってはじめて社会科学というものが成立するに至った根因なのである。だから社会科学はその本性上市民社会の産物であり、市民社会の全体性を確かめようとする近代人の根本欲求の現れなのである。

（1） sociologie という言葉は、もともと社会の論理を明らかにする学という意味を持っている。オーギュスト・コントがこの言葉を使用したときにはそうであった。

われわれはこのことから、どうして封建社会に社会がなく、したがって、どうして封建社会に社会科学というものが起らなかったか、その根拠をよく理解することができるであろう。社会の発見は、コロンブスのアメリカ発見と同じく近代のことに属する。しかしコロンブスによるアメリカの発見が、近代科学の発達と近代植民経済の胎動を前提としたように、社会の発見は自己意識の確立と商品流通の発達を前提とした。これが大切な点である。このことを説明するのに、中世の現物経済が貨幣経済によって浸透され、代置された結果だというのはあまりに抽象的ないい方である。もっと具体的には、封建的な閉ざされた社会体制が、商業資本の確立と活動によって、近代的な開かれた社会に発展し、開かれた社会に変革された結果だというべきである。そしてこの商業資本と封建勢力との戦いの過程において、商業資本はあるいは産業資本に転化し、あるいは商業資本と産業資本が互いに相争うことによって、全体として封建諸力の紐帯を弱め、近代的統一国家の成立を促進することになった。だから、真に近代的な国家の成立は、市民社会の発見と発達によってはじめて可能となったのである。しかしその前に、この市民社会の発見と発達は、商業資本や産業資本の発達によって、すなわち近代資本主義体制の成立によってはじめて可能となったものであることを見落してはならない。

もちろん、市民社会がそのままに資本主義社会であるのではない。(1) しかし資本主義社会は市民的人間関係を前提し、その歴史的帰結として確立された。だから、近代の文化と社会の全体性を確認しようとする社会の科学が、市民社会の科学として、したがって資本主義社会の科学として結晶したということはけっして偶然ではない。経済学は、この意味において、社会科学の王座を占めるべき運命を持っていたし、また事実このようなものとして登場した。後に明らかにするように、市民社会はもちろんたんなる経済社会ではなく、それは経済的物質的契機とともに、道徳的・政治的・法制的等の諸契機をも含み、これらの諸契機の統一体として表象されるものである。しかし、市民社会は資本主義社会として完成される。市民社会の全体性を指示するものは経済学であり、したがってまた逆に経済学はいつでも、市民社会的全体性の科学的確認を心がけるものでなければならない。アダム・スミスの市民社会体系は、歴史上はじめて、この要求を実現した最も偉大な企てである。

（1）市民社会と資本主義体制の関係については、本書の結論および補論二を参照されたい。両者のちがいは把握様式のちがいであり、さし当りここでは同一物を指しているとみて差支えない。

イギリスは経済学の母国であるといわれるが、しかし経済学だけではない。イギリスは広く社会科学の母国であった。それはイギリスが市民社会の、したがって資本主義社会の母国であったことと必然的に結びついている。だから、国家論も政治論も、あるいは道徳論も法律論も、その近代的な形においてはまずイギリスで展開されたといってよいのである。たとえば、オランダはイギリスに比して近代史上一歩を先んじ、近代文化の先鞭をつけた国である。しかしこのオランダの生み出したもろもろの思想体系さえも、その貿易上の覇権とともにイギリスに受け継がれ、イギリスで実を結んだということができるであろう。そしてここからふたたびフランスやドイツのような大陸の諸国に散布されたのである。かくて、イギリスにおけるホッブズからロックを経て、ファーガスンやヒュームとともに、スミスに至る全時期は、社会科学の成立上最も興味深い、最も重要な創成期といってよいであろう。まずホッブズが自然法と自然権とをはっきり分離して、個人の権利を確立したこと、ついでロックが自然権に基いて私有財産を絶対的に基礎づけ、統治の目的は財産の保護にあると宣言したことなどは、近代社会科学の発達上きわめて重要な礎石をおいたものであった。他方ホッブズやロックの政治社会思想は、フランスのモンテスキューやルソーを経て、間接的にもスミスに測りしれない影響を与えたが、スミスの同時代人で先輩であるファーガスンやヒュームが、スミスの市民社会観に寄与するところは一層大であった。(1) アダム・スミスの市民社会体系は、実にこれら諸思想家の集大成としてはじめて出現しえたもので、それは十八世紀におけるイギリスの世界史的地位に照応するものであった。

(1) ファーガスン、ヒューム、スミスはみなスコットランド人であった。経済学を初め社会科学の創成期を担ったのは、正確にはこれらのスコットランド人たちであって、イングランド人ではなかったことに注意。

周知のとおりアダム・スミスの体系は、宗教・芸術・言語・哲学・倫理・政治・法律・経済など社会文化の全領域に及んでいる。彼の最後の目的は世界史を書くことであったといわれる。さらに彼の哲学論文集は、彼の興味が天文学や数学にまで及んでいたことを示している。彼ははじめ論理学や美文学の講師として出発したが、市民社会の事情に精通しようとする彼の不断の欲求は、『道徳感情論』を通じて『国富論』の著作の執筆に赴かせ、最後に法および司法の分野にまで彼を駆り立てた。彼はその眼前に展開される市民社会の精神的ならびに物質的諸契機を、事情に精通する第三者の立場をもって観察し記述した。スミスはこれを「公平な観察者」の立場とも名づけている。けれども彼はたんに観察のために観察したのではない。彼はその豊かな人生経験と観察眼を通して事物の自然を認識し、それの実現のために熱心に戦ったのである。彼は究極において「見えざる手」の働きを信じ、自然の理法を信じていた。だから、アダム・スミスの全体観を基礎づけていたものはやはり自然法哲学であったことにまちがいはないのである。しかしながら、スミスの自然法はもはやホッブズやロックのそれと同じものではなかった。スミスにおける自然法は、もはや自然状態の仮説や原契約の擬制を知らない。それは十七、八世紀自然法思想と同じく、ギリシア的自然法やキリスト教的自然法の名残りを止めてはいるが、スミスの自然法観の特色は、思弁的形而上学的なものではなく、経験的なところにあった。われわれはこの意味で、スミスにおける経験的自然法[1]の構造について語ることができるであろう。

(1) もちろんこれはスミスが使用した言葉ではない。私自身の造語である。だがこの造語の不当でないことは、以下本文の叙述によって自然に理解されてくるであろうと信じる。

経験的自然法の発達は科学の発達と一致した。十七、八世紀の人びとは超経験的なものを経験の網の目を通して摑みとろうとした。十七、八世紀の人びとは神の秩序を否定しようとするのではないが、自らの力によって神の秩序を跡づけようとするのである。これが自然科学および社会科学の思想上の母体であった。人間による自然の克服、人間による社会の克服、これはともに自我に目覚めた近代人の業績であり、それは同時に封建的社会関係の解体と近代的社会関係の生成に結びついていた。だから、もしアダム・スミスにおいて経験的自然法をとり上げようとするならば、自然法思想の形而上学的残滓や十八世紀的制約の批判にばかり囚われていて、その経験論的全体観の確立という輝かしい一面を見逃すようなことがあってはならない。そして、この経験論的全体観の確立こそは、今日の言葉をもっていうならば、哲学と科学との結合なのである。近代の文化と社会の全体観は、哲学と科学との結合によってはじめて保証される。今日人びとの求めるものはこれでなくてはならない。

以上において、われわれはスミス解釈の問題に触れながら、第一の問い、すなわち、近代の文化と社会の全体観とは何であるか、について述べた。つぎにやはり同じスミス解釈の問題に触れながら、第二の問い、すなわち、どうしてこの全体観がとくに変革の時期に要求されるか、について論じよう。

二　スミスへの復帰

市民社会がそれに先行する歴史の所産であったように、市民社会それ自らもまた一つの歴史を持っている。前の意味においてそれは市民社会の成立史(前史)となり、後の意味においてそれは市民社会の発展史(本史)となる。このような市民社会の生成・発展・変革の全歴史を通じて、市民社会の全体観がとくに問題としてとり上げられなければならなかったのは、ほぼつぎの場合であったであろう。

第一には、封建体制から近代社会体制への過渡期においてである。この場合には、いわゆる ancien régime に比して近代社会体制の優越性が立証されなければならない。アダム・スミスの豊かな現実感と哲学的世界観、すなわち彼の経験的自然法の体系は、近代社会体制の優越性を十分に立証し、解明した。そして、これが封建主義への果敢な戦いの理論的基礎となり、いわゆる自由放任政策の熱心な推奨の基礎となったことは、人のよく知るとおりである。だから、ここでは全体はまさに実現されるべきゾルレンであるとともに、現に実現されつつあるザインであった。それはたとえばミュルダールなどのいうように[1]、自然法的社会観におけるザインとゾルレンの混同ではなくして、実は一致であるにほかならなかった。そしてこの両者の一致への過程がとりも直さず市民社会の成立史を形成するものであった。イギリスが十七世紀初頭から十八世紀初頭にかけ、長い間の政治的経済的争乱の結果として徐々に築きあげていった市民社会の全体制を、フランスはフランス革命によって一挙に強力的に実現しようとした。これにたいしてドイツは、十九世紀の中葉に至るまで封建遺制との抗争にはてしなく悩んでいた。だからこの場合、アダム・スミスの市民社会像は、なお一つのゾルレンとして、いわば一つの模範として、後方から眺められたにすぎなかった。これがいわゆる大陸におけるスミス主義者の立場であり、またスミスが大陸において熱狂的な追随者を見出した理由でもあった。このときイギリスにおいてはすでに一致していたザインとゾルレンが、これらの後進国ではなお分裂していた。そのかぎりにおいて、市民社会の全体観は一つの規範であったのである。

(1) G. Myrdal: Das politische Element in der nationalökonomischen Doktrinbildung, 1932.(山田雄三訳『経済学説と政治的要素』一九四二年)が、自然法におけるザインとゾルレンの混同を指摘しているのは失当ではない。しかしながら、逆にザインとゾルレンの混同をもってただちに自然法的であると一蹴してしまうのはあまりに超越的な見方であり、自然法の歴史的意義を理解しない見方である。

市民社会の全体観が問題としてとり上げられた第二の場合は、資本主義への反省として現れる。それはスミスへの讃美ではなく、スミスへの懐疑となって現れてくる。すでにイギリスにおいてはリカード派社会主義者、大陸においてはシスモンディがこのようなスミス批判の最初の型を代表したが、資本主義の自己反省という形で市民社会の全体観をとり上げたのは、社会主義の諸学派に属する人びとを別にすれば、新歴史学派の人びとであったといえるであろう。資本主義の暗黒面は、人びとをしてスミスの自然法的調和観に疑問を抱かせた。また生産と分配の背離は人びとをして市民社会の形式的平等原則やスミスの即物的社会観に不満を抱かせることになった。いわゆる社会問題の発生を契機として、アダム・スミスの市民社会観が再検討され、あるいは誤解され、あるいは補正された。ある者はスミスの利己心の代りに公共心をおくことによってその「唯物主義」を克服できると考え、ある者は市民社会の上に国家を据えることによって、またある者はメカニズムの思想の代りにオルガニズムの思想をおき換えることによって、スミスの体系を補修し、資本主義社会の矛盾を解決することができると考えた。いわゆる「アダム・スミス問題」の発生はこれである。

「アダム・スミス問題」をめぐって戦わされた諸論戦のうち、スミスの全体観を真に正解したものはきわめて僅かであった。われわれは後に(第三章「アダム・スミス問題」の教訓)この問題から正しい教訓を引き出すことに努めるであろう。そしてスミスの全体観を正解するためには、何よりも市民社会に内在的となることが必要なのである。すなわち、市民社会を物質的ならびに精神的な生産力構造の連関として、その多様における統一体として表象することがまず必要である。もし市民社会がその発達の途上において、はじめ予期しえなかった分裂や矛盾をひき起したとしても、それは市民社会の外部からではなく、市民社会の論理自体から理解されるべきことである。あるいはまた、現実の矛盾をもってスミス自身の矛盾とするのではなく、なぜスミス自身がこの矛盾を問題とすることができなかったのかと問わなければならない。かくて問題は、必然にスミスの自然法的調和観と経験的自然法の立場に溯ることとなろう。十九世紀末における市民社会の現実は早くも危機的な局面に達していたのに、新歴史学派の人びとは、一方においてスミスの調和観と戦いながら、他方においては市民社会の自然法的超歴史的性格を少しも疑わなかったのである。かくして、市民社会に内在するということは、究極において市民社会をそれ自身一つの発展としてそれに即しながらそれを越えることができるように、これを超越的に理解することを意味している。しかしそのためには、スミスの自然法的静態観を歴史的動態観によって克服することが要求される。現代がアダム・スミスから学ぼうとするものはまさにこの点にあるのである。

危機の意識は全体性喪失に関する意識であり、変革期とは全体性回復のための戦いの時期である。だから、市民社会の全面的危機の時代において、スミスの市民社会観がはじめて全き視野のもとに照らし出されるということができよう。これがスミスの全体観をとり上げる第三の、そして最も重要な場合である。

ところでこの問題は、個別的に専門科学の領域内でとり上げることもできるし、また総括的に世界観や社会観の問題としてもとり上げることができる。まず個別的な専門科学内部の問題としては、たとえば経済学・政治学・法律学・社会学・倫理学などの危機が叫ばれたが、これは実際のところ何を意味したであろうか。それはほかでもない。経済学や政治学や法律学が技術化され、社会学や倫理学が形式化して、これらの学問が現実的科学としての実質を失ったことを意味した。全体としての社会科学が、もろもろの個別科学の分業によって発達すべきであることは改めていうまでもない。しかしその場合、個別諸科学の分業がそれら相互の連関と統一を離れて具体的な意味を持つことはできない。それはちょうど全体としての生産過程が、分業を協業から切り離しては成り立ちえないのと同じことである。物の生産過程が生きた統一体であると同様に、市民社会もまた一つの生きた全体なのである。だから、比喩的にいえば、協業の原理は哲学の立場を示し、分業の原理は科学の立場を示すということができよう。かくて、哲学の科学からの分離は、個別科学の技術化をもたらすと同時に、哲学それ自体の観念化をもたらすであろう。個別科学が全体性を喪失するに至る過程は、そのままに哲学が、イデオロギー一般が現実性を喪失するに至る過程である。人はこれを文化の危機と名づける。だがこれを社会科学的にいえば、それは市民社会の危機であり、まさに資本主義社会の頽廃の徴候を示すものなのである。

それであるから、これまで資本主義社会がその一時的危機に遭遇すると、きまって市民社会勃興期の思想や哲学や科学が思い出された。けれども、その危機の波が一時的に遠のいた後では、共通の基盤を忘れた専門化の行進がふたたび始まるのである。しかし、いわゆる資本主義の一般的危機の時代になって文化の危機はその最高潮に達した。いわゆる全体主義的世界観といわゆる全体主義的諸科学の台頭こそは、二十世紀における市民社会の、したがって資本主義社会の危機の全面的な告白にほかならなかった。

さきにも述べたように、危機とは全体性の喪失の状態をいう。したがって、危機は全体性の回復による以外に救済の方途はない。この全体性回復のための行為は、一つの偉大な歴史的行為である。だから、いわゆる全体主義がその意欲を表わすのに全体主義 Totalitarismus という名称を用いたことは、少なくとも危機意識の表明としては誤りではなかった。けれども全体主義の致命的な欠陥は、そのいわゆる全体が、ただ意欲された全体であって反省された全体ではなかったということである。この場合全体の思想は、危機克服の意欲を表わすものとしては無条件に正しい。しかし、それは直接的に思念された全体であって、まだ科学の媒介を経ないいわば無規定な全体である。そこでは哲学は科学から分離され、主体は客体から引き離されている。あるいはむしろ、科学における専門化の傾向とは逆に、科学がそのまま哲学化され、客体がそのままに主体化されているといってもよい。これはけっして危機の克服ではなくてかえって危機意識の深化であるというべきであった。ところがアダム・スミスにおいては、たんに全体が意欲されたばかりでなく、それが市民社会の全体としてつぶさに反省され、物質的ならびに精神的な生産力構造の統一体として、経験科学的に跡づけられた。すなわち後にみられるように、道徳的世界、法および統治の世界、経済的世界という三つの世界は、分離と連関において分析され、秩序づけられ、統一的に把握されていた。さきに述べた経験的自然法の立場は、われわれが後に詳述するように、スミスをしてよく市民社会の実相に精通することを可能にし、これを一個の生きた機構として把握することを可能にしたのである。だから、ただ社会現象や社会文化の連関を説くだけでは不十分である。まだ全体は分析され規定された全体として、客観的に秩序づけられたものとなっていないからである。かの社会的ロマンティストや歴史学派の人びとが考えた全体は、この意味で、アダム・スミスに及ばざることははるかに遠いものがあるといえよう。全体主義者の全体観もまったく同じであった。この故に、危機意識の表明としての全体主義の最後の敗因は、それが市民社会に粘り強く内在したアダム・スミスの模範を無視して、空虚な全体観に足許をさらわれたことにあったといえよう。危機の克服は危機に内在することによってのみ可能であり、それは市民社会(資本主義社会)に内在することから始めなければならない。かくてわれわれはアダム・スミスに復帰しなければならないのである。

最後に、市民社会の全体観は、二十世紀の全体主義者たちよりもはるかに適切に、空想的社会主義者たちによってとり上げられていた。彼らの頭には後に「空想的」という枕言葉がつけられたけれども、市民社会の限界を認識し、その矛盾を洞察した点では、けっして二十世紀の全体主義者ほどに空想的ではなかったのである。その点で、彼らは市民社会にたいしてたんに超越的であるのではなく、相当な深部にまで内在的であったともいえる。空想的社会主義の市民社会批判が、現代文明の批判として今日のわれわれにとっても軽くみられてはならない理由がここにあるのである。(1) そして、市民社会の最初の諸矛盾を鋭い洞察力と豊かな感覚をもって批判的に受けとめた空想的社会主義の方が、資本主義の一般的危機の表現として出現した全体主義よりも、一層徹底して批判的であり、弁護的でなかったことは特筆に値するであろう。しかし、市民社会に内在しつつこれを超越する道を教えたものは、空想的社会主義ではなくて、科学的社会主義の業績であった。そしてこれが西ヨーロッパ諸国のうち、保守と進歩、封建主義と近代社会体制、革命と反革命との戦いが、最も遅くまで、最も執拗に戦われたドイツにおいて出現したということは、けっして偶然ではなかった。すでにヘーゲルはマルクスに先立って、市民社会を克服する一つの仕方を教えていたのである。

（1） 空想的社会主義の思想性格を、市民的人間または市民社会文明の批判と規定することができるであろう。この場合「資本主義的」といわないで、「市民的」といったほうがより適切であることに注意。市民社会と資本主義社会の発想上のちがいがこういうところにも看取されるのは興味深い。

ヘーゲルからマルクスへの道は、ヘーゲルのように、市民社会をただたんに抽象的な欲望の体系とみないで、現実的な生産力の体系と看做すとともに、市民社会の克服過程を、ヘーゲルのように観念の発展過程とみないで、歴史の現実の発展過程として、すなわち生産力と生産関係の矛盾相剋の過程とみるところに示された。かくて市民社会はそれ自身一つの歴史的過程となり、この歴史的過程に内在することがそれを超越することになるものとされた。こうして空想的社会主義の「空想性」が清算されるとともに、人びとの眼はアダム・スミスの市民社会観にふたたび向けられることとなった。もし社会主義を、たんに現存社会組織の批判と未来像の提唱をもって能事終れりとするものと考えるならば、それは空想的社会主義または全体主義と科学的社会主義を混同するものであって、甚だしい誤解であるといわなければならない。科学的社会主義の根本的課題は、市民社会の過程の論理をはっきり跡づけるところにある。資本主義か社会主義かではなくて、資本主義から社会主義への道を指し示すところに、科学的社会主義の科学性が成り立つと考えられる。こうして科学的社会主義の立場においては、アダム・スミスに復帰することは、過程の論理をその正しい第一歩から踏みなおすことを意味するものであり、自己の原点に立帰ることを意味するものである。

以上において、われわれはアダム・スミスの全体観が人びとにより問題としてとり上げられたいくつかの場合を手短かに点検してみた。これらの場合を通して、現代がアダム・スミスに何を求めることができるか、また何を求めてはならないかを推察するに難くはない。スミスにとって形成されるべき全体であったものは、現代にとっては変革されるべき全体である。スミスは市民社会を前に向かって引き上げようとしたが、現代は市民社会をすでに後方に引きずっている。ミネルヴァの梟は黄昏時に飛び立つといわれる。ヘーゲルはこのミネルヴァの梟を哲学だと解した。しかしいまや社会科学が哲学にとって代る。その意味で、現代の社会科学者は、まさしく市民社会の全貌を摑みとることができる立場におかれているといえる。だから、スミスに帰るということは、市民社会の全体を再認識することによって、科学の形骸化技術化を救済するための正しい第一歩を踏み出すことを意味するものでなくてはならない。われわれはただそれだけをスミスに求めるのであって、それ以上のものを求めてはならない。スミスにおける社会の科学は、いわば自然法の科学であった。スミスの全体像には動きがない。しかるに、歴史の証明するところによれば、市民社会の全体はそれ自ら動いている全体であり、発展する全体であり、光とともに影を伴った全体であった。だから、最も現実的な社会の科学は、もちろん十八世紀式の自然法の科学ではなくて、最も現代的な歴史の科学として、発展の科学として、すなわち資本主義体制の歴史的発展の科学として現れるものでなければならない。もしそうでなければ、われわれはアダム・スミスに内在することはできても、それを超越することは不可能となるであろう。このように、自然法の科学から歴史の科学への転換こそは、スミス批判の歴史が現代社会科学に遺した一大課題なのである。もしわれわれが社会科学の現状に顧みて、批判的積極的にこの課題の解決ととり組もうとするならば、溯って問題解決の正しい第一歩を踏み出すことが必要であるのは当然である。そこで、経済学も政治学も法律学も、社会学も歴史学も倫理学も、いな、哲学でさえも、つぎのように問わなければならない。市民社会とは何かと。現代のスミス

研究に求められるものはここにあるのである。(1)

(1) 近代自然法と社会科学の思想史的連関を跡づけたものとしては、水田洋『近代人の形成』(一九五四年)をあげることができる。邦語で書かれたものとしては唯一の参考資料である。さらにスミスの生涯と業績並びにその時代の全体像については、同じ著者の『アダム・スミス研究』(一九六八年)を参照されたい。

第一章　市民社会の観念

一　市民社会とは何か――三つの観点について

市民社会 civil society という言葉はホッブズ以来イギリスではしばしば使われているが、それが一つの観念として何を意味するかについては必ずしも明らかではない。すなわちロックもファーガスンもスミスもよくこの言葉を使いながら、それを明確に規定するところがなかった。ふつう英語で civil というのはきわめて多義的な内容を持つ言葉であって、まず宗教的 ecclesiastical なものにたいしては世俗的なものを、武官 military にたいしては文官を、(1) 国政的 commonwealth なものにたいしては庶民的なものを指している。換言するならば、市民的とは非宗教的・非軍事的・非国政的な人間の社会関係であるとして、ひとまず消極的にこれを規定することができる。civil liberty とか civil right とか civil government とかいった場合には、これをよく表わしていると思われるのである。

(1) 日本の新憲法において確立された文官優位 civilian control の原則はこれを示している。イギリスからアメリカ合衆国を経てわが国に導入されたものである。

けれどもとくにこれを civil society として観念する場合には、十七、八世紀の頃、中世的な束縛や絶対主義的な圧制から政治的経済的文化的に解放されて成長してきたところの、近代社会関係が意味されていることも明白である。

このようなものとしての市民社会の観念は、歴史上フランス革命によって完成されたと通常みられるのであるが、しかしフランスにおいてビュフィエ(S. I. Buffier: Traité de la société civile, 1726.)やルソー(J. J. Rousseau: Contrat social, 1762.〔桑原武夫、前川貞次郎訳『社会契約論』一九五四年〕)が la société civile という観念を持つようになったよりもずっと前に、イギリスの社会理論家たちは civil society の観念を持ったのである。イギリスの社会理論家たちがとくにこれを明確に規定しなかったのは、それが彼らにとってある無規定な漠然としたものを意味したからではない。その反対に、彼等が市民社会感の沸騰する坩堝の真只中に生活していたからである。われわれにとって不明確であるように思われるこの観念は、彼らにとって最も生き生きとした身近な歴史的現実であり、同時に血腥い戦いの成果であったのである。

ふつう社会学の書物では、市民社会を人間の利益社会関係(ゲゼルシャフト)の代表的なものと考え、これにたいして家族や国家のような人間の協同社会関係(ゲマインシャフト)を対立させてみるのである。しかしこれは形式社会学的な見方である。われわれはそのような見方をする前に、市民社会というものは何よりも歴史的な範疇であって、それがヨーロッパにおいて十七、八世紀以来人びとの共同生活を支配するようになったものであることを認識しておかなければならない。(1)

(1) ここで市民社会というのは、正確には近代市民社会のことである。それ以前に市民的な生活の場がなかったわけではない。たとえば自由都市と呼ばれたものにおいてそれがみられた。しかしながら、都市においてまず孤立分散的に発達した人びとの市民的生活関係が一国の全領域にひろがるためには、長い歴史的な時間の経過を必要とした。何よりも、農村を基盤として確立されていた中世的な共同体と共同的土地所有が破砕されなければならない。その代りに、自由な商品生産と自由な人口移動と確固たる私的所有がとって代らなければならない。こうして全国民的規模における農村の都市化が促された。近代市民社会の曙がそこにみられる。civil のもとである civitas というラテン語には、国という意味と都市の住民という意味がある。近代市民社会はこの二つのものを新たな国民的規模において統一したものとみることができる。

ところで、ドイツの社会学者テンニエスはイギリスにおけるこの時代をよく研究した。そして彼がこの市民社会関係をゲゼルシャフト関係として定型化したとき、彼自身はもちろんこの歴史感覚を十分に持ち合せていたけれども、しかしそれがドイツ的理念としてのゲマインシャフトに対立させられる必要上、時代様式としての市民社会が同時に超時代的な社会形式として定型化され、後に発達した形式社会学の素材となった。これは人のよく知るところである。(1) われわれは何よりもまずこのような定型化を避けるべきだと思う。そしてこれをはじめからゲマインシャフトとしての国家に対立させることをしないで、もっと歴史的に市民社会の団体的性格を研究していかなければならない。すなわち歴史的概念としての市民社会は、しばしば社会学者からつぎのように誤解された。市民社会には全体的なものが欠けている、市民社会はそれ自ら存在することができない、市民社会はたんに人間の合理的な造作物であるにすぎない等々。——これらの社会学者の市民社会観はこのようなものであった。これは彼らが市民社会を歴史的なものとみないで、たんに形式的に、ゲマインシャフトにたいするゲゼルシャフトとしてみることしかできないことから起る皮相な偏見であって、われわれはこのような形式社会学的な偏見に組することはできない。この研究において後に漸次明らかにされるであろうように、市民社会というものはそれ自ら現実的な歴史的全体であり、新しい社会と文化の担当者であり、創造者であったのである。

(1) 社会学者テンニエスの主著 F. Tönnies: Gemeinschaft und Gesellschaft, 1887.(杉之原寿一訳『ゲマインシャフトとゲゼルシャフト』一九五七年)はこの定型化を企てた最初のものである。それ以後ドイツの社会学、とくに形式社会学ではこれが一般化した。マックス・ヴェーバーの大著『経済と社会』の中にもこのような定型化が跡を引いている。なおテンニエスは、ホッブズ社会学説の研究家としても著名であることをいい添えておく。

いささか逆説的な表現となる嫌いはあろうが、少なくともイギリスにおける市民社会の発達を跡づける者にとっては、ドイツ社会学者のいわゆる「ゲマインシャフトの優位」という考え方は、イギリスにおいてはむしろ自明のものであったというべきである。(1) もちろんテンニエスをはじめ、ドイツ社会学者が市民社会の社会学的性格を明らかにしたことは、われわれもまた多としなければならない。その点をわれわれは、あまりに専門化した今日の経済学にたいして、とくに力説しておかなければならない。けれども、真の市民社会の観念はたんにこれを社会学的に把握するだけでなく、歴史的に把握するところに浮び出てくる。すなわち、歴史的で社会的なものとしてイギリスに発達した市民社会観は、一見その抽象的合理的性格にもかかわらず、かえって歴史的具体性を具え、その市民社会観は一見個人主義的抽象性にもかかわらず、かえって時代の創造者的全体性を担っていたことが知られるのである。このようにして近代生活の基礎としての市民社会は、最も現実的な科学としての社会学の対象となりうるであろう。(2)

(1) たとえば英語のコモンウェルスという観念は、ドイツ語のゲマインシャフトまたはゲマインヴェーゼンの観念に照応して理解されうるだろう。両方ともその観念内容が複雑で、これを一義的に規定するのは大へんむずかしい。少なくとも、ゲゼルシャフトにたいしてゲマインシャフトを、シヴィル・ソサイエティにたいしてコモンウェルスを、形式的に対立させるような見方をとるべきではない。

(2) 現代の社会学は現実的な科学でなければならない。それはたんに社会形式の科学であったり、行為類型の科学であってはならない。このことは今日では多くの社会学者によって認められている。けれども現実的な科学というのは何であろうか。その点については人びとの意見は一致していない。われわれは、現代の社会学が現実的となるためには、何よりもまず市民社会の把握から出発すべきだと考えるのである。

しかし、市民社会の観念は、これだけで十分にその思想性格が把握しつくされているわけではない。われわれは、その最も重要な一契機であるところの経済的側面を見落してはならない。さきにみたように、近代市民社会の成立は中世的なもの、あるいは封建的なものからの、政治的経済的文化的解放の結果であり、したがって、市民社会の観念内容にはたんに経済的なものばかりでなく、政治的および文化的なものをも含んでいることは明らかであろう。すなわちそれは、このような意味で一つの社会学的概念であったのである。けれども市民社会の市民社会的な性格は、何よりもまずその経済的側面において顕著であり、したがって、市民社会のすぐれて経済的な性格を把握することがわれわれにとってとくに重要であるように思われる。近代市民社会がこのようなものとして発達するためには、一方ではキリスト教の超現世主義にたいする戦いが敢行されるとともに(ホッブズ)、他方においては政治上の絶対主義が排撃されなければならなかった(ロック)。だから市民社会の動因は、一見このような文化的政治的な諸契機のうちにあるように思われるかもしれない。けれども、たとえば近世国民国家の成立が近代資本主義のてこであったとみられる一面がある。またそれと同様に、他の一面としてホッブズ以後における自然法学説の展開の結果は、経済社会としての市民社会の発見に終ったかの観がある。われわれはまずこのことを知らなければならない。(1)

(1)　ホッブズには市民社会の観念はあるが、まだ経済社会の思想はない。ロックになると、市民社会は私有財産と労働の上に基礎づけられた社会、すなわち立派な経済社会である。ファーガスンまでくると、市民社会は半ば政治的で半ば経済的なものとして表象されている。そしてスミスはロックやファーガスンの前提から出発しているのである。

これらの社会理論家は、もはや人間のうちにいきなり神をみないで自然をみた。そして人間すなわち人間性の経験心理的分析のうちに、彼らは神のプランを探ろうとした。こうしてキリスト教やスコラ哲学の支配は揺り動かされるようになった。また彼らは人間のうちに自然をみた。人間的自然 human nature の分析がそれである。そればかりでなく、彼らは社会のうちにも自然をみた。社会はいまやそれ自ら一つの自然として、経験科学的分析の対象として見出されたのである。仮説の代りに現実を求め、そして想像と理性、詩と科学を混同しないことを、たとえばファーガスンは要求した(A. Ferguson: An essay on the history of civil society, 1767.〔大道安次郎訳『市民社会史』一九五四年〕)。こうして彼らが発見した現実の社会は、もはや社会以前の自然状態でなく、また社会一般でもなく、私有財産制を基礎とし分業と交換によって網の目のようにとり結ばれているところの市民社会であった。アダム・スミスの「商業的社会」commercial society または「商業的国家」commercial state というのはそれである。これらの人びとは人間性の研究から、あるいは利他心、あるいは利己心という人間の本原的性向を引き出し、いわゆる商業的社会ないし商業的国家を説明しようとした。それは彼らが直接にはヒュームの徒であり、シャフツベリーやハッチスンの徒であり、溯ってホッブズやロックの徒であることを示している。

このようなイギリス化された自然法形式が、思想構造(1)としてどのようなものであるかはさし当っての問題ではない。後に立入って論じることになるはずである(第二章以下をみよ)。ここで注目すべきことは、このように自然法的な、超歴史的な思考様式にもかかわらず、ヒュームやスミスやファーガスンの摑んだものは、まさに十八世紀のイギリス社会を特色づける歴史的現実であり、経済社会としての市民社会であったということである。いうなれば、自然法は経済社会を発見することによって市民社会の真実の姿を把握したのである。それであるから、後に詳述するように、市民社会はけっして経済的なものにつきるものではないとしても、しかし、それがすぐれて経済的なものであることをここにあらかじめ指摘しておかなければならない。社会の経済的側面においてはじめて、非宗教的で非軍事的、非軍事的で非国政的な人間の生活関係が鮮かに浮び出るのであって、それは歴史的には、いうまでもなく第三階級の成立をまってはじめて可能となる生活関係であった。そして政治的には自由と平等と博愛の精神、法的には正義と契約の観念、経済的には等価と自由競争の思想が、まさにこのような生活関係の思想的枢軸をなしている。アダム・スミスが市民社会といい、商業的社会といったとき、彼がみていたものはすなわちこれにほかならなかったのである。

(1) この点については『イギリス社会哲学の成立と展開』(太田可夫・水田洋編、一九七一年)を参照されたい。ホッブズ、ロック、スミスを通して成熟してきたイギリス市民社会観の思想構造を、イギリス経験論の方法と人間的自然の観点に即して追求している。私のスミス研究は、直接間接に本書に負うところが少なくなかったことを記しておきたい。

だからスミスが商業的社会というのは、けっしてただたんに商業取引の社会ないしは交換社会 Handels- und Tauschgesellschaft を指すのではないことがわかる。それはたんに(商品)流通社会として成り立つのではなく、むしろその前に、(商品)生産社会として成り立っている。この思想はイギリス古典派経済学の基本性格をなすものであって、リカードにしても、マルサスにしてもこの認識の上に立っているし、ジョン・ステュアート・ミルにおいてもこの基本認識においては変りがないのである。そればかりではなく、スミスは総じて後世の人びとのいう資本主義社会を、彼のいわゆる商業的社会のうちにみているのであり[1]、『国富論』はこのことを最も如実に示している。われわれは経済的社会としての市民社会の問題をとり上げる準備として、『国富論』におけるスミスの商業的社会観をまず窺うこととしよう。

(1) マルクスが『資本論』において分析の対象としたのも、このような意味における市民社会にほかならなかった。マルクスはこれを「生産ならびに交通有機体」Produktions- und Verkehrsorganismus という言葉で表現した。

さてわれわれは、スミスの商業的社会に関する観念を彼に従って、まず歴史的発生的に把握しよう。すなわちスミスは、『国富論』第五篇第一章第一部において、国防費が社会の発達状態を異にするにつれて異ることを説明するに当り、ギリシア以来通説となっているところの一種の経済発展段階説を利用している。それは、一、狩猟状態 二、遊牧状態 三、農業状態 四、より進歩した社会状態の四つである。この四つの時期もしくは状態は、スミスの考えによれば、社会の生産力の「異った改善の時期」を表わすとともに、軍費の漸増を説明する根拠となっている。ところでわれわれにとって重要なことは、最後の、より進歩した社会状態とは何であろうかということである。これはいうまでもなく、製造工業と交易の発達した状態、すなわちスミスが他の箇所(『国富論』第一篇第四章)でいうところの商業的社会を指すものにほかならないと思われる。スミスに従えば、社会の農業状態においては、多かれ少なかれ人口の定住が始まったけれども、まだ外国貿易はなく、製造業もほとんど素朴な自家用のものに限られている。しかるに社会の成員が各自の労働によってただその所要の一部を充足するだけで、「多かれ少なかれいわば一個の商人となるところの」、分業と交換の行われる進歩した社会においては、増大した社会の生産力がよく職業としての軍人ならびに常備軍の制度を可能にし、生産諸技術の複雑化は「すべての技術のうちで最も高貴である戦術」を発達させることになる。スミスはこのように社会の発達時期を諸国民の生産力の発達程度に照らして区別するばかりでなく、さらにこれに基いて国防・司法・および公共施設等の文化事業の発達を説明していることは注目に値する。われわれはここにドイツの経済学者リストを有名にした(1)経済発展段階の思想が、早くもスミスによって有効に駆使されているのをみることができるのである。

（1）　リストは五つの経済発展段階を区別した。すなわち一、野蛮状態　二、牧畜状態　三、農業状態　四、農業工業状態　五、農業工業商業状態である。内容からみても、形式からみても、スミスとほとんどまったく同じであることに注意したい。しかしリストはスミスのように豊かな市民社会観を持つことはできなかった。

このようにして、商業的社会は「より進歩した状態」として歴史的に理解されている。それとともに、他方においてそれは技術の体系として、生産諸力の集大成として、農工商の三つの基本生産力の総括として把握されている。もちろんこのような諸生産力の発展は分業と交換によってのみ可能であり、等価の交換と自然な分配の機構を通じて可能となるのであって、周知のとおり、スミスは『国富論』の第一篇および第二篇においてこの商業的社会の内部機構を詳しく分析した。その分析が詳しければ詳しいほど、彼は生産諸力の体系として市民社会を描かなければならなかった。われわれは後章においてこれを詳論するであろう。

ところでスミスはしばしば「社会の素朴な状態」the rude state of society について語り、これを簡単に「土地の占有と資本の蓄積」に先立つ状態、すなわち今日の言葉でいえば前資本主義的社会状態と同一視している。(1) したがってスミスの商業的社会というのは、この場合そのままに資本主義社会を意味しているといってもよい。もちろん市民社会がそのままに資本主義社会であることはできないので、スミスがこの二つのものを明瞭に区別しなかったことから、価値論における混乱を招いたことは後に論じるところである（本書の第六章第三節「価格と収入」をみよ）。しかし、歴史的概念としての市民社会が、資本主義社会の概念においてその完成をみることは明白であって、スミスは主として時代的な制約のため、この完成化の過程を十分論理的に把握しなかったとはいえ、市民社会の実質として資本主義生産の諸相をみていたことは彼の卓見である。それであるから、スミスにおける市民社会は、これを経済的側面から眺めたとき、第一にそれは歴史的発展段階思想の上に立つ概念であり、第二にそれは生産力の体系であるということができるであろう。

(1) スミスには二つの発展段階の考え方がある。一つはさきに述べた四段階説であり、もう一つはここでみるような二段階説である。スミスはこのように、必要に応じて歴史を彼の理論の説明のために目的合理的に利用するのであって、ここに啓蒙時代の歴史観の反映を窺うことができるであろう。

二 われわれの問題意識

以上によってわれわれは、市民社会の観念を吟味することによって、市民社会というものが、第一に歴史的なものであること、第二に社会学的なものであること、そして第三にすぐれて経済的なものであることを略説しようとした。最初に述べたように、civil society が何であるかを抽象的一義的に定義することは不可能に近く、またそれは必ずしも有意義な試みではない。なぜなら、市民社会というものは、内容の最も豊かな歴史的社会学的経済的な社会であるにほかならないからである。われわれの仕事はむしろこの豊かな内容を分析し、整理し、生きた現実としての市民社会を一つの体系として浮び上らせることにあるのである。市民社会は歴史的に発達してきた。それは一つの大いなる歴史的過程である。だからわれわれもまたこれを歴史的なものとして、歴史的生成物として把握しなければならない。

ドイツ歴史学派におけると同様に、アダム・スミスにも発展段階の思想がある。これはいまみたとおりである。しかしながら、実は発展段階の思想をもってしては、歴史的生成物としての市民社会を十分に把握することはできない。

これはドイツ歴史学派の場合でも、スミスの場合でも同じであった。そこには型の意識はあるとしても過程の意識が十分ではないのである。このように歴史的な過程の意識が乏しいということは、一般に発展段階思想の有する合理主義的図式的性格のためと解される。けれどもこれは、スミスが結局において市民社会を社会の永遠な姿とみることからくる当然の帰結であって、それは自然法的発想法のしからしめるところなのである。(1) われわれとしてはこの点をさらに考えてみなければならない。

(1) 啓蒙史学には歴史学にとって最も大切な個別的なものへの沈潜が欠けているといわれる。これは歴史主義の立場をとる人からの批判である。この批判は一応もっともではあるが、他面において、啓蒙史学者たちが、その図式的合理主義的な歴史把握にもかかわらず、そのうちに豊かな歴史感覚を盛り上げていたことを見落してはなるまい。ただし歴史家としてのスミスについては別の評価がありえよう。第八章をみよ。

ヒュームやファーガスンと同様に、スミスには豊かな歴史的感覚があった。(彼らはいずれも歴史的社会学的にものをみるスコットランド学派の驍将であった。) それにもかかわらず、この歴史的感覚を体系化し論理化するに当って、スミスがかえって非歴史的な構想の支えを必要としたということは、イギリスにおける市民社会観の成立過程を物語るものだともいえよう。すなわちここでは、市民社会を自然法的に非歴史的に把握するということが、まさに驀進するイギリス社会の歴史的過程の表現にほかならなかった。このようにいうこともできると思う。(1) これは一つの逆説である。だがしかし、もしわれわれがイギリスにおける社会理論の生成をその実相に即して理解しようとするならば、このような逆説の意味するところを見落してはならないであろう。それであるから、スミスの市民社会観を進んで分析するに先立ち、ここにあらかじめ断っておかなければならないことがある。それは、いきなりこれを十九世紀ないし二十世紀の眼をもって眺めてはならないということである。[2] たとえば十九世紀の眼をもってスミスの超歴史的な発想法を責め、二十世紀の眼をもってスミスの個人主義的社会観を責めることほど容易なことはない。しかしながら、それはいずれもスミスとスミスの時代を理解しないところの偏見ないしは誤解に基くものなのである。

（1） この点については L. Stephen: English philosophy and literature in the eighteenth century, 1876. (中野好之訳『十八世紀イギリス思想史』上中下、一九六九—七〇年) がよき参考書となろう。スミスについては、本書の第九章第五節で道徳哲学者の一人として論じられている。

（2） ドイツ歴史主義の立場から、啓蒙の歴史意識を批判的に扱ったマイネッケ F. Meinecke: Die Entstehung des Historismus, 1936. (菊盛英夫、麻生建訳『歴史主義の成立』一九六八年) などからかえって啓蒙史学の積極面を教えられるところが多い。

この関連からスミスとヘーゲルとの関係について一言しておく必要があろう。たとえば、スミスにおける市民社会の観念は、ヘーゲルやシュタインにおけるそれ[1]から簡単に批判され非難されてはならない。ことにヘーゲル(『法の哲学』)における市民社会はしばしばスミス(『国富論』)のそれに対比され、スミスを克服するものとして賞揚されることがある。とくに全体主義下のドイツや日本においてはそうであった。けれどもヘーゲルが国家を市民社会の上位においたことをここでは別にするとすれば、それはヘーゲルにおける市民社会感の思いがけない豊かさのためではなくて、むしろヘーゲルの体系化の優秀さ、論理的把握の斉合性に基いているのである。したがってスミスをヘーゲルと比較することは、種々の点において市民社会の論理的理解を深めるのに役立つではあろうが、しかしそれはけっしてスミスの代りにヘーゲルをおき換えることにはならない。その反対に、スミスの体系を論理的に照明することに役立つのである。この間の事情については後に立入って論じることになるけれども、あらかじめ結論だけを記しておけば、へーゲルの弁証法的発展の論理が市民社会に一つの体系的地位を与えていると同様に、スミスの一見方法なき方法がやはり彼の市民社会に一つの体系的な意義を与えているといいうるのである。イギリス人にとって論理であるものはドイツ人にとっては必ずしもまだ論理ではなかった。しかしドイツ人が「論理的」に把握しえなかったものをイギリス人の論理は表現している。この微妙な関係は、イギリス人の論理をイギリス人の生活に即して把握し、十八世紀を十八世紀として把握する立場をとったときに、はじめて解明できるものとなるであろう。(2) そして市民社会を中心としてスミスとヘーゲルの二人を比較してみるとき、最も鮮明にこの間の消息が理解されるように思われる。

(1) ローレンツ・フォン・シュタインは通常ヘーゲルとマルクスとの間にある人とみられている。シュタインは実際上マルクスにどれだけの影響を及ぼしたか、これは今日でもなお問題として残されている。けれども市民社会の批判を完成することがヘーゲルからマルクスへの発展であったとするなら、シュタインが果した役割はちょうどその媒介者の地位にあったといえるであろう。すでに本文で述べたように、シュタインはスミスの商業的社会、ヘーゲルの市民社会の代りに、産業的社会という範疇を用いたが、彼はこれをフランスにおける社会運動の発展を研究することから学んだのである。

(2) この仕事は、哲学的にはイギリス経験論の論理を、たんにドイツ観念論の眼をもってではなく、イギリス経験論のエートスをもって照明することを意味するであろう。

ヘーゲルにおける市民社会概念研究の一権威パウル・フォーゲル(Paul Vogel: Hegels Gesellschaftsbegriff, Berlin, 1925.)によれば、ヘーゲルはその市民社会概念を規定するのに、二つの一般に知られている事実から出発する。すなわち第一に、市民社会はそれぞれ自己自身の利益に専念するところの人びとから成っている(アトミズムの原理)。各人は自然必然性の強制力をもって充足を求めてやまないところの諸欲望によって規定される。しかしこれらの欲望は、その充足の仕方に関してはある程度の恣意を許している。つぎに第二の事実というのは、市民社会においては各個人は他の個人すなわちその同胞を必要とし、その助けによってのみ彼はその欲望を満たすことができるということである(相互依存の原理)。だから、市民社会においては各人は自己自身の利己的な自我の欲求に身を委ねるけれども、しかも彼は自然的に彼自身のために他人のことを考え、これを顧慮せざるをえないようになっている。そしてこれらの他人はふたたび自己自身の利益をのみ考えている。かくして、市民社会においては互に相対立するところの二つの原理が均衡を保持するという奇妙な光景を呈することになる。[1] すなわち、それぞれ一方の原理がそれに相対立するいま一つの原理の助けによってのみ、自己を主張することができる。自己はただ一般性の助けによってのみ自らを主張し満足させることができる。これをヘーゲル流にいえば個別性はそれ自らの目的のために一般性を利用しなければならない。すなわち、個々の目的が自己自身に達するためには、一般性の形式を通過しなければならないのである。ヘーゲルはこれを「理性の狡智」List der Vernunft と名づけた。かくして、理性の狡智は「万人の万人にたいする戦い」の場を一変して、自然必然的に、「あますところなき相互依存の体系」たらしめる。それゆえに、スミスのいわゆる利己心と自由競争の社会は、ヘーゲルにおいては「欲望の体系」として把握されながら、しかも理性の全体的目的を実現するための一つの過程として、一般性の光と理性の影とを投げ与えられる。というのは、市民社会は彼の体系においては家族と国家との間の中間項として把握されているからである。こうして、ヘーゲルの社会概念はたんなる個別的アトムの集積以上のものであることも明らかであって、イギリス社会理論におけるアトミズムがここで巧みに止揚されているのである。フォーゲルはこのようにいうのである。

(1) ドイツの哲学者カントが、市民社会のこの矛盾的な性格を「非社交的社交性」と名づけたことは有名である。ヘーゲルのいわゆる理性の狡智はこれをいい換えたものにすぎない。

元来ヘーゲルの市民社会論は彼の『法の哲学』の一篇をなすものであるから、彼はこれを一つの法的形象とみなしていることはいうまでもない。ヘーゲルのいわゆる法とは自由な意思の定在であり、市民社会というものは自由な意思の一発展段階としてそこにあるのである。カントやフィヒテにおいては法の世界と道徳の世界とは分れた二つのものであった。前者は外的な世界であり、後者は内的な世界であった。ところがヘーゲルにおいては、カントやフィヒテとちがって、自由意思の概念を法概念の上に引き移すことにより、思想の射程が隣接領域の倫理的世界にまで及んだ。ヘーゲルは倫理的世界を道徳界 Moralität と人倫界 Sittlichkeit に分離することによって、法的世界と道徳的世界を人倫界において統一しようと試みた。こうしてヘーゲルにおいてはじめて、合法性と道徳性とが一つのイデーの下に統一されることが可能となった。かくてヘーゲルの市民社会はたんに法的形象として止まるのでなく、一つの人倫的形象としても考察されてくる。すなわちそれは家族と国家との中間項としてこの人倫的性格の光を宿すことになるのである。ヘーゲルが市民社会概念について述べるところは、要するに、市民社会が人倫的なものの一つの発展形態であって、それは一方においては家族の否定としてそれよりはより高次の概念となるけれども、他方において国家のそれには達していないことを証明しようとすることにあった。市民社会と国家とはこのように厳密に区別されながら、しかも一方から他方への論理的上昇、より正確にいえば、国家による市民社会の論理的克服を企図したところに、ヘーゲル市民社会論の狙いがあったのである。

ここに略述するように、ヘーゲルの市民社会論はドイツ観念論哲学の帰結として完成したヘーゲル独自の形而上学によって包摂されている。したがって、ヘーゲルの市民社会論を真に理解するためには、カントからフィヒテを経てヘーゲルに至るところのドイツ観念論の思考様式、少なくともその間における法哲学の発展を跡づけることが必要となるであろう。けれどもわれわれのいまの目的は、スミスの市民社会を研究することにあるのであって、ヘーゲルのそれにあるのではない。われわれがここにヘーゲルを引合いに出した理由は、ヘーゲル法哲学の偉大さをもってしても、なお市民社会の経験的内容はイギリスの社会理論から受け継がなければならなかったということを示そうとするためである。ヘーゲルがスミスやリカードやステュアートやセーを読んだということは周知のことである。また彼はホッブズやロックについても知るところが浅くなかった(たとえばヘーゲルの初期の政治論文をみよ)。ただ哲学者ヘーゲルにとっては、市民社会の内部機構の問題は直接興味の対象となりえなかったので、この点についてはヘーゲルはスミスに加えるべきものをほとんど持たなかったといえる。(1) いな、生産力の体系としてのスミスの市民社会の観念を、ヘーゲルはもっと抽象的に、欲望の体系として把握するに止まったのである。

(1) これは市民社会の機構分析についていうのである。スミスがまだよく知らなかった市民社会の階級矛盾や貧富の対立の必然性を、ヘーゲルは鋭く洞察していた。しかしこれは、スミスとヘーゲルが生きていた時代のちがいによるところが多いというべきだろう。

しかしヘーゲル哲学の意義はドイツ観念論の最高峰に座しながら、よくイギリス経験論の論理を止揚したところにあるとみられる。いわば平面的で多元的なイギリス人の市民社会観を立体化し、一元化したとみられる。この意味では、いわゆるヘーゲル弁証法は、現実とは無縁な観念の論理ではなくて生きた経験的世界の論理であり、ここにわれわれが見出すものは、イギリス経験論哲学のヘーゲル化であるということができよう。なるほど市民社会の内容把握という点においてヘーゲルはスミスに及ばなかった。しかしスミスに比してヘーゲルがすぐれている点は、歴史的-社会学的-経済的なものとしての市民社会を、一つの統体として、人倫的世界の体系の中へ組み入れたということにあるといえよう。これは内容把握の問題ではなくして方法態度と方法の問題である。少なくともここにイギリス経験論の論理にたいするドイツ観念論の論理の特色があるということはできる。われわれとしては、マルクスの市民社会批判がヘーゲルのそれから生れ落ちてきたことをここで想起したい。マルクスはヘーゲルを媒介としてスミスに戻ったといえるからである。

けれどもひるがえって考えるのに、スミスにおける市民社会はすぐれて経済的な世界であったとしても、それは法的および道徳的世界からまったく絶縁されたものであったであろうか。それは一つの歴史的概念として、宗教的・政治的・経済的闘争の所産であり、したがってそれは同時に一つの社会学的概念ではなかったのか。われわれはいまやこのような疑問をいだき、従来のスミス解釈とはちがって、この問題を新たな角度から再検討しなければならないのである。もちろんスミスにはヘーゲルの形而上学も弁証法もない。しかしスミスにヘーゲルの論理がないということは、スミスに何らの論理がないということではない。そこにはかえって、近寄り難いヘーゲル流のいかめしい形而上学からは自由であるところの、スミス特有の論理――経験的自然法の論理――があるものとみなければならない。われわれはさきに、スミスにおける市民社会概念の三つの性格を規定して、歴史的なもの、社会学的なもの、およびすぐれて経済的なものにこれを求めたのであるが、実はそれはフォーゲルがヘーゲルの市民社会概念を規定するために掲げた三つの契機にほかならないのである(フォーゲル前掲書、八頁)。われわれは、スミスとヘーゲルとではその発想形式がまったく異るにもかかわらず、あえてそれを移してスミスに適用することができると信じた。ところがいまや問題は一歩を進めて、スミスの市民社会概念における道徳的世界と政治的‐法的世界と経済的世界との総体関連というところへ発展してきたのである。もはやヘーゲルの思想や論理を援用することは絶対に不可であり、不可能である。

われわれはスミスに従って、われわれ自身の道に踏み込まなければならない。しかしヘーゲルについてみられたことはある意味でスミス解釈の指針となりえないわけではない。人間の解剖は猿の解剖の指針となり、そして猿の解剖は人間の解剖への手引きとなる。つまりドイツ人の解剖はイギリス人の解剖にとって他山の石となりえないはずはない。ではスミスの市民社会概念において道徳的なもの、政治的-法的なもの、および経済的なものはどのように相互に関連するか。この三つの世界を統一するところの論理は何であるか。以下このような問題意識の下にスミス研究を進めていきたいと思う。

第二章　スミスにおける三つの世界

——道徳的世界・法的世界・経済的世界——

一　『道徳感情論』と『講義』との関連

ヘーゲルの場合と同様に、アダム・スミスにも三つの世界、すなわち道徳的世界と法的世界と経済的世界とがあった。そしてこれらの三つの世界がやはりヘーゲルの場合と同様に、スミスにおいても一つの神学的世界によって最後の統一を与えられていたとわれわれはみる。このことは前章の叙述によって明らかにされたと思う。問題はスミスに即してそれを把握するということでなければならない。スミスの『道徳感情論』と『国富論』とが一応この三つの世界をそれぞれ包含しているものということは許されるであろう。(1) これは今日のスミス研究者にとってはもはや自明のことであろう。けれどもわれわれにとって自明でないのは、スミスにおけるこの三つの世界の相互関係はどうかということである。スミス研究家がいつでも引合いに出すものではあるが、グラズゴウ大学時代のスミスの講義を聞いたジョン・ミラーの話としてドゥガルド・スチュアートの伝えるところによれば(A. Smith: Essays on philosophical subjects. To which is prefixed an account of the life and writings of the author by Dugald Stewart, 1795, pp. xvii–xviii.)、スミスの講義内容は大体つぎのようになっていた。すなわち、

「論理学教授の職に就いてから約一年後スミス氏は道徳哲学の講座に任ぜられた。この主題に関する彼の講義の課程は四つの部分に分れていた。第一部は自然神学を含んでいたが、そこでは彼は神の存在の証明と神の属性、およびその上に宗教が基礎づけられている人間の心の諸原理を考えた。第二部は厳密な意味でのいわゆる倫理学を包含していた。そして主として彼が後に彼の『道徳感情論』において公けにした諸理説から成っていた。第三部において彼はかなり多く、徳性のうち正義に関する部門を取り扱ったが、それは厳密かつ正確な規則(傍点引用者)の支配を受けるものゆえ、この理由から十分かつ詳細な説明をなすことができる部門であるとされた。

「この主題に関し彼はモンテスキューによって暗示されたかと思われるプランに従って、公法ならびに私法にわたり、太古から最も開化した時代に至るところの、法理の漸進的進歩の跡を辿ろうと努め、かつ生計と財産の蓄積に貢献する諸技術の効果が、法および統治の上にそれに応じた改善または変更を生み出すべきことを指摘しようと努めた。彼の労作のこの重要な部門を彼はやはり公けにするつもりであったが、しかし『道徳感情論』の結論でこの意図をのべながら彼はこれを実現するに至らずして逝った。

「彼の講義の最後の部分で、彼は正義の原則に基かないで便宜 expediency の原則に基き、そして国家の富と権力と、繁栄を増進することを目当てとする政治的諸規定とを吟味した。この見解の下に彼は商業や財政や宗教上および軍事上の諸施設に関する政治的諸制度を考慮した。彼がこれらの主題に関して講述したところは、後に彼が『諸国民の富の性質と原因に関する一研究』という標題の下に公けにした著作の実質を含んでいた。」

(1) 法的世界を表わす独立の書物をスミスは書かなかった。しいて挙げれば、『グラズゴウ大学講義』の最初の部分がこれに相当するであろう。スミスは『国富論』の出版後この仕事に全力を傾注したが、その結果蓄積された厖大な量の原稿は、彼の死の数日前に、彼の熱心な希望により焼却された。

以上は、スミスの全体系からいかにして『国富論』が分化し独立してきたかを説明するために、しばしば引用されるところである。けれどもここに引用された一文は、けっしてたんに『国富論』の分化独立過程を示すためにのみ利用されてはならない。いなそれとは反対に、『国富論』がスミスの全体系の一部門にすぎないこと、それは、法および統治の世界を論じる『グラズゴウ大学講義』、ならびにいわゆる厳密な意味における倫理学を含むところの『道徳感情論』との関連においてみられなければならないことを教えている。われわれが、スミスにおける三つの世界の分離のゆえにその統一を忘れてはならないことは、あたかもその統一を説くのに急なあまりに、分離の一面を見落してはならないのと同様である。従来のスミス解釈は文明史家としてのスミス、社会哲学者としてのスミスの広い面を見誤って、ややもすれば、『国富論』の視角のみからこの巨人を眺めようとする嫌いがあった。そして全体としてのスミスがわが国の問題となり出したのは、比較的最近のことだといってよい。[1] 経済学者は『道徳感情論』を読まず、哲学者は『国富論』を読まない。そして『グラズゴウ大学講義』のごときはこれらのいずれからも十分の注意を払われてこなかったのである。それが自然に、これまで多くのスミス研究者が右の引用句に示した引用態度にも反映されているのである。しかし、もし注意深くこの引用句を読みとるならば、スミスにおける経済的世界は法および統治の世界の最も重要でかつ決定的な部分ではあるが、しかしやはりその一部門にすぎないこと、そしてこの法および統治の世界は徳性のうち正義に関する部分であるから、結局、道徳的世界の一特殊部門にほかならないことがそこに示されているものといえるであろう。

（1） これは少なくとも第二次世界大戦に至るまでのわが国におけるスミス研究の実情であった。戦後はこの点において注目すべき進歩が現れた。たとえば内田義彦『経済学の生誕』(一九五三年)は一つの画期的な労作であり、それは私がここではじめて試みたスミスの三つの世界の総体把握から出発するものである。ただ私の研究が社会科学的であるのにたいして、内田氏のそれは社会思想史的であるというちがいがあるといえよう。

法的世界は、スミスに従えば、もろもろの徳性のうち厳密かつ正確な規則の支配を受けるものであるから、この理由によって十分に独立の科学の対象となることができる。さらにこのような厳密かつ正確な規則の支配を受けるところの独立科学のうち、経済的世界が便宜の原則の支配する領域として独立してきたのであるから、人はこの場合、ただちに正義の原則と便宜の原則との関係はどうかを問題とすべきだったのである。そうすれば後に明らかにするように、ここにスミスの市民社会観を闡明するに至るべき一つの重要な鍵が隠されていたことを発見するであろう。そしてスミスにおいて経済的世界は形式上道徳的世界および法的世界に従属するものでありながら、市民社会把握の問題としては実質上これら二つのものの上に君臨しなければならないことが、かえってスミス自身の論理から証明されてくるであろう。そればかりではない。『道徳感情論』はいわゆる厳密な意味の倫理学を含むものとされていることはいまみたとおりである。しかしまさにこの理由によって、それはけっしていわゆる狭い意味における倫理学であるに止まらないで、広義の道徳哲学であり、われわれの視角からいえば、それはほかならぬ社会哲学原理をとり扱ったものであることが、ここに暗示されているとみることができよう。

『道徳感情論』は法および統治の世界のみでなく、経済的世界にたいしてまで体系的観点からみて支配権を握っており、これらの領域をとり扱う二つの学問部門にたいして導きの星となっている。スミスにおける三つの世界は、このような分離のうちに一つの統一を与えられている。経済的世界はいわば法的世界の媒介によって道徳的世界に含みこまれ、そこにおいて最後の統一を与えられているのである。

では当面の問題に立ち帰って、スミスにおける経済的世界が、結局法的世界を媒介として道徳的世界のうちに包摂されるということは、いかにして可能であろうか。それはすぐれて経済的であるとされたスミスの市民社会に関するわれわれの見方と矛盾しないであろうか。さきに掲げた引用文は、このような問題への手引きとなるのでなければ十分の価値を持つことはできないだろう。

われわれは道徳的世界を媒介するものとしての法および統治の世界から出発することとなった。換言すれば『道徳感情論』と『国富論』とを結びつける中間項として、スミスの『グラズゴウ大学講義』の重要性に着目するのである。この講義筆記がキャナンの手によって E. Cannan: Lectures on justice, police, revenue and arms, Oxford, 1896. として公刊されてから、スミス研究の上に一大時期が画されたことは周知のとおりであるけれども、以来数十年、この『講義』の真の重要さについては必ずしも十分に認識されたということはできない。なぜなら、ここでもまた経済学者は『国富論』の側からのみこれを眺めて、逆に『講義』の側から『国富論』を眺めようとはせず、ましてそれと『道徳感情論』との内的関連について尋ねることは、経済学以外の仕事であるとして閑却された感があったからである。

かくして学者は、後に『国富論』で展開されたスミスの経済理論が、すでに渡仏以前に、おそらくスミス自身の思想の中で成熟していた点を強調するのに急であって、この成熟過程の分析がスミスの理論を理解するのにいかに重要であるかを十分に強調しなかった。この点に目をつけたのが後にのべるヤストロウ(後出九一頁)の卓見であるが、ここにも近代経済学者を初め、最近におけるアダム・スミス研究者の一面性があったのである。他方、哲学者はスミスの道徳的体系にのみ眼を奪われて、『講義』の持っている社会哲学的重要性を認めようとしなかった。

しかしながら、スミスの『講義』は元来 Juris Prudence と題されている。Juris Prudence すなわち Jurisprudence はスミスの言葉をもっていえば、「すべての国民の法の基礎たるべき一般諸原則を研究するところの学」(『講義』一頁)であり、あるいはまた「Jurisprudence とは法および統治の一般諸原則の理論である」(同上三頁)。すでにこの定義からも推察されるように、Jurisprudence とは今日の法理学に当るよりはむしろ、フィヒテやヘーゲル流の法哲学 Rechtsphilosophie に近づくものである。現にたとえばブラッハのドイツ訳(Vorlesungen über Rechts-, Polizei-, Steuer- und Heereswesen. Nach der Ausgabe von Edwin Cannan ins Deutsche übertragen von S. Blach. Halberstadt, 1928.)では、Jurisprudence を Rechtsphilosophie と訳しているほどである。ドイツ語の Recht が権利を意味するとともに正義を意味する語であるように、Jurisprudence は法の学であるとともに正義の学である。そしてヘーゲルの『法の哲学』がたんに正義の学には止まらないで一つの社会哲学体系であるように、スミスの『講義』もまた一つの社会哲学体系たるべきはずであった。すなわちそこでは何よりもまず法の四大目的として、正義と治政と収入と軍備とがとり扱われるはずであったのである。それは他の二つの主著のように十分な展開をみなかったけれども、しかしそのうちでも正義の諸法則を基準として、国家の私法刑法上の諸法規が形造られる。「これらの諸法規の基礎となり、もしくはその基礎となるべきはずの諸原則は、一つの特殊科学の主題となるものであって、それはすべての科学のうちははるかに最も重要ではあるが、しかしこれまでおそらく開拓されることが最も少なかったもの、すなわち natural jurisprudence の学である」(『道徳感情論』三一九頁)。スミスがこのように法および統治の世界をとり扱う科学の部門をいかに重要視していたかは、さらに同じく『道徳感情論』の末尾の一節によっても明らかである。「私は他の説論において法および統治の一般諸原則について語り、それが社会の年代および時期を異にするにつれて蒙ったところの種々の変革について語ろうと努めるであろうが、それは正義に関する部分のみでなく、治政、収入、および軍備ならびにその他法の目的たるものに関する部分にまで及ぶであろう」(同上、五〇三頁)というところは、まったくここにとり上げた『講義』の内容と符節を合せるように一致している。

これを要するに、スミスの『講義』はたといそこからして後に『国富論』が生れ落ちてきた母体であるとしても、依然として独立した一つの科学部門たるべきものであって、それはある意味で、フィヒテの『自然法の基礎』(J. G. Fichte: Grundlage des Naturrechts nach Prinzipien der Wissenschaftslehre, 1796–97.)ないしはヘーゲルの『法の哲学』(G. W. F. Hegel: Grundlinien der Philosophie des Rechts, oder Naturrecht und Staatswissenschaft im Grundrisse, 1821. 〔高峯一愚訳『法の哲学』一九五三—四年〕)に対比してしかるべき一つの社会哲学体系とみることが許されるであろう。少なくとも、そのようなものを指示しているとみることは不当ではないであろう。

もしこのようにみることが許されるならば、『講義』は一方においては経済的世界にたいして、他方においては道徳的世界にたいして、結びの糸を提供するものだとみることはあながち不可能ではなくなるであろう。では、ヘーゲルにおいて人倫的世界の論理展開の過程とみられたものは、スミスにおいては何であろうか。われわれはこの点において『道徳感情論』と『講義』との関係をさらに立入って吟味しなければならなくなる。

すでに知ったように、natural jurisprudence の学はとりわけて正義の学であるのである。そして「正義の目的は侵害からの防止にある」(『講義』五頁)とされる。スミスによれば、われわれは第一に人間として、第二に家族の一員として、第三に国家の一員として侵害されうる。この三つの点の考察は、やがて人間の自然権の問題、家族制度ならびに国家的統治の基礎に関する諸考察にスミスを導くことになる。しかし他方において、正義とは徳性の一つであり、それはスミスの『道徳感情論』において仁恵 beneficence の徳と並んで一つの重要な徳性であるとされていることに留意しなければならない。

仁恵は人間性における仁愛 benevolence を予想し、正義は自愛 self-love を予想する。スミスの倫理学説におけるこの二元論的ないしは多元論的な特色が、どこに胚胎し、またいかにしてその矛盾が解決されるであろうかは後の問題として、仁恵にせよ正義にせよ、あるいはその他もろもろの徳性にせよ、それはスミスにおいては社会的動物としての人間の天性に根ざすところの、一つの道徳感によって支えられ、そのかぎりで社会哲学的意味を有するのである。換言すれば、仁恵も正義もともに社会を社会として成立させるところの基本原理である。けれども仁恵は愛他心に発し、これの発現は感恩の情を生み出すものであるのに、正義はむしろ自愛心の制限として、これの侵害は刑罰の対象となるものである。仁恵はそれゆえに総じて社会の生命である。「かくしてただ社会のうちにのみ生存しうるところの人間は、神によって造られたこの状態に生来適するようになっていた。人間社会のすべての成員は相互の助けを必要とする。またそれと同時に相互の侵害に曝されている。必要な助力が愛情から、感恩から、友情および尊敬から、交互的に与えられる場合には、社会は栄えそして幸福である。社会の各種すべての成員は、愛情の愉快な絆によって結び合され、そしていわば相互的好意の一共通中心に引きつけられる」(『道徳感情論』一二四頁)。しかし他面において、人はすべてその本性上何よりもまず自分自身のことに意を用いるようにできていることも疑いをいれない。そして人は他人のことよりも、自分自身のことを考えるのにより適しているからそうあるのが適当であり、かつ正しいとスミスは考える。けれども彼が社会から遊離した個人の眼をもってではなくて、社会の眼をもって自己自身を眺めるならば、彼はそのうちにおいては「ただ大衆の一人として他の何びとよりも勝っているわけではないことを感じる」であろう。こうして自愛心から発する彼の行為の原理は社会化され客観化されなければならない。

ここにおいてわれわれは、仁愛ないしは仁恵の原則をもっていわゆる生活協同体の原理とみるならば、正義の原則をもって市民社会の原理とみることができるであろう。正義とはさきにのべたように、人による侵害からの防止である。したがってそれはただ消極的であるにすぎない。それは第一にはおのおの隣人の肉体を、第二にはその財産を、第三にはその人権を守るものである。しかし「われわれはじっとしたままで、何事をもなすことなしに、すべての正義の法則を履行しうる」(同上、一一七頁)のである。これに反して仁恵は積極的自発的である。それは相互的好意の発動を前提としている。ところが仁恵は積極的自発的であるからかえってこれを強制することができない。正義はそれがまさに消極的であるという理由によって強制されなければならない。だから、仁恵のない社会は、幸福な社会であるということはできないけれども、しかしそのためにただちに社会の崩壊に導くものではない。これに反して、正義の強制がなくては社会は一刻といえども存立することはできないのである。だからスミスは、「しかしたとい必要な助力がこのように寛容で無私な動機から与えられることがないとしても、すなわち社会の各種成員の間に相互的愛情がないとしても、社会は、幸福と快適の度を減じるではあろうが、必ずしも解消するものではないであろう。相互的愛情を欠くとしても、社会は、あたかも各種の商人の間におけるように、各種の人びとの間において存立しうるであろう。そしてそこにある何びとも他人にたいして何らの義務をも負わず、また感恩の責に任ずるものではないが、しかもなおそれは合意の評価に従い、好意の金銭ずくの交換によって支持されるであろう」(同上、一二四頁)といっている。すなわち正義の社会とは右の手にたいする左の手の、等価にたいする等価の社会であったのである。換言すれば、「全面的対立と依存」(ヘーゲル)の上に立つ市民社会を支えるものは、とりも直さず正義の原則にほかならないのである。

もし『道徳感情論』における正義の意義がこのようなものであるとすれば、われわれはこれから二つのことを知ることができる。第一には、スミスの『道徳感情論』はけっして『講義』と併行するものではなくて、後者は実は前者の一部にすぎないこと。第二には、正義もまた仁恵とともに社会を構成する徳性の一つにすぎないことである。ところでスミスの『講義』の特殊性は、正義を仁恵とともに徳性の一つとなし、しかもそれが結局仁恵に従属するものとみながら——それがいかにしてそうであるかは後に同感 sympathy の思想を論じるに至ってさらに明らかとなるであろう——、社会の構成原理としてのこの二つの原則を一応引き離してみるところにある。スミスは法と倫理とをけっして分離したわけではない。しかし彼にヘーゲル流の人倫態の形而上学はないといえる。広く深く、人間協同体の最も奥深い第一原理にたいして盲目でないスミスは、しかしそのために市民社会の現実を支える法原理から一つの独立性を奪うことを肯んじなかった。スミスの現実感にとっては、正義はいわば家屋の柱石であるのに、仁恵は一つの装飾であるにすぎない。仁恵は「建物を飾る装飾であってそれを支える土台ではない。だから仁恵はこれを推奨するに足りるものであってもけっしてこれを強いることはできない。これに反して、正義は全構築を支える大黒柱である。もしもそれがとり去られたならば、人間社会の大厦高楼は……一瞬にして粉砕されざるをえない」(同上、一二五頁)。これを比喩的にいい直せば、盗賊の社会にも一つの仁義を必要とするのである。でなければ、盗賊社会というものはたちまちにして自滅せざるをえないであろう。

かくて法および統治の世界は、体系上道徳的世界なしには考えられないにもかかわらず、それは Jurisprudence の学として独立した一個の科学の対象となることができたのである。しかしスミスが、「すべての国民の法の基礎たるべき一般諸原則を研究する科学」を、「すべての科学のうちではるかに最も重要なもの」として「一特殊科学の主題」たらしめようと決心するに至ったのは、このようなのっぴきならない市民社会の現実感のほかに、さらに注目すべきもう一つの事情がある。それはほかでもない。つぎのような考察の結果なのである。

すでにジョン・ミラーの説話のなかにもあったように、それは正義の世界が厳密正確な法則の支配を受ける点で、他のすべての道徳的世界から区別されていることである。すなわちスミスに従えば、「正義の法則は文法の法則にこれを比較することができるのであるが、その他の徳の法則は作詞法において壮美および幽美なものを達成するために、批評家が定めるところの法則にこれを比較することができる。一方は厳格、精密で不可欠である。他方は大まかで、漠然として、不確定であり、そしてむしろわれわれが企図しなければならない完全性の一般概念を示すだけで、それを獲得するために何らかの確かで間違いのない指図を与えないのである」(『道徳感情論』二五〇頁)。感恩・友情・道義心・慇懃・寛容等の徳はこれを精密に測定することが不可能であるばかりでなく、かりにある種の測定ができたとしても、それと同量の徳をもってこれに報いることは必ずしも徳性の本質に適うものではない。友人から一時間の病気見舞を受けたのにたいして他日やはり一時間の反対給付をもって報いるなどということは、もはや友情の本質に適合するゆえんではない。しかるに「一般法則が最大の正確さをもってあらゆる外的行為を規定する一つの徳がある。その徳とは正義のことであって、それは例外または修正を許さない」(同上、二四九頁)ものである。

このような理由によって、Jurisprudence の学は精密性ということを基準として狭義の倫理学から区別される。自然法の哲学はここでは精密性の観点から経験科学化されるのである。こうして『講義』は出現した。それは不幸にしてスミスが予告したような最後の完成をみなかったけれども、『道徳感情論』と『国富論』の完成の後、彼の死の直前に至るまで、スミスの関心事であったものがこの残された分野であった。このことは人の知るとおりである。

二 『講義』と『国富論』との関連

われわれは以上において、『道徳感情論』と『講義』との内的関連を一応明らかにしたと思うから、つぎには、『講義』と『国富論』との内的関連を明らかにすることによって、媒介者としての『講義』の地位をさらに明確に規定しなければならない。

ところで、スミスの体系において、はじめ経済的世界が法および統治の世界のうちに包摂されながら、後にそこから分離して別個独立の部門を形造るに至ったのはなぜであろうか。もしわれわれがこの問いに答えることができたならば、『講義』と『国富論』との内的関連を照明するのに非常に有意義であるように思われる。スミスの思想においては、経済的世界は利己心に発する世界であるけれども、経済的世界がやはり一つの社会であるかぎり、すなわちそれが社会として存立するかぎり、正義の原則に服従しなければならないことは、法および統治の世界におけると何ら変るところはない。「富と名誉と立身出世のための競争において、彼はできるだけ速かに走り、そして彼のすべての競争者を追い抜くために全力を傾けることはよい。しかし、もし彼が競争者のうちの誰かに突き当り、もしくは投げ倒すようなことがあれば、傍観者達の寛容はまったく終りを告げる。それは fair play の侵犯であって、彼らはこれを許すことはできない。この男は彼らにとっていかなる点からみても他の男とは変りはない。すなわち彼等はこの男が他の男にできるだけ先んじようとするその自愛心を諒としない。そして彼が他の人びとを害するその動機についていくgo along withことができないのである」(『道徳感情論』一二〇頁)。正義とはフェア・プレイの精神であり、これによってどんな利己心も社会性と客観性を保障されることができ、これによってはじめて、経済社会が市民社会として存続することができるものなのである。かくて経済的世界は、法および統治の世界と同様に、正義という徳性によって道徳的世界に結びつけられるのであるが、しかしやはり、まさにそれが正義の原則の支配すべき領域であることによって、それは狭義の道徳的世界から区別される。なぜなら、正義の徳とはまさに一般法則が最大の正確さをもって人間のあらゆる外的行為を規定するものであって、このような正確さは法的世界とともに、ほかならぬ経済的世界のうちにこそこれを見出すことができるからである。経済的世界はいわば合理的精神の活舞台であって、この舞台に登場する俳優(経済人)は精密な一般法則の支配を受けざるをえないのである。

かくてスミスの思想において、経済的世界が法的世界とともに道徳的世界から分離しなければならない根拠は明らかにされた。それでは等しく正義の原則の支配を受け、最も正確な一般法則の規定を受ける二つの世界、すなわち法的世界と経済的世界が、結局一つでありながらしかもなお二つのものとして分離しなければならない根拠はどこにあるであろうか。われわれはいまや問題の最も興味深い核心に到達したのである。

周知のとおり、『講義』は五つの部分から成り、第一部は「正義について」、第二部は「治政について」と題され、以下「収入について」、「軍備について」および「諸国民の法について」の三部を加えている。このうちいまのわれわれにとって重要なのは、第二部「治政について」“Of Police”である。スミスの説くところによれば Police は Jurisprudence の第二部の一般的区分である。この名辞はフランス語であって、都市または都市国家を意味するギリシア語の πολιτεία からきたものであるが、適切にいえば、元来それは政府の政策を意味したけれども、現在では統治の卑近の部分の規制を意味している。すなわち清潔 cleanliness と保安 security および低廉 cheapness または豊富 plenty を意味している。前の二つ、すなわち清潔と保安は、街路から汚染を清掃する適当な方法を知り、犯罪を防止するかぎりでの正義の実行に関し、あるいはまた都市の衛戍施設に関するものである。それらは有用ではあるけれども、しかしここにとり扱うにはあまりに卑近である。スミスはこのように論じてただちに低廉または豊富の部分に考察を移すのである。その理由とするところは、およそ清潔と保安の問題は低廉または豊富の問題さえ解決されたならば、おのずから解決されるべき枝葉の問題であって、要は低廉または豊富の確保が先決であり、換言すれば、経済的繁栄の樹立が清潔と保安の基礎だというのである。この点に関するスミスの説明は、Police の主要部分として経済的世界を定める上にきわめて重要かつ意味深いものがあるから、やや長いけれどもここにそれを掲出しよう。

「われわれはみる。最も多くのポリースがあり、それに関して最も数多くの規則があるところに、必ずしも最大の保安があるわけではない。パリにおいては、ポリースに関する規制はその数がきわめて多いので、これを数巻の書冊にまとめきれないほどである。ところがロンドンでは、二つまたは三つの簡単な規制があるにすぎない。しかもパリにおいては、一夜といえども何人かの殺人が行われないことはないのに、ロンドンは、パリよりも大都市であるにもかかわらず、そこにおいては年にほとんど三つ四つの殺人しか行われない。この理由により、人は、ポリースが多ければ多いほど保安が減ずると考えるかもしれないが、しかしそれが原因ではないのである。

イギリスにおいてはフランスにおけると同様に、封建政府の時代に、そしてエリザベス女王の治世に至るときまでも、借地人達への示威として、おびただしい数の郎党が貴族の邸宅のあたりにのらくらと抱えられていた。これらの郎党がお払箱となったとき、彼らは窃盗を働き掠奪によって生きるほかに糊口の途を持たなかったので、それが極度の混乱をひき起したのである。今日フランスには、依然として封建制の遺風が温存されていて、右の相違を生ぜしめるのである。パリの貴族は、わが貴族よりもはるかに多数の僕婢を養っていて、これらの婢僕はしばしば彼ら自身の科により、もしくは主人の気紛れによってお払箱となり、きわめて窮迫した事情におかれるので、最も恐るべき犯罪を犯すのやむなきに至る。グラズゴウにおいては、ほとんど誰も一人以上の僕婢を抱えている者はないので、エディンバラよりも重大犯罪が少ない。グラズゴウでは数年間に一つの不始末しかないのに、エディンバラにおいてはこのような不始末がいくつか起らない年はない。だからこの原則により、犯罪行為を防止するものはポリースであるよりは、むしろ他人に依食する者の数をできるだけ少なくすることである。依頼心ほど人類を腐敗させるものはない。ところが独立心はやはり人民の廉直を増すのである」(『講義』一五四—五頁)。

スミスはこのように論じて、最後に、「商業と工業の樹立こそはこの独立心をもたらすものであって、犯罪を防止する最善のポリースである」(同上)と結んでいる。

これによって明白であるように、商業と工業の樹立は最善のポリースである。換言すれば、経済的世界の確立が統治の秩序の確立となり、やがてそれが正義の原則の実現に導くのである。法の理想は法なきにあり、統治の目的は統治を無用化するところにあるということは、イギリスのような商工業の最も順調に発達した国においてのみこれを期待することができよう。スミスの豊かな現実感は、市民社会関係のいち早く発達したイギリスにおいて、いなそれよりもスコットランドの主都グラズゴウにおいてえられたのである。それゆえに、経済的世界はいまや国家や法の規制から自由な、逆に国家や法の真の保安を期するための基盤として、スミスの眼に映じるようになる。したがって、経済的世界は便宜 expediency の原則が支配する領域として、正義の原則が支配する法および統治の世界から区別されることができたのである。国家は社会の中へ吸収され、社会の繁栄がすなわち国家の繁栄の母胎となる。こういう見方は、スミス以前の社会思想家には誰にも打出されていない。ホッブズやロックにもなかったし、ヒュームは別としてファーガスン(1)にもまだ十分現れていなかった。そこにわれわれは『国富論』の巨姿を思い浮べるべきであって、イギリスにおける市民社会観の成熟が、スミスに至って完成したとみてよい理由が十分にあるのである。しかし便宜の原則が正義の原則から区別され、国家が社会の中へ吸収されたということは、スミスにおいて便宜の原則が正義の原則からまったく独立して成り立ち、国家がまったく社会の中へ解消しつくされたことを意味するのではない。事実はかえってまさにその逆である。われわれは後に第四章においてスミスにおける国家と社会の関係をさらに詳論する考えであるから、ここでは便宜の原則と正義の原則との関係だけを追求しよう。この点の追求が、スミスにおける法と経済との、また政治と経済との関係を理解するのに役立つところが多いからである。

(1) ファーガスンは市民社会を「洗練された社会」polished society とも名づけている。それは半ば政治的で半ば経済的な社会と観念されている。前者は旧封建的支配層の生活圏を、後者は新市民層の生活圏を表わしている。スミスにみられるようなすぐれて経済的な社会としての市民社会の観念はまだ現れていない。ファーガスンはちょうどスミスへの前段階を示すものといえる。ヒュームについては第七章をみよ。

そもそもスミスにおける便宜の原則が何であるかについては、ここに述べられた以上により厳密な規定が与えられているわけではなく、スミス研究家の中でもその概念内容を精密に規定しようとした者はわれわれの知るかぎり見当らない。したがってそれが正確にどのような意味を持つべきものであるかについては、ここでこれ以上の分析を行うことは困難である。けれども以上述べたところにより、正義は徳性の一つであるから、法および統治の世界の把握原理はすでに『道徳感情論』のうちにゆるぎない場所を与えられていることがわかり、つぎに、便宜の原則は正義の原則に次いで Jurisprudence の第二の部門の構成原理であるから、便宜の原則が正義の原則に次いで「すべての国民の法の基礎たるべき一般原則を研究する学」Jurisprudence の重要な補正的部分であることが知られる。便宜の原則の支配する世界は、ただに正義の原則が支配する世界に包摂されるばかりでなく、やがて最も高貴な徳性の支配する世界にまで組み入れられなければならない。このことは、スミスの場合、およそ社会的な人間が社会的に生きていくための最終条件として仁愛が考えられていることからみて明らかである。ただ、便宜の支配する経済的世界においては、徳性といっても、それにとって本質的な義務意識を伴わず、正義といっても、それにとって本質的な強制を伴わない。それはもっぱら利己心の自由で自然な発動に一任されて差支えのない世界であり、人びとの自由競争に一任されて差支えのない世界である。なぜなら、ここでは徳性の主体としての人格者がたんに市井の住民となりきり、権利の主体としての人間が一個の経済人となりきることによって、かえって全体としての正義を実現し、それがやがて徳性の樹立と涵養に導くことになると考えられるからである。これがとりも直さず「見えざる手」の働きなのである。このようにしてわれわれは「見えざる手」の導きを信じることができるから、後に述べるように、スミスのいわゆる公平な第三者は、この世界における利己心の自由な発動に道徳的是認を与えるのである。だから経済的世界には義務意識も強制力も必要としない。しいていえば、各人がその利己心にいそしむことがいわば一つの義務であり、そこに全体としての社会的正義が実現するということが、いわば強制なき強制によるものであるにすぎない(1)。したがって便宜の原則が支配する世界とは、義務意識と強制力の存在しない世界であり、すなわち各人の利己的動機の任意に一任されるべき世界の意味なのである。

(1) ヘーゲルが「理性の狡智」と呼んだものがこれであることは先にみたとおりである。しかしスミスはヘーゲルとちがって、経済的行為の徳性を、たんに消極的にでなく、積極的に、堂々たる市民道徳として肯定し、賞揚した。両者のちがいはこの点にはっきりと示されている。

ところで、便宜の原則は Jurisprudence の第二部門であるポリースの全体に当てはまる原則であるけれども、しかし前述のとおり、ポリースのうち「清潔と保安」をとり扱う部分は、「低廉または豊富」をとり扱う部分に吸収されてしまうのであるから、便宜の法則がもっぱら経済的世界の構成原理となってくるのである。この発想は経済的自由主義者スミスの面目を最もよく表わしている一面である。しかしながら、このように元来深い含蓄を蔵しているところのポリースの意味がもっぱら経済的に翻訳されることによって、(1) スミスにおいては、逆に経済的世界がポリース化されるに至ったのであって、このことは、ここに十二分な強調に値するであろう。

(1) ヘーゲルはこのポリースのうちに、市民社会から国家へのかけ橋をみた。ヘーゲルにとってポリースは、市民社会をより高次の世界である国家へ上昇させるための媒介項としての意味を持った。ちょうどスミスとは正反対のやり方である。

経済的世界はたといそれがあくことのない欲望の体系であるにせよ――スミスも『講義』では経済論を人間の欲望から始めている――、やはり正義の侵犯とはならないフェア・プレイでなければならなかったと同様に、それは同じくポリース的でなければならない。自己のために他人を押し退ける自由競争が、『道徳感情論』でも、『講義』でも、『国富論』でも厳禁されているように、ポリース的でない「便宜」、すなわちたんに特定個人または社会の特定階層のための「便宜」は厳禁されなければならない。経済学はこのような意味で、ポリースのエコノミーすなわち politicaleconomy でなければならない。(1) スミスが『国富論』の中で、「政治家または立法者の学の第一部門としてみられた政治経済学は、二つの異った目的をもくろむものである。第一には、国民のために豊富な収入または生計を調達すること、あるいはもっと適切には、国民自らの手でこのような収入または生計の調達を可能ならしめるようにすること。第二には、国家または王国のために公共事務をなす十分な収入を供給すること」(『国富論』三九七頁)と述べたことは、ちょうどここに引用されてしかるべきところであろう。スミスはすでに『道徳感情論』において、politics の研究の重要性をみているのである(二六七頁)。ここに politics とスミスがいうのは、政策と政治とをともに含むポリースの意味であるとみてよいであろう。すなわちスミスはいう。「公共心を促す傾向のあるものとしては、politics の研究——すなわち市民的政府 civil government の各種の体制、その便不便の研究、つまりわが国の組織、その地位、および外国との関係におけるその利害、その商業、その国防、その活動が受ける不便、それが蒙ることのあるべき危険、いかにして一方をとり除き、いかに他方を警戒するかということの研究にしくものはない」(同上)。かくて『国富論』をこれと併せて読む者は、青は藍より出でて藍より青しの感を深くせざるをえないとしても、しかし青は依然として藍より出たものであるとの感を禁じえないであろう。

(1) スミスは『国富論』の中で政治経済学という言葉を使いながら、「政治経済学原理」という書名をあえてとらなかった。それはスミスが、その名こそあげなかったが、ステュアートの同名の主著(James D. Steuart: An inquiry into the principles of political economy, 1767.)をその批判の対象として意識していたためであろうといわれている。なおスミスとステュアートの関係については、川島信義『ステュアート研究』(一九七二年)がよい参考となる。

三　一つのパラドックス

以上において、われわれはスミスにおける三つの世界、すなわち道徳的世界、法および統治の世界ならびに経済的世界を、その総体的関連という視角から検討した。これによってわれわれはまた、スミスの三大主著、すなわち『道徳感情論』と『講義』と『国富論』との内的関連をも把握しようと試みた。そこでわれわれのえた結論は、つぎのようなきわめて興味深い一つのパラドックスである。まず第一に、スミスにおける三つの世界は、結局道徳的世界において最後の仕上げと統一を見出しており、したがって『道徳感情論』は、たんにいわゆる厳密な意味での倫理学を含むばかりでなく、他の二書にたいして、いわゆる moral science の全体系を包摂するものとして、いわば社会哲学原理たる地位に立っている。それにもかかわらず第二に、スミスが市民社会の現実観に徹し、市民生活の実相によく精通すればするほど、三つの世界の序列が顚倒して、仁恵はいわば正義の装飾物となり、保安はいわば豊富の函数となるというように、経済的世界ならびに『国富論』が、右に指摘した三位一体の頂点に君臨するような結果となってきたことである。これはたしかに一見パラドックスであるようにみえる。媒介者としての『講義』の地位はいずれにせよ動かぬところであるとしても、一見したところはじめアイディアリスティックな出発点をとったスミスが、その結論においてマティーリアリスティックとなり、また社会的見地から出発したものが個人主義的となり、逆にそこから前のものに迫ろうとするかのような感があるのである。スミス学者はこれをスミスにおける利他心と利己心との矛盾であるとしてとり上げ、そこにいわゆる「アダム・スミス問題」なるものが発生したのである。これはあまりにも有名なスミス解釈史上の一話題となった。もし読者が以上われわれの与えた説明を少しでも注意深く読むならば、このようなパラドックスはただ皮相な見せかけにすぎないものであり、いわゆる「アダム・スミス問題」の学問的価値はそれほど大きいものではありえないことを知るであろう。

しかしながら、以上においては、仁恵と正義と利己心との相互関連を説くことができたけれども、この関連を把握するところの終極的な把握原理についてはまだふれていない。ヘーゲルの法哲学における人倫態の統一原理にも匹敵すべきものはまだ明らかにされていない。われわれはそれをスミスの同感 sympathy の思想に求める。そして同感の思想は従来「アダム・スミス問題」にひっかけて理解され、そしてしばしば誤解されることが多かった。その理由は、スミスにおける「同感」がたんに社会心理的な角度からみられるばかりであって、われわれが試みたように、これを社会哲学原理の観点から、さらに社会科学方法論の角度からみることがなかったからである。

つぎに、スミスにおける国家と社会の問題に入るに先立ち、この点について若干の考察を加えることにしよう。すなわち彼の方法論的基礎を論じることによって、本節の所論に新たな光を投じてみたいと思う。いわゆる「アダム・スミス問題」の教訓をわれわれはそこにみたいのである。

第三章　「アダム・スミス問題」の教訓

一　同感の原理

アダム・スミスの二つの主著、すなわち『道徳感情論』と『国富論』との間に、立場の移動ないしは矛盾があるのではないかという疑問をめぐって、数多くの解釈や論争が生れた。この論争は約一世紀という長い期間にわたって行われた。その後、一八九六年にエドウィン・キャナンの手によって『講義』の手記が公刊されるに至ったので、この問題には一応の終止符が打たれた感があった。アウグスト・オンケンが一八九八年に発表した論文「アダム・スミス問題」(August Oncken: "Das 'Adam Smith-Problem'", in Zeitschrift für Sozialwissenschaft, Bd. I, 1898.)は、この意味で約一世紀にわたる論争に一応の決裁を与えることとなった。けれどもオンケンのこの論文は新たに発見された『講義』を手がかりとして、スミスの二著の間に矛盾がなく、前後の間に立場の不統一がないことを指摘するに止まって、それがスミスの考え方からみていかにして可能であるかを十分に究めることをしなかった。それであるから、いまや問題は再転して、もしスミスの二著の間に矛盾がないとすれば、それはいかにして可能であるかということにならなければならない。この点に関して諸家の説がまた種々に分れてくるのは当然である。したがって今日に至るまでなお「アダム・スミス問題」は続いているといってよい。しかし本章においては、この問題の沿革にふれる暇はない。ここではただすぐれて経済的な社会としてのスミスの市民社会像にたいして、最後の把握原理を提供するという立場から、この問題を扱うことにしたい。[(1)]

（1）　いわゆる「アダム・スミス問題」について若干の重要な文献をあげておく。

1) Buckle: History of civilization in England, II, 433–4.

2) Delatour: Adam Smith, sa vie, ses travaux, ses doctrines, 73–8.

3) Bagehot: Adam Smith and our modern economy, in Works of 1880.

4) Oncken: Adam Smith und Immanuel Kant, 1877, Abt. 1.

5) Paszkowski: Adam Smith als Moralphilosoph.

6) Skarzynski: Adam Smith als Moralphilosoph und Schöpfer der Nationalökonomie, 1878.

7) Zeyss: Adam Smith und Eigennutz, 1889. そのほか Lange の Geschichte des Materialismus, III, 234ff. や、Stephen の History of English thought in the eighteenth century, II, 321–2. や、Jodl の Geschichte der Ethik, I, 379–80. またリスト、ヒルデブラント、クニースおよびシュモラー、ブレンターノ等ドイツ歴史学派の人びとのスミス批判もこれに関連している。二十世紀に入ってもこれに関する文献はつきないが、K. Diehl や J. Bonar 等をあげることができよう。ことに G. R. Morrow: The ethical and economical theory of Adam Smith, New York, 1923. は僅かに九一頁の小冊子ではあるが、ハスバッハのスミス研究とともに群を抜いて、この問題の解決に資するところが大きいように思われる。最後に邦語で書かれたものとしては、小泉信三「国富論と道徳情操論」(福田徳三博士追悼論文集所収)だけをあげよう。

さて現代における「アダム・スミス問題」を解決するための第一の鍵は、われわれのみるところによれば『道徳感情論』と『講義』と『国富論』とを統一的に理解することにある。そしてこれを統一的に理解するということは、すでに明らかであるように、社会哲学原論としての『道徳感情論』のうちに最後の説明原理を求めることである。仁恵と正義と利己心とにそれぞれの場所を与えながら、なおこれを総括するところの究極原理を求めることである。われわれはもちろんこれを『道徳感情論』のなかに見出すことができる。同感 sympathy の原理がこれである。だから、現代における「アダム・スミス問題」解決の鍵は、第二に、スミスにおける同感の意味を適正に理解するところにあるといえる。そしてここにいわゆる第一の鍵は第二の鍵への手引きであるにすぎないから、問題の核心は結局同感の説をいかに解するかにあるというべきである。

スミスの『道徳感情論』を一読した者は誰でも、スミスが人間性に内在するさまざまの徳性について論じながらも、そのうちとくに、大きく分けて徳が三つの方面から説かれていることに気づくであろう。すなわち仁愛 benevolence と正義 justice と慎慮 prudence とがこれである。仁愛はすなわち愛他心に基くものであり、それの発動が仁恵 beneficence となるものである。これにたいして慎慮は利己心に基くものであり、それは「個人の健康、財産、位階および名声、すなわちこの世におけるあの愉悦と幸福がもっぱら依存すると思われるところのものへの配慮」なのであり、それは「通常慎慮と呼ばれる徳の適当な働きと考えられる」(『道徳感情論』三一一頁)ものである。これによってみても、いわゆる利己心が正義とともに徳性の一つとして、ここに確固不動の場所が与えられていることはいうまでもないのである。これと類似のスミスの発言は、本書の中からいくらでも引証することができるのであって、今日のスミス研究家にとってそれはもはや疑問の余地がないのである。

ところが「アダム・スミス問題」の混乱は、すべてまず第一にこの点の受けとり方というか、その解釈の仕方から発したといえる。いな端的にいえば、その点の誤認から発したように思われる。たとえばスミスは『道徳感情論』の冒頭においていう。「人間がどんなに利己的なものと想定されえようとも、明らかに彼の本性の中にはいくつかの原理があって、それによって人間は他の人びとの運不運に関心を持ち、彼らの幸福を……彼にとって必要なものたらしめるのである」と。スミスはこの種類に属する徳性として憐愍または共感をあげている。これは一見スミスが利己心をもって唯物的なもの、非道徳的なものと看做していたかのような印象を与えるかもしれない。しかしながら、もしスミスが利己心をたんに唯物的なものとして、したがってそのままでは道徳的是認に値しないものと考えたとすれば、スミスの前後二つの著作の間の矛盾は疑うべくもない。しかし事実はまさにその正反対である。もし論者のいうように、仁愛と慎慮とが矛盾するものであるなら、われわれはさらに残されたいま一つの徳すなわち正義の徳についていかに解したらよかろうか。かくてはいたずらに問題の混乱を加えるばかりである。もちろんスミス解釈家のすべてがこのように明白な事態を見誤るはずはないのであるが、しかし彼らにとってさらに重大な躓きの石となったものは、『道徳感情論』の首章にあったといえよう。それはあまりにも有名な同感の説である。スミスのいう同感 sympathy は、もちろん憐愍 pity でもなければ、たんに共感 compassion でもない。それは喜怒哀楽等相手方の感情を移入し、人の心をもってわが心とするような、たんに心的な過程を指すものではない。それは一面心的な過程ではある。そしてこれまでの解釈はスミスの同感をそのようなものとみてきた。しかし同感はたんに心的な過程と解すべきではない。かえって、それはこのような心の働きを可能にし、それを意味づける道徳的能力を指すのである。スミスの表現は心理的な用語を用いてはいるが、彼がそれによって意味しているものは心理以上のものなのである。

「われわれは想像作用によってわれわれ自身を彼の地位におき、われわれがすべて彼と同じ困難に遭遇しているものと考え、われわれがいわば彼の肉体のなかに入り、ある程度まで彼と同じ人になるのであって、かくして彼の情念についてある観念を形造り、そしてその度合いは弱くとも、しかし必ずしもそれとちがったものではないあるものを感じさえする」(三―四頁)。スミスがこういったとき、彼はけっしてたんに感情の相互移入過程そのものを説明しているのではない。彼はこのような感情移入を可能にする想像上の働きを示しているのであって、このことをまず知るのがスミス理解の鍵なのである。すなわち「彼」(右の引用文中の)の感情はこのようにわれわれの想像上のいわば追体験を受けとることによって、またそのかぎりにおいて、たんに彼一個人のものではなく、人間性に根ざしたものとなり、個人的な性質を離れて社会化されるのである。他人について行ける go along with 情操のみが理解されるのであり、他人に理解されるかぎりにおいて、それは道徳的判断の対象となる。それゆえに同感は何よりもまず道徳的判断を可能にする原理であり、道徳的是認または否認の能力であるということができよう。一つの行為が、それをひき起した「原因に対して適合的 suitable」であるとして、他人の同感をえるかぎりにおいてそれは社会性をもち、したがって道徳的に是認される。徳は個人的孤立的なものではなくて社会的なものである。だから「同感は諸個人の間の交通の原理 principles of communication――Hume――であって、それが道徳的判断を可能ならしめるものだ」とモロウがいうのはまったく正当[1][2]である。

(1)　この点において太田可夫「アダム・スミスの道徳哲学について」(一橋論叢第二巻第六号)は、わが国におけるスミス解釈のうち最も教訓に富むものの一つである。私はモロウの前掲の著書から受けたと同様に深い教えをこの論文から受けた。私の仕事はこれをもって『国富論』の世界まで下降してこようとするのである。なお有名なツァイスの研究(R. Zeyss: Adam Smith und der Eigennutz, 1889.)は、『講義』の出版前に書かれたものとしてはまことに優秀であったといえる。船越経三『アダム・スミスの世界』(一九七三年)は、太田―高島ラインをさらに前進増補するものとして注目される。

(2)　グラズゴウ大学の「アダム・スミス――プロフェッサー」〔A. L. MacFie: The individual in society, 1967. (舟橋、天羽、水田訳『社会における個人』)〕は、これまでこの問題をめぐって著わされた諸研究の一大総括を与えたものとみられる。現代

における アダム・スミス研究の最高水準を画したものといえる。私の研究は舌足らずではあるが、基本的にはマクフィーの見解と一致するところが少なくないように思われる。

モロウのいうところによれば、アダム・スミスはイギリスの道徳学者中、徳性の内容の問題と道徳的能力の問題を明確に区別した最初の人であった(モロウ、同上、二八頁)。スミスはすなわち『道徳感情論』第七部(三八九頁以下)で倫理学史をとり扱いながら、この二つの問題の所在を明らかにしているのであるが、それはいまの問題ではない。ただそこからえられる重要な結論は、スミスにおいては、一、道徳的判断が同感の上に基礎づけられていること。二、仁愛と正義と慎慮の三つの徳の結合のうちに、理想的な人間すなわち徳性の極致をみているということである。第一に同感は「いかなる心的能力によって徳は人に奨められるか」にたいする答であり、そして第二に「理想的人間」あるいはまた「もっとも幸福な型の人間」man of the happiest mould は、「どこに徳が成立するか」にたいする答となっていることである。〔私〕は同感の原理によって、換言すれば状態の想像上のとり換えによって、たんに〔彼〕の情念を客観化するばかりでなく、〔私〕自身のそれを客観化する。〔彼〕の情念は〔私〕がついていけるものでなければならぬように、〔私〕のそれもまた〔彼〕がついていけるものでなければならない。かくて〔私〕も〔彼〕もともに一つの客観的な道徳的判断の基準を持つわけで、われわれはいわばいつも「公平な傍観者」the impartial spectator の眼の下にわれわれ自身をみることになる。われわれは社会のうちに成長し、同胞の道徳的是認ないしは否認の諸経験を重ねることによって、このように「事情に精通した」公平な傍観者の眼を持つようになるのであって、それはいわば「胸中の人」man within the breast あるいは「内なる人」man within として逆にわれわれ自身の行動を規制するに至る。そこに義務の意識が生れるのである。そしてこのような義務意識の残りなき実現が、とりも直さず仁愛および正義の徳と結

合された慎慮にほかならないのである。(1)

(1) モロウのスミス解釈は、同感の心理的な側面よりも、社会的側面に重点をおく傾きがある。これはそれまでの心理的偏向にたいする批判からきているのであろう。これにたいしてマクフィーの態度は、同感の感情の面と理性の面を総合的に捉えようとするものであるように思われる。一つの総合が行われたものとみていいだろう。

だからスミス倫理学説の特色は、徳性の内容の問題と道徳的能力の問題とを明確に区別した点にあることは真実であるけれども、道徳的能力の問題を徳性の内容の問題から別にして論じることができないということにもその特色があるといえる。スミスは事情に精通した第三者の立場をもって、仁愛と慎慮とをいちいち具体的に検討し、どこに「原因に適合的な感情」が成立するか、どの程度まで、それは公平な傍観者の同感に値するかということを具体的に詳論したのである。これは『国富論』におけるスミスの方法態度とまったく同一であって、『国富論』をしてすべての人にとり、あくなき魅力の源泉たらしめたものは、すなわち『道徳感情論』をしてつきることなき魅力の源泉たらしめたところの方法態度である。これがスミスにおける帰納法の特色である。それは本質や実体の問題を、現象や機能の問題から引き離して考えることをしない経験的自然法の思想態度である。だからここにみたように、倫理学史をとり扱う最後の一篇(第七部)を除くほか、『道徳感情論』においては、徳性の内容の問題はそのとり扱いにおいて、道徳的能力の問題と引き離しては論じられなかった。これが後の世に誤解を生ぜしめる原因の一つとなったように思われる。しかし誤解の原因はそれだけではない。スミスは道徳的能力を一つの心的能力 faculty in mind として把握している。これは十七、八世紀のイギリス倫理思想からみて、彼がその師ハッチスンやその師にして友であるヒュームとともに、一つの感覚論的潮流のなかにあることを示しているのである。(1) スミスが同感に与えた説明が、そのためにやゝもすれば感覚論的な調子を帯びざるをえなかったのはやむをえないところであろう。そこから、同感をもって憐愍または共感に等しい一つの心的過程と看做すような誤解が発生するに至ったことは、自然の成り行きとして容易に想像しうるのである。かくてスミスが正しくも区別した道徳論の二つの問題、すなわち徳性の内容の問題と道徳的能力の問題の区別は見失われるに至ったのである。

（1） より正しくは経験心理的というべきであろう。これらの人たちは、人間性の経験心理的分析のうちに同時に人間の社会関係を認識し、それによって徳性の生きたあり方を捉えることができた。ここからモラル・サイエンスとしての社会科学が生れたとすれば、彼らの経験心理的分析の手法をわれわれはもっとよく理解する必要があるだろう。
なおこの点についてはヒュームの道徳論(D. Hume: A treatise of human nature, being an attempt to introduce the experimental method of reasoning into moral subjects, 1739–40.〔大槻春彦訳『人性論』一―四、一九四八―五二年〕)、とくにその第三篇「道徳について」とスミスの『道徳感情論』とを比較研究する必要がある。両者ともに人間性の経験心理的分析の奥にモラル・センスの存在を認めていることが注目される。

けれども、イギリス経験論はけっして素朴な経験主義の立場に甘んじるものではなく、また自然法的な社会理論はけっして非歴史的な見方に安んじるものではない。それとまったく同様に、倫理学上の感覚論にしても、いわゆる卑俗な唯物論の見解に囚われているものではない。イギリスにおける自然科学の発達そのものが一つの歴史的過程であったように、これらの思想はイギリスにおける市民社会の発達史と照らし合せてみるならば、この国においては、それがやはり一つの歴史的社会的全体を把握するのに適合した思想形式であったことが容易に知られるであろう。だからすべてイギリス経験論や、自然法の社会理論や、倫理的感覚論に関する後の世の誤解は、おそらく解釈家の怠慢からその大部分が発しているというべきであろう。

スミスの同感の原理は、このようにたんに心理的なものでも、たんに唯物論的なものでもない。それは十全な意味において社会的なものである。そしてさらに重要なことは、同感の原理がたんに社会的であるばかりでなく、同時に歴史的な原理だということである。同感は個人の行為に社会的是認または否認を与える能力であるから、同時にそれは道徳的判断の歴史的具体性を保証するものである。総じて経験論の真の意味はこのようなところにあるというべきだろう。スミスの重んじるものは事情に精通した第三者の立場であるのだから、スミスがこれを基礎づけるに当って、個々人の感覚の背後に人間性 human nature の姿をみ、そこから個々人の感覚を客観化し社会化するように考えていた結果として、たとい一見超歴史的な考え方がとられていたとしても、そのことからただちに、事情に精通すること自体から出てくる道徳的判断の歴史的性格が否定されることにはならないのである。自然法理論はその本性上超歴史的なものであるにもかかわらず、十七、八世紀のイギリスにおいては、その超歴史的な思想の器のなかに、歴史的にはいたって新鮮な時代感覚を盛りこむことができた。これについてわれわれは最後の章で論じるつもりである。またスミスにおいて、道徳的法則は結局神の掟として、終極的には神学的な世界のうちにその基礎づけを持つものとされてはいるが、彼の道徳的把握の原理がそのために社会的なもの、歴史的なものでなくなるわけではけっしてない。人間性の研究家にとっては、神それ自体が問題であるのではなくて、人間性を通じて神のプランを探ることが問題なのである。われわれはこの点においてこそイギリス経験論の風格を偲ぶべきである。『道徳感情論』においても、『国富論』においても、われわれがみなければならないのは、けっして「見えざる手」そのものではない。われわれがみなければならないのは、「見えざる手」の世俗化現実化であるところの、事情に精通した第三者の立場なのである。

二　利他心と利己心、二元論とその克服

以上においては、いわゆる「アダム・スミス問題」の教訓を通じて、スミス解釈における、起りうべき誤解を避けつつ、われわれの正しいと考える見解を示そうとした。もしわれわれの見解が誤りでないとすれば、いわゆる利他心と利己心の矛盾の問題は、けっしてスミスの矛盾でないことが知られるであろう。その反対に、同感の論理がこの矛盾を解明するのにいかに有効で的確な力を持つものであるかということが知られるであろう。

スミスの同感は仁恵や正義において成立するばかりでなく、利己心や慎慮においても成立する。スミスは『道徳感情論』のきわめて多くの箇所において、利己的動機に基くと考えられるわれわれの経済的行為が、たんに社会性の原理に矛盾しないばかりでなく、進んで道徳的に是認されうるものであることを力説している。(1)「われわれ一個の幸福と利益にたいする考慮もまた、多くの場合において甚だ賞讃すべき行為原則であるようにみえる。節倹、勤勉、分別、注意、および思慮に富む習慣は、一般に利己的動機から養われるものと想像されている。そして同時にそれは甚だ賞讃に値する資質であると解され、すべての人の尊敬と是認に値するものである」(『道徳感情論』四一五頁)。スミスは、利己心が深く人間性に根ざしていて動かすことのできない真実であることをみてとった。しかしこれを抑制することも刺戟することもスミスの目的とするところではない。スミスは、ただその発動が人間の社会的行為の世界において、一つの客観的妥当性を持っている事実をみただけである。だから「慎慮のある人は、公平な傍観者および公平な傍観者の代表者である胸中の人の残りなき是認によって、つねに支えられもし報いられもする」(同上、三一四頁)といった

のである。

(1) 大河内一男『スミスとリスト』は、この点をいち早く指摘した。そしていわゆる利己的行為の徳性が、スミスのいう「中等および下層の人びと」のモラルを表示するものであることを的確に指摘した。これがまさに発火点に達した太平洋戦争を目の前にして書かれたものであることを、私は高く評価したい。

彼がこのようにいったとき、彼はマンデヴィルのように、利己心の発動が私人の悪 private vices でありながら、結果として公けの善 public benefits となるというのではなく、またホッブズのように、功利の上に道徳的判断を基礎づけるのでもないことに注意すべきである。これは彼自ら確言するところである。すなわちマンデヴィルの説にたいしては「もしそれがある点において真理に境を接することがなかったとしたなら、それがかくも多数の人びとに喰い込み、もっとすぐれた諸原理の友である人びとの間に、かくも一般的な恐慌をひき起すことはけっしてなかったであろう」(同上、四五九頁)といって、マンデヴィルが現にあるものとしての人間性の一面を正しく把握したことを是認しながらも、しかしホッブズ説にたいしては「この体系は私がこれまで樹立しようと努めつつあるところのものと全然相容れない」(同上、四三六頁)ということができた。ここにわれわれは、マンデヴィルにたいしては半ば肯定半ば否定の態度をとったスミスが、[1] ホッブズにたいしては厳しいまでに否定的であることを見出すのである。スミスの思想においては道徳的判断はあくまでも同感に基くべきもので、この同感によって、人間の利己的行為が是認されるのである。

(1) この点についてマクフィーはいう。「要するに、利己心やそれの経済生活における機能の分析だけにかぎれば、スミスはどんな他の先行する思想家よりも、マンデヴィルに近いように思われる」(邦訳一五六頁)と。しかしマンデヴィルとスミスの考え方のちがいを見落してはならない。田中敏弘『マンデヴィルの社会・経済思想』一九六六年(とくに第六章「マンデヴィルとアダム・スミス」)はこの点を正しくとらえているように思われる。

けれども人間の行為にはたやすくその度を越え易いものとそうでないものとがある。公平な傍観者がどこまでもついていけるものとそうでないものとがある。公平な傍観者がついていける行為であるとき、それは中庸mediocrityをえた行為と呼ばれるのであって、徳はこの意味で中庸において成り立つといわれる。そしてこの中庸の度合いが行為の種類によって異るといえよう。仁愛に発する行為においてはその度が高く、利己心に発する行為においてはその度が低いといわなければならない。だから市民社会の現実において、利己心の発動はむしろ便宜の原則の支配する領域であるにもかかわらず、「それは正義の拘束を受けなければならない」。それで『国富論』においてもしばしば、「各人は正義の法を侵害しないかぎり、彼自身の利益を彼独自の仕方で追求し、そして彼の勤労と資本とをともに他の何びととの競争に付するも自由である」(『国富論』六五一頁)との意味を盛った言葉をくり返したのである。たとい『国富論』における利己心の讃美と自由競争への要請がいかに熾烈であろうとも、スミスが狙っている「理想的人間」は、「他の諸徳と結びついた慎慮」を具現した人間であることには変りがないのである。

以上の考察によって、『道徳感情論』における利己心の地位についてはもはや疑問はありえないとわれわれは信じる。しかし「アダム・スミス問題」の教訓はなおこれをもってつきていないのである。スミスの思想には、もはや通俗の意味において利他心と利己心との間に矛盾が存しないとしても、そもそもさまざまの徳性のうちとくに仁愛と正義と慎慮という三つの徳性をとり上げる根拠はどこにあるであろうか。この点についてはこれまでほとんど言及されるところがなかった。この問題はいわゆる「アダム・スミス問題」の水準を乗り越えたところの、いわば高次の「アダム・スミス問題」だったのである。

思うに利他心と利己心の矛盾がいわれたとき、人びとは期せずして人間性にまつわるこの二つの根本動機を、いかにして一つの原理に統一すべきかという問題に苦心していたものとみてよいのである。それはある意味では、もはやアダム・スミスを越える「アダム・スミス問題」だったのである。

モロウのいうところにしたがえば、十八世紀のイギリスにおける倫理学説、ことに moral sense school のなかにはそのほとんどすべてにわたってある程度の二元論が現れている。ハッチスンには利己心と仁愛との間に間隙の兆しがみられる。これと同じ二元論的傾向は、アダム・スミスの同時代人ヒュームとケイムズにも現れている。(1) ところでアダム・スミスにもやはりこの時代思潮の足跡が見出されるのであるが、スミスははたしてこの二元論に満足したのであろうか。そうでないことは上述のとおりである。ではそれはいかにして可能であったか。これについてふたたびモロウのいうところに従えば、これらのイギリス倫理思想家の間において、最も重要な決定的要素は、経済的動機の倫理的価値を承認せざるをえない場合、いかにしてこれを彼らの主要学説と調和させることができるかということの困難であった。

(1) イギリスの文献に親しんでいたルソーにもこの二元論がみられる。自愛 amour de soi と憐愍 pitié がそれである。スミスの思想の中にルソーの影が落ちているとみることは、けっして的はずれの見解ではない。(スミスは若いときルソーを翻訳し、ルソーについてコメントを書いたこともある。) スミスとルソーの関係について初めてわれわれの注意を促したのは、内田義彦『経済学の生誕』の一功績である。

十八世紀の始まる前二百年の間に、商業および工業状態における変化は、現世的なものにたいする中世的思想をまったく一変させてしまった。ルネッサンス以後、物質的繁栄は価値の総額のうちの一つの重要な要素であることが公然と認められるに至った。物質的繁栄は他のより高い価値のためにではなく、いまやそれ自らのために求められるようになり、したがって新時代における人びとの行為原則は、自己主張のそれであって自己否定のそれではなくなった。そしてこれは古い倫理学体系の公然の廃棄を意味したことはもちろんである。人はマンデヴィルの意義をここに見出すであろう。人間の欲望——それによって彼は主として生活水準の向上を意味している——なくしては、富に向かっても文明に向かっても進歩というものは不可能であると彼はいったのである。これがあの有名な「私悪は公益」という逆説の意味するものであった(1)。

(1) スティーヴンはマンデヴィルの逆説的発想をみごとにいい当てている。「そしてマンデヴィルは、一方では神学者たちとともに富の追求は本質的に悪であると主張し、他方では経済学者とともにこれこそ文明にとって不可欠な現象であると主張することによって、自らの教説に逆説という外観を与える……」(邦訳、中巻、二〇八頁)。

かくて人びとは、物質的繁栄を、したがって利己心を倫理的に基礎づけなければならなくなるであろう。徳は理性によって判断されるとする合理派にとっては、利己心の発動がすなわち全体の福利のためにする合理的秩序の実現であるとしてこれを受け入れることは容易であろう。ところが利己心の是認を情操や感情の上に基礎づけることは困難であり、かつ危険なことであった。そこで、この派に属するスミス以前の倫理学者は、利己心の倫理的価値を否認するか、もしくはそれを承認したときは、これを論理的に矛盾なく彼らの基本原理と結びつけることが不可能となった。ヒュームとケイムズにおいては明白にこの二元論に達したとモロウはいうのである(以上モロウの所説については、彼の前掲書四五—七頁参照)。

それではスミスのなかにこの二元論が論理的にいかに克服されているか。その点をもう一度考えてみたい。これについてまず注意しなければならないことは、われわれはスミスにおいて利己心や利他心という心的動機の意味について誤ってはならないということである。スミスが利己心や利他心について語るとき、彼は人間の社会的行為の内的動因として語っているのであって、人間の社会的行為そのものについて語っているのではない。たとえばスミスが交換について語るとき、彼はただちに交換本能 propensity to barter について語り、資本の蓄積について語るときは、ただちに節約本能 propensity to save について語る。スミスはさらに進んで同感本能 propensity to sympathy という言葉さえ使っている。けれども、これは行為の背後に人間性の経験心理的分析をおかなければ満足しないところの、いわば時代の好尚にすぎないのであって、それは行為の世界の構造把握にたいして直接なんらの影響を与えているものではない。行為の動力は、行為世界の機構を運転させるために必要不可欠であるとしても、機構そのものは動力とは一応別物である。『国富論』は利己心と自由競争とを前提としなければ成立しないとしても、しかし交換の機構は交換本能から直接導き出せるものではなく、また資本の蓄積が節約本能から引き出せるはずのものでもない。このようにしてわれわれは、スミスにおける利己心の意義について、それが人間性の動かすべからざる一面であるとの表現に眼を奪われて、それが具現し、それによって動かされている社会的なものを見失ってはならないのである。スミスの捉えているものは行為の動機であるよりは、むしろこの動機によって動かされている行為であり、あるいはまたこの行為の世界すなわち経済的社会的機構であるといわなければならない。

だから、もしスミスの思想に仁愛と利己心との二元論が残っているとすれば、それは人間性の二元論的解釈を示すものではなく、社会的世界の二元論的解釈を示すものにほかならないのである。すなわちスミスにおいては、道徳的世界のほかに経済的世界の重要性が認められていることを示すにほかならないのである。ところで経済的世界はさきにみたように、法的世界と同様に正確性の支配する世界であり、正義の原則を媒介とすることによって、実は仁愛と便宜の二原則は結合されるべきものであった。だから経済的世界は道徳的世界に対立しないで、かえってその一部であるにすぎないこととなる。ただ科学的正確さを確保しうるという理由で政治経済学の分野がそこから分離してきたのである。これはすでに論証ずみのことであって、われわれとしては、それをもう一度ここで想起する必要があるだけである。もしそうであるならば、いわゆる利他心と利己心との二元論はスミスにおいて真の意味の二元論ではなくて、一方が他方を含み、利己心は利他心のむしろ特殊の場合と解されうるのである。他の言葉をもっていえば、この見方は人間共同体の特殊のあり方としての市民社会[1]にその場所を与えたものにすぎないのである。ゆえにわれわれはこの関係から、利他心や利己心の二元論ではなく、これを結びつけ媒介するもの、すなわちスミスにおける正義の徳が有する特殊の意義をこそ、十分に理解するべきである。

（1）市民社会をたんに分裂の体系とみたり（たとえば万人の万人にたいする戦いの修羅場、喰うか喰われるかの生存競争の場とみたり）、ゲマインシャフトにたいするゲゼルシャフトとして一段格下げをしてみたりするような見解が、いかに皮相で事物の一面をしか捉えていないものであるか、ということがこれでわかる。市民社会は人間共同体の特殊歴史的な存在様式であるという認識が、まず確立されなければならない。スミスに内在せずして市民社会を語るなかれである。

かくして仁愛に対立するものとして正義 justice versus benevolence をとり上げたモロウの見方が、従来の所説に比していかにすぐれたものであったかをわれわれは知ることができるのである。しかし彼がこの対立をもって二つの異った理論的見地の対照、すなわち抽象的個人主義とより高次の人格的見方との対照であるというのは（前掲書、五四頁）、われわれの到達した結論からみれば、まだ十分にスミスの意を汲みつくしたものということはできまい。モロウのように解するとしても、徳性が三つに分れて仁愛と正義と慎慮となることは理解できても、これらの三つの徳性の間に包摂被包摂の関係があることを必ずしも明瞭に把握することはできないであろう。さらにまた、なぜこの三つの徳性だけがとくに問題とならなければならないのか、その理由についてもなっとくのいく説明をえられないのである。元来スミスの経験に即した考え方によれば、徳性は必ずしもこの三つにつきるものではない。また高下の区別はあるとしても、われわれは人間性の豊かな内容に応じるだけの諸徳性を考えてよい。事実スミスはこのほかに、自己抑制の徳性など非常に数多くの徳性について具体的に述べている。ここにわれわれはスミスの多元論的方法を見出すことができるのであって、これがイギリス経験論の特色であることを知るのである。しかしモロウにせよ、われわれにせよ、とくにこの三つのものをとり出してくる理由は、やはり市民社会の基本構造として三つの世界を考えているからである。(1) 形式社会学的にいえば協同社会と利益社会、ならびにこれを媒介するものとしての正義が考えられるからである。かくて現代の研究家は、スミスにおける利他心や利己心の対立に囚われたり、それが表わしている問題の本質を誤解したりすることを警戒しなければならない。以上をもってわれわれは、もはや起りうべき疑問にたいして十分な解答を与えることができたと信じる。

(1) この点マクフィーはわれわれと異る。彼はスミスにおける自己抑制の徳を、スミスの総合的な立場を示すものとして注目している。この点でマクフィーの見方はマックス・ヴェーバーの人間観に通じるところがある。

三 残された問題

以上によって、いわゆる「アダム・スミス問題」のうち、利他心と利己心の矛盾に関して、そこからわれわれがひき出しうべき主な教訓はほぼつきているかと思われる。しかしさらに進んで重要な問題が起りうるであろう。スミスが完全な徳は中庸において成り立つと説いたとき、それはいかにして同感の説と結びつくことができるかということである。そこになお残された最後の問題があるといえよう。

改めていうまでもなく、中庸の思想はギリシア的(アリストテレース)なものであり、形而上学的でさえあるといえる。これについては、現代の哲学は論評すべき多くのものを持つであろう。現代の社会科学の立場からいってもいうべきことは多い(1)。しかしそのために、歴史的社会的原理としての同感の原理にたいして、暗い形而上学的な影が加わって、同感の経験論的な論理を不透明にするものではないということだけをここでは強調しておきたい。とくにこの点でスミスとヘーゲルをもう一度対照してみるのが示唆的であろう。ヘーゲルには形而上学的な統一原理があった。これにたいしてスミスはどこまでも経験論的な統一原理を求めた。こういってよいであろう。ヘーゲルの法哲学にみるような体系的整備の完結性はないが、スミスにはその代りに、生活のいきた流れに即応していける立場の自由さがある。しかしそのために、スミスに体系や統一原理がないといってはならない。もしスミスの「体系なき体系」ということがいわれるとすれば、それはただヘーゲルにみられるような形而上学的統一者の論理がないという意味に解するほかはない。しかるに、ヘーゲルはまさにこの形而上学的統一原理のために、あるいはまた体系的一貫性の獲得に執着したために、市民社会の現実にたいして必ずしも十分に公平な傍観者となることができなかった。なぜなら、公平であるということは、スミスのいうとおり、事情に精通するということだからである。

(1) 中庸の徳は極端を嫌う心から発する。この思想はスミスの徳論においてみられるばかりでなく当然のことながらスミスの社会哲学ならびに経済理論にも一貫して示されている。スミスの自然調和の思想、社会的平均的なものにおいて真実なものを捉えようとするスミスの心的態度がそれである。この意味において、中庸の思想はスミスの同感の論理と首尾一貫して融合するものであるように思われる。ここにスミス思想のギリシア的風格をみることもできるであろう。なお『道徳感情論』三九九頁をみよ。

この点についてすこぶる興味深いつぎのような対照をしてみることができる。ヘーゲルはその法哲学において、ポリースのうちに市民社会を超克する契機を求め、かくて市民社会から国家への途を急いでしまった。これに反してスミスにおいては、ポリースのうちに逆に市民社会への途を見出し、彼が市民社会の事情に精通すればするほど、それに基いていよいよますます社会の物質的繁栄と個人の自由のために戦うだけの勇気を身につけ、改革者の熱情をもって、まさにヘーゲル的な志向とは反対の志向へと進むに至った(1)。われわれはここに両者の方法態度の差異をみるばかりでなく、結局イギリスとドイツにおける市民社会の発達の段階的差異とその国民的差異をはっきりとみなければならないと思う。このようにして『道徳感情論』において成功を収めたスミスは、『国富論』においてそれにもまして一層大きな成功を収め、そこに「アダム・スミス問題」を誘発した幾多の誤解の素因を産み出すことになったけれども、しかしこの誤解の真相についてはもはや明らかである。

(1) ここではもっぱらスミスの側からヘーゲルをみているのであって、ヘーゲルの側からスミスをみているのではないことを断っておかなければならない。もしヘーゲルの側からスミスをみるとすれば、何よりも対立と矛盾の論理の不在がとり上げられなければならないだろう。しかしこれは後に、スミスとマルクスの市民社会観がとり上げられるまで留保される(本書の終章をみよ)。ここではただ、ヘーゲルが市民社会の矛盾について鋭い洞察を持っていたことだけをいっておく。

起りうべき種々の疑問に答えることができたわれわれは、いまや安心して『国富論』の世界に赴くことができる。しかしそれに先立ってなおいま一つの誤解を予防しておかなければならない。それはスミスにおいてポリースが市民社会に吸収されたことから起るものであって、あたかもスミスには国家や国民の観念が存しないかのように解するものである。この解釈は主としてドイツ歴史学派の人びとからなされたものである。しかしスミスにはスミスの国家があった。すでにオンケンは彼の論文「アダム・スミス問題」で、第一問として利己心と利他心の問題をとり上げた後に、第二問として、スミスにおける国家と経済の問題をとり上げ、ドイツ歴史学派からの批判、とくにシュモラーのこの点に関するスミス批判を反駁している。つぎにわれわれもまたわれわれ自身の仕方で、スミスにおける国家と市民社会の関係について考察するであろう。

（新版への補言） スミスの同感の原理に関する研究は、その後急速に進んだ。これらの諸研究によって本章の叙述内容は、さらに補完され補正されなければならない。しかしながら、われわれの研究の特色は、『道徳感情論』と『国富論』とを同一の基本原理によって統一的に把握しようとするところにあるのであって、最近の諸研究にみられるように、たんに同感概念の構造を明らかにしたり、同感の成立過程を究めたりすることにあるのではない。それももちろん重要な研究ではあるが、われわれの狙いとするところは、かの公平なる観察者の立場とは何か、公平なる観察者の立場が成立したときその立場を支えているものは何かを明らかにすることにおかれている。それは『道徳感情論』においては中庸の徳であるといわれる。それはあたかも『国富論』において、諸市場価格の中点において成立する価格である自然価格とは何か、自然価格をその背後から支えている原理は何かということが問われるのと同じ発想を持つものである。このような問いかけによって初めて、われわれのいわゆる三つの世界を統一的に把握する一本の太い原理を発見することができるであろう。

以上の観点からみて、キャムベル(T. D. Campbell: Adam Smith's Science of Morals, 1971.)とミード(G. H. Mead: Mind, Self, Society; from the Standpoint of a Social Behaviorist, 1934.〔稲葉三千男、滝沢正樹、中野収共訳『精神・自我・社会』〕)は興味が深い。とくにミードの著作はスミスの同感概念を社会心理学的に把握し直したことによって注目されている。

第四章　スミスにおける市民社会と国家

一　国家と社会の対立の意識

市民社会は歴史的にも理論的にも国家に対立するものと考えられたし、現にまたそう考えられていることが多い。とくに戦前戦後のわが国においてはそのような見方が一般化している。(1)これは今日の段階においては、必ずしも誤った見解だということはできない。歴史的にみても、市民社会はまず封建的な、あるいは絶対主義的な国家への反対物として現れ、後には全体主義的国家への対立物となって現れるようになった。したがって市民社会を研究の対象とする社会学もしくは社会科学をもって反対科学 Oppositionswissenschaft であるとするのは味わうべき表現であるといえよう(C. Brinkmann: Versuch einer Gesellschaftswissenschaft, 1919, S. 16.)。事実人びとは社会という言葉で市民社会をいい表わすことが多かった。たとえば近代の社会科学は社会の発見をもって始まるといわれた場合などがそうである。

(1)　戦後のわが国では、反国家的反体制的な思想の高まりの結果として、国家と社会(または市民社会)の問題がにわかに脚光を浴びて再登場してきた感がある。しかしその際注意を要することは、両者の対立の面だけが強調されて、両者の同一性の面が無視されてしまう危険があることである。これは論者が現実的な問題意識にかられ、この問題の古典的な研究を等閑に付している結果である。

けれどもそこに注意を要することがある。すなわち、イギリスにおける市民社会観の発達過程において、絶対王制的なものを排撃しなければならない歴史的必然から、国家そのものを否定し、あるいは社会の全体的基底を否認するかのようにみえる抽象的な個人主義的社会観が成立したということである。しかしそれはドイツや日本のように近代市民社会の発達が遅れたり、あるいはいつまでも未成熟であったりする国ぐにから理解(もしくは誤解)された見解であって、イギリスの地盤の上では、やはり一つの歴史的妥当性を有したといわなければならない。たとえばロック（J. Lock: Two treatises of civil government, 1690.〔鵜飼信成訳『市民政府論』一九六八年〕)の立場はもっともよくこれを示している。なるほどロックの徹底した個人主義的市民的社会観は、国家の成立を説明するのに、国家は自然状態における個人の同意によって成るという同意理論を打立てた。(そしてこれを後から模倣する人びと、すなわちこれを多かれ少なかれ異った事情の下に再生する人びとの手においては、もはやロックにおいてみられたような具体性は失われる場合があった。)しかしロックの手中においては、それはきわめて現実性の豊かな思想であったといわなければならない。ロックよりも前に、そしてロックとは反対に、絶対主義的な国家権力を基礎づけたホッブズでさえも、その論証の過程においてまったく人を驚かせるほどの近代市民社会の論理を駆使している。(1) これも十七世紀のイギリス社会を背景として初めて可能であったのである。もっとも、これを国家理論一般として、国家思想形式一般としてとり上げようとする態度からいえば、やはりロックの考えた国家は、いわゆる「夜警国家」であって真の国家ではなく、彼の基礎づけた Staatsräson はみせかけのものにすぎなかったと主張する者があるであろう。もちろん、そのような立場からみれば、ロックの国家にはアダム・ミュラーの心情も、ヘーゲルの客観的精神も、あるいはまたゴットルの協同体への構成もないことは明らかである。ドイツ流の国家観、とくに全体主義の国家観からイギリス流の国家観がこのように批判されたことは、いまなおわれわれの記憶に新たなところである。(2)

(1) ホッブズ－ロック－ルソーという一連の自然法的国家観の構造については、福田歓一『近代政治原理成立史序説』をみよ。政治思想史の立場から書かれた近代市民社会観の分析である。

(2) アダム・ミュラーやフリートリッヒ・フォン・ゴットルについては、もはや語るべき多くのものをわれわれは持たないし、またそれは過ぎ去ったファシズムの悪夢の象徴でしかないとみるひともありえよう。しかしながら、これらの人びとによって代表されるドイツ・ロマン主義の社会観そのものは、けっして過去の悪夢として葬り去られるべきものではない。それは弁証法の母体として、いわば弁証法の原点として、われわれの再検討を待っている。それはちょうどホッブズやロックやルソーのいわゆる契約国家論が、現代の民主的国家論の原点としてわれわれの再検討を待っているのと同様である。ヘーゲルとマルクスの正しい理解は、以上二通りの再検討によって初めて可能となるべきである。

しかしかりに国家のイデーは永遠にそこにあるとしても、歴史の問題はイデーそのものにあるというよりは、むしろイデーの具体的形態にあり、一つである国家の永遠な姿であるというよりも、国家の諸形姿の生成過程にある(ミュラー)ということができる。いかにも、動くものは動かないものを、変化するものは不変なものをその背後に持たなければならない(ゴットル)ということもできるであろう。しかしこのように不動なもの、このように不変なものは、むしろ動くもの、変化するものに即して把握するのでなければ、歴史の媒介による理論と政策との真の結合はありえないのである。ヘーゲルの歴史哲学や法哲学はこの点を狙ったものといえるだろう。そしてヘーゲルの前には十七、八世紀のイギリスやフランスの啓蒙史学ならびに啓蒙主義の国家学説があった。ヘーゲルの歴史哲学ならびに法哲学は、これらの二つの思想系列すなわちドイツ・ロマン主義とイギリス－フランス啓蒙主義の総合統一を企てたものだといわれている。そうだとすれば、われわれはここでもまた十七、八世紀のイギリス－フランス啓蒙主義の社会＝国家思想の研究に向かわなければならないというべきである。

十七、八世紀におけるイギリス啓蒙主義の国家観は、一口にいって自由主義的国家観であった。それは後に「夜警国家」(ラッサールの言葉)として嘲笑されるほど無力なもの、共同性の基盤を奪われたもの、みすぼらしい部分社会にすぎないものと想像される傾きがあった。しかしこの想像は、イギリス市民社会の実相に通じない、近代市民社会の発達が遅れた後進諸国の人びとの批判意識を示すものにすぎなかった。少なくとも十八世紀のイギリスにおいては、個人と社会、国家と(市民)社会の対立はなく、国家と政府の分離[(1)]もみられない。国家はここでは全体社会でない全体を表わしていた。国家と(市民)社会の対立、その分裂と抗争の意識に悩まされるようになった後代——とくに後進国——の人びとの眼からみれば、それは国家の名に値しないものと映じたかもしれない。しかしやはりそれはまぎれもない国家であった。国家なき国家であったというべきかもしれない。それはちょうどスミスの市民社会体系が「体系なき体系」といわれるのとまったく同じ意味においてである。だから自由(資本主義)段階から独占(資本主義)段階へ移るにつれて、このイギリスにおいてさえ、いわゆる国家なき国家はいつでも国家ある国家へと転移することができた。イギリス市民社会の論理は、初めからかかる融通自在な転変の論理を持っていたのであって、それは歴史と社会の変化に応じて、矛盾なく転化し発展することができるものを持っていた。スミスの「同感」がかような論理の性格を発揮しえたことをわれわれは知っている。スミスの国家観もまたこれと同じことを実証する他の一つの有力な証拠となりうるのである。

(1) これらはすべて十九世紀の意識である。ただしルソーは、十八世紀半ばにいち早く国家と政府の分離を認識した。国家と市民社会の分裂の意識は青年マルクスのヘーゲル批判において尖鋭化したが、これもすでにルソーの中にその先駆的思想を持っていたとすれば、ルソーの天才的な思想のひらめきをここにも窺い知ることができる。しかしこのルソーにしても、ホッブズやロックの社会=国家哲学なしには成長しえなかったことを想起すべきである。

スミスがその『講義』において述べるところによれば(九頁以下)、人びとを社会に入らせる原理には二つある。権威の原理と功利の原理がそれである。第一の権威の原理 principle of authority というのは、さらに分れて才能の権威、年齢の権威および富の権威となる。そして社会の発達の初期の段階においては、これらの才能、年齢、ないしは富において卓越した個人が尊敬の的となり、したがってそこに権威の原則が見出される。スミスはすでにこれを『道徳感情論』の中で、われわれの同等人もしくはわれわれより劣等の人びとにたいするわれわれの同感に比べて、われわれよりも卓越した人びとにたいする同感の方が大きいことから説明しようとした(八四頁以下)。

第二に、人を支配に従属させるところの、功利の原理 principle of utility というのは何か。これは社会の発達した段階にみられる統治の原則で、ここでは各人は社会に正義と和平を保持するためにこの原理の必要を感じている。すなわちもしたんに合理的理性的に考えるなら、市民社会において貧者は富者や権力者の侵害にたいして、これに対抗しこれを矯正するような制度を案出することができるかもしれない。いかにも個々の場合このような社会の不満は事実存している。けれども、われわれはより大なる悪弊を避けるためにそれに服従するのである。だから人を動かして服従に導くものは、個人の功利であるよりは公けの功利 public utility であるといわなければならない。私はこれに服従しないで政府を転覆した方が私の利益であることがしばしばあろう。しかし私は他の人びとが私とちがった意見を持ち、この企らみを援助しないであろうことを知っている。だから私は全体の利益のために政府の決定に服従するのである。スミスはこのように論じてから、さらに、すべての統治にはこの二つの原理が行われるのであって、独裁制においては権威の原理が主として行われ、民主制においては功利の原理が主として行われると説いている。

以上スミスの説明にはもちろん個人主義的観点が支配的であるけれども、しかし他方からみれば、それはスミスが市民社会における全体というものの権威をよく認めていたことを示している。ホッブズにならっていえば、スミスもまた政治的共同体としてのコモンウェルスの権威をよく認めていたといえる。市民社会はたんに個々人の契約関係の総和として成り立つのではなくて、それを越えた一つの政治体であり、共同体であり、一つの歴史的存在であること、いわばそれは国家の一つのあり方にすぎないことをスミスの言葉は語っていると思う。スミスにおいては功利の原理は権威の原理のたんなる反対物であるよりは、むしろその解消的発展形態——止揚された形態——であるとさえいいうるかと思う。少なくともこの二つのものは調和的に共存することができるのである。なぜなら、この二つのものはいずれも同感の論理によって支えられうるものであり、また現に支えられているからである。

ここにはスミスの政治的保守主義の色彩が色濃く出ているのをわれわれはみる。それはスミスの経済的進歩主義とよき対照をなしており、一見スミスの市民社会体系における不統一、スミスの自己矛盾であるかのようにみえる。しかしながら、それはスミスの自己矛盾でないばかりか、スミスが世界とともに国家を、人類とともに国民を、すなわちこれらの両極を相即的調和的にみていこうとする彼の「事情に精通した傍観者」の態度を示すものであって、われわれはここにスミス経験論の具体性、健全性を確認しなければならないのである。

スミスはすでに『道徳感情論』のなかで述べている。「君主は人民の下僕であり、公衆の便宜のままに、服従され、反抗され、廃位され、罰せられるべきものだとすることは理性と哲学の理説ではあるが、しかしそれは自然の理説ではない。自然は君主のために君主に服従し、君主の崇高な地位の前に戦きひれ伏し、君主の微笑をもって犬馬の労にたいする十分な嘉賞と考え、たとい、身に直接の災害を受けることがなくても、君主の不興を怖れることあたかも喪家の犬の如くにすることを、われわれに教えるであろう」(七四頁)。だからまたスミスは『講義』(一一頁以下)の中では、いわゆる「原契約」original contract の思想には断乎として反対している。なぜなら、第一に、政府はけっして人民の思想の結果として発生するものではなく、第二に、われわれは生れながらにしてすでに一つの政府の下にあるのであり、第三に、一つの国の国民はその国に忠誠を誓ったかどうかにかかわりなくその臣民であるからである。そして愛国心についてもまた、スミスの政治的見解に最もよく相応するように描かれるのである。スミスのこの一面を正しく理解することはきわめて重要であるから、煩を厭わず、次の一節を引用しよう。——「祖国愛は人類愛からは引き出されないようにみえる。前の感情は後の感情から全然独立していて、時としてはわれわれを動かしてこれに矛盾した行動をとらせることさえある。フランスはいかにも大ブリテンの三倍の人口をもっているかもしれない。だから一大人類社会においては、フランスの繁栄の方が、大ブリテンのそれよりもずっと重要性が大きいように思われる。けれどもそのために、すべての場合にわたり、フランスの繁栄を大ブリテンのそれよりも先にするイギリス臣民があったとすれば、大ブリテンの善良な市民とは考えられないであろう。われわれはわが国をたんに一大人類社会の一部として愛するものではない——われわれはこうした考量から独立に、それ自身のために大ブリテンを愛する。人間的情緒ならびに自然の他のあらゆる部分の体系を案出したところの知恵は、一大人類社会の利益が、各人の主な注意を人類社会のうち、彼の才能および彼の理解が最も多く達しうる特殊の部分に振向けることによって、最もよく促進されるであろうと判断したように思われる」(1)(『道徳感情論』三三六—七頁)。

(1) スミスの市民社会観を指して、まるで祖国を忘れた世界主義(コスモポリタニズム)であるかのように考える者は、何よりもまずスミスのこの一文を熟読すべきである。スミスはインタナショナリストであると同時にナショナリストであったというべきである。マルクスについても同じことがいえる。マルクス主義におけるナショナリズムとインタナショナリズムの関係については、高島善哉『民族と階級』(一九七〇年)を参照されたい。

われわれはここに、個人と人類との間に国民をみたドイツの経済学者リストの政治的感覚をさえ見出すことができるであろう。(これを裏返していえば、リストはスミスを誤読することによって、かえってわれわれにスミスを正読することを教えたということができる。) そして富裕の自然的進歩が、まず農業から工業への国内生産力の発展から始まり、つぎに国内商業へ、そして最後に国力の溢れた結果として外国貿易の発生をみるに至るという思想が、『国富論』第三篇の冒頭に説かれている。リストを初めとして、過去ならびに現在の政治経済学者が、何よりもまずスミスに対抗することによってこの点を見誤るのは、第一にはスミスへの忠実な沈潜が欠けているためであるが、第二には、スミスがこの国家的なもの、国民的なものを、換言するなら、政治的全体的なものを表現するのにやはり個人主義的思想形式を踏襲していたためであろう。先に関説された功利の原理はそれを示している。けれども『国富論』の領域においてさえ、スミスをこのように理解して彼に手放しの個人主義者の非難をあびせかけることの不当は、たとえばすでにフート(H. Huth: Soziale und individualistische Auffassung im 18. Jahrhundert. Vornehmlich bei Adam Smith und Adam Ferguson, 1907.)が十分に証明したところである。それにもかかわらず、なおこの点に関して誤解が絶えないのは、スミスが『国富論』に移ってから示した経済的自由への熱情溢れる讃美のためであって、彼はここでは一切の政治的国家主義の衣をかなぐりすて、経済的自由主義への大道を驀進するかのようにみえたからである。そこである者はかつての保守主義者スミスと後の急進主義者スミスとの間にふたたび矛盾を見出し、またある者はスミス思想の国家的国民的な一面を脱落させたり、忘却したりした。したがってわれわれは、つぎにこれらの見解がいずれもスミスの『国富論』を正しく読み取っていないことを立証しなければならない。

二　スミス誤解の原因

スミスが大体において『国富論』の前半、すなわち第一篇第二篇第三篇では熱心に経済的自由の思想を唱え、後半すなわち第四篇第五篇に進むにつれて、国家や国民の立場を自覚してきたようにみえることから、学者がこの間の一貫性について種々の錯誤に陥ったのも無理はない。たとえば、スミスは一方ではマーカンティリズムの保護政策を力をこめて排撃しながら(第四篇)、他方では報復関税を認めたり、クロムウェルの航海条例を激賞したりしている(第四篇)。一方では軍費が国民生産力の最大の浪費であるとして痛烈にそれを批判しながら(第二篇)、他方では「国防は富裕よりも重要である」(第四篇、四三一頁)と名句を吐いたり、「戦術はあらゆる技術のうちで最も高貴なものである」(第五篇、六五八頁)と断言して憚らない。すべてこれらの言葉は、それが綴られている前後の関連において理解されさえしたならば、それはスミスの「経験と慣習に習熟した」多面的な観察眼を示すにすぎないことがわかるであろう。事実スミスは、イギリスにおいて完全な自由貿易の実施をみることは、この国においてユートピアを実現することと同様に、考えられないことである(第四篇、四三七頁)と考えたからこそ、彼は熱心な自由貿易の使徒となったともいいうるのである。もしスミス自身がマーカンティリスティックな一面を持っていなかったならば、スミスはあれほど情熱的にマーカンティリズムを排撃しなかったであろうとさえ思われる。[1]このような事例をわれわれはいくらでも挙げることができるのである。かくて『国富論』の前半に盛られた経済的革新家的情熱は、その後半に滲み出ている国士的政治家的高邁さと些かも矛盾しないことを知りうるであろう。

(1) この情熱のためにスミスはマーカンティリズムの本質をしばしば誤解した。たとえば貨幣(金銀)のために貨幣を求める重金主義という見解がそれである。しかしマーカンティリストたちが求めたものは、たんに貨幣としての貨幣ではなく、資本としての貨幣であったことは明らかであって、スミスはこの点マーカンティリストと完全に一致している。

けれどもここではっきり分けて考えておかなければならないことがある。それは、政治経済学としての『国富論』の構造が、理論と政策との渾然たる統一を示しているにしても、第一篇ないし第三篇においては市民社会の分析を主眼とし、後の諸篇においてはたんなる分析を越えた視点がより多く繰り展げられているということである。したがって、前半においてたとえば不生産的であり、自然秩序を害するものとみなされた事象が、後半では必ずしもそのように考えられていない。かつて分業は労働生産力の増大の原因として推奨されながら、後にはかえって分業は円満な人間性の発達を阻害し、それは貧民大衆の犠牲において進歩するものであるから、分業の発達は必ずしも自然のままに委ねられるべきではないと論じ、分業の影の面にたいして政府の救治策を要すると考えているのはその一例である(七三四―五頁参照)。軍費の不生産性についても同様の事例をわれわれはみた。このような例は枚挙にいとまのないほど『国富論』の中に散在している。なるほどスミスにとって、「法と統治の確立は人間慎慮の最高の努力であり」(『講義』一六〇頁)、「最大の、そして最も高貴な性格は、大いなる国家の改良家および立法者のそれである」(『道徳感情論』三三七頁)。けれども、最善のポリースは商工業の確立にあり、経済的世界の発達にある。しかるに経済的世界は精密性を中心として把握されるべきものであった。改良家と立法者の責務は経済的世界に展開される精密法則、すなわち「すべての国民の法の基礎たるべき一般諸原則」の研究にあるのでなければならない。このようにしてスミスはたんに改革と立法を欲したばかりでなく、そのために(市民)社会を研究したのである。たんに人間性の経験心理的研究に入ったものではなく、それに基いて(経済)社会の研究に没頭したのである。これがスミスの晩年十余年にわたる研究生活の中心問題であった。だから、彼が環境としての市民社会の研究に没頭すればするほど、スミスは、国家を形成する現実の諸力はいきた市民社会のうちにこそ見出されるべきこと、この意味で、経済的世界の発達があらゆる文化の母胎であることを認めざるをえなくなったのである。彼はすなわち、『国富論』第五篇において、当時のイギリスにおける裁判所制度の優秀さは、訴訟の両当事者から手数料を徴収する古代の制度に則っている結果として、各裁判所の間に競争が行われ、期せずして裁判の公平に導くためであると述べ、また当時、オックスフォードをはじめ大多数のイギリスにおける大学の沈滞は、教授の職が有給制になっていて聴講料制でないために、教授間における競争心の欠如に胚胎するものだと論じている。このような文化の経済的解釈は、教会制度や奴隷の解放問題、植民地問題および課税の問題等、種々の社会的問題に適用されてきわめて興味深い論述となって現れている。「財産が生れるまでは政府はありえない。まさに政府の目的は富を保持し、富者を貧者から防禦するにある」[(1)]（『講義』一五頁）。あるいはまた「人間欲望充足のための技術の発達が、それに続いて農工商業者ばかりでなく、書法や幾何学、法や政府を生み出し、知恵や徳にまで光沢を与える」（同上、一六〇頁）と論じている。それはけっしてスミスがいわゆる経済史観をとったことを意味するのではない。それは、彼が市民社会の、下部ならびに上部にわたる複雑な諸相をただこのようなものとしてありのままに観察し、分析しているものであるにすぎない。かのいわゆる最大の、そして最も高貴な性格とは、このような社会的環境に関する知識を、『道徳感情論』のいわゆる「最も幸福な型の人間」と結びつけることのできる人である。スミスにとって社会現象の客体的把握がその主体的形成のための必要不可欠な前提であり、この両面を結びつけて考察するのが政治経済学の主要内容であった。このことは以上の説明によってもはや明瞭であろう。

(1) これとまったく同じことをスミスは『国富論』第五篇第一章第二節「司法費について」の初めで述べている。「高価で大きな財産の獲得は、必然的に市民政府の確立を必要とする。財産のないところ、または少なくとも二、三日の労働の価値を越える財産が何一つないところでは、市民政府はそれほど必要ではない」(六七〇頁)。

かくてスミスにおける国家は、市民社会をその枠組の中に包みながら、しかも現実の働きにおいては、逆に市民社会のうちに吸収される。もちろん国家が残りなく市民社会の中に融けこんでしまうのではなく、国家は国家としての権威と公的任務を持ち続けるのである。もしホッブズの『リヴァイアサン』において絶対主義的国家の枠の中へ市民社会のいくつかの基本的条件(たとえば私有財産、貨幣等)を盛り込もうとする努力があったとすれば、スミスにおいては、このような古い絶対主義的な国家は、もはや私有財産と自由競争の基礎の上に立つ新たな社会の中へ消化しつくされて、その代りに別の新たな国家が生れてきている。そしてロックにおいて古い国家にたいする新しい社会の戦いが展開されているのにたいして、スミスのうちには勝利の後の調和感——スミスの「同感」はこの調和感を意味している——とそれを基礎とした新建設への迫進力とが感じられる。もしこの過程を総括して近代化の過程と呼ぶことができるとすれば、スミスはまさに近代化のための一闘士の名にふさわしい人物であったといいうるだろう。だから、たといスミスにモンテスキュー流の政治的保守主義の色合いがあったとしても、彼における超経済的な一面、あるいは超個人主義的ないし超自由主義的な一面のみを不当に強調して(P. F. Schröder: "Mehrwirtschaftliches in Adam Smiths Werk über den Volkswohlstand", in Schmollers Jb., Jg. 63, Ht. 3, 1939.)、あたかもスミスが経済と倫理をいきなり結合する新経済学の創設者であるかのように解するのは、明らかに全体主義的な偏向からスミスをみるものであって、けっしてスミスの国家＝社会観を正しく把握するものではない。彼は言葉の正しい意味において自由主義者であり、「適宜 propriety と正義」の原理をわきまえた古典的な自由主義者であったといわなければならない。[1]

(1)　スミスは時代によっていろいろの評価や解釈を受けることができた。あるときはスミスは統制経済の思想家となり、またあるときはスミスは厚生経済学の闘士であるとされた。この論法でいけば、わが自由主義者スミスは社会主義者となることもできれば、その反対に、軍国主義者となることもできたであろう。

ところで、スミスにおいて国家主義と個人主義との矛盾があるという非難がある。たとえばリストやヒルデブラントの非難は別としても、前掲モロウのようなすぐれたスミス研究家でさえ、よほどこのような解釈に傾いているのは遺憾である。あるいはまた、『国富論』には国家がないという非難がある。シュモラーの見解などはその一例である。これらの非難はいまやわれわれの研究によってほとんどその意味を喪失したとしても、しかしドイツ歴史学派がスミスにたいするこのような非難によって表現したところのものが、やはりある正しいものに触れていることを見逃してはならない。すなわち彼らは、経済的自由主義者としてのスミスに反対することによって、ドイツの自由主義者に対抗したのである。スミスは、ここではけっして倫理派経済学の徒であるとか、あるいは政治的保守主義者であるとか解されはしなかった。これは全体主義者のスミス解釈にほかならない。スミスをこのように解することは、リストやシュモラーの政治的感覚からみても、いわれのない、馬鹿げた解釈であったであろう。リストやシュモラーの政治感覚はもっと健全で地についていたというべきであろう。だが、リストやシュモラーをも含めて、ドイツ歴史学派の政治的感覚に抵触したものは、実はけっしてたんに経済的自由主義者としてのスミスの姿勢だけではなく、もっと広くかつ深く、政治経済学者としてのスミスの本質の中にあったのである。そこには二つの——イギリスとドイツの——政治経済学の、いわば二つの実践的要求の衝突があったのである。ドイツにおけるスミス理解の歴史は、かくしてスミス誤解の歴史となるべき素因を含んでいたのであって、われわれはここにふたたび、両国における国家と市民社会のまったくちがった関係を思い合せるべきであろう。

スミス誤解の原因としてはさまざまの事情があげられる。しかしこれを大別すればつぎの二点に要約しうるであろう。第一には、スミスの方法と方法態度にたいする誤解である。イギリス経験論の方法と方法態度というものは、諸外国においてもわが国においても、必ずしも正しく理解されなかったばかりでなく、誤解され曲解されることが少なくなかった。われわれはすでに利他心と利己心との関係においてこれをみたのであるが、国家と市民社会の関係においてもまったく同様の経緯を見出すのである。これをスミスに即していえば、スミスにおける経験的自然法とは何か、スミスにおけるいわゆる同感の論理とは何かについて、われわれは改めて考えてみる必要があるであろう。つぎに第二として、スミス解釈家たちの時代と国柄のちがいをあげなければならない。いうまでもなくスミスは十八世紀イギリス社会を生きた人物であり、彼の思想と理論は市民社会の生成期——あるいは資本主義体制の初期——をふまえたものであった。これを十九世紀なり二十世紀なりの意識をもって、しかもそれぞれ立場を異にした利害関心から眺めたとき、それぞれの時代およびそれぞれの解釈家に特有のスミス像が現れてくるのは当然であろう。これは一般に古典解釈の基本問題に属する事柄である。しかしだからといって、誤解は誤解であり、曲解は曲解であることを免れない。われわれとしては、何よりもまず原典に即し、原典の方法と方法態度に内在することを学ばなければならないのである。

以上のような考察から、われわれはいまやイギリス市民社会の分析としての『国富論』に向かうことができる。それは繰り返していうように、法的世界とならんで、そして法的世界に続いて、人間の社会的行為のうち精密性を中心として把握することのできるもう一つの領域である。人間はここではすぐれて経済的な人間でなければならない。仁愛の的ではなく、適正な利己心に導かれた自由競争の戦士でなければならない。もっと近代的な用語をもっていえば、人間はここではホモ・エコノミクス(経済人)でなければならない。これはスミスの方法論から出てくる必然の要請である。スミスが彼の長い思想生活において、自然法の思想から順次このような世界へと下降してきたその筋道も、いまやわれわれには明らかとなった。ハスバッハが自然法とスミス経済学との関連を明らかにすることにより前人未到の境地を開いた後で(W. Hasbach: Die allgemeinen philosophischen Grundlagen der von François Quesnay und Adam Smith begründeten politischen Ökonomie, 1890.)、『講義』の公刊(一八九六年)があり、その後ボナー(J. Bonar: Philosophy and political economy, 1922.)やスコット(W. R. Scott: Adam Smith as student and professor, 1937.)やヤストロウ(Jastrow: "Naturrecht und Volkswirtschaft", in Jb. f. Nationalök. u. Stat., 1927.)等によってさらにスミスとケネーの差異などが解明され、自然法と『国富論』の関係が初めて学界の問題となり、この困難で重要な根本問題にスミス研究者の眼が注がれるようになった。ヤストロウに従えば、「自然法は経済社会を、そしてそれとともに社会経済を発見した」(ヤストロウ、同上、七〇二―三頁)。しかし今日の謎は、もはやスミスの経済学が自然法から由来しているかどうかという問題ではなくて、いかにしてこの関連がこのように長い間注意されずにいたかというもう一つの謎であると、同じヤストロウ(同上、七〇一頁)がいうとき、われわれにとってはこれもまた、もはや謎ではなくなったと答えなければならない。なぜなら、われわれはスミスの思想の発展において、『講義』が『道徳感情論』と『国富論』との媒介的地位にあったことをよく知っており、かつこれを知ることがいままでいかに困難であったかということも知っているからである。われわれにとっての問題はいまやヤストロウをも越えている。すなわち、自然法は経済社会および社会経済をいかにその法則性において把握しているか、という問題に向かわなければならない。われわれは、つぎに生産力の体系としての『国富論』を顧みることによって、この問いに答えることができるであろう。(1)

(1) 自然法から経済学への発展過程を丹念に追求したものとしては、大道安次郎『スミス経済学の生成と発展』(一九四〇年)、『スミス経済学の系譜』(一九四七年)の二著がある。スミスの体系を全体として摑もうとする点で、これらの労作は私の研究意図と一致している。このような意図においては同じであるが、もっと思想史的な研究の性格を持つものとして、A. Salomon: "Adam Smith as sociologist", in Social Research, Vol. 12, 1945, pp. 22-42. および J. Cropsey: Polity and economy. An interpretation of the principles of Adam Smith, 1956. の二つをとくにあげておこう。

以上のほか、われわれとしてはどうしてもマクフィー『社会における個人』(前出)を挙げなければならない。ただマクフィーの興味は、われわれのように自然法と経済学との関連ということにあるのではなく、『道徳感情論』とその基礎にあるスミスの宗教的神学的な思想原理の解明に主力が注がれている。すなわち「同感の原理」と「見えざる手」との関連が精力的に追求される。その分析は精緻で練達の妙を発揮している。最後に残されたもっとも高度な「アダム・スミス問題」を、われわれはここに見出すことができるであろう。

第五章　『国富論』と生産力の体系

――三つの基本階級をふまえて――

一　『国富論』の基礎視角

消費が生産の唯一の目的であり、生産者の利益は消費者の利益を促進するかぎりにおいてのみ顧みられるべきである、というのが経済学者アダム・スミスの根本信条であった(『国富論』六二五頁)。スミスは、これを証明しようと企てることが馬鹿げているほどこの格率はまったく自明なものであると考えた。この点に、スミスが、彼のいわゆる「マーカンタイル・システム」批判の最後の拠り所を求めたことは周知のとおりである。というのは、マーカンティリズムの制度においては、「消費者の利益がほとんど不断に生産者の利益のための犠牲となり、それは一切の商工業の終局の目的として生産を考えるもので、消費を考えていないように思われる」(同上)からである。したがってスミスはまた、誰がこの「マーカンタイル・システム」の発案者であるかは、これを判定するのにさほど困難ではないとして、生産者階級、ことにそのうちでもわが商工業者階級がその首謀者であると摘発している(同上、六二六頁)。この理由から物質的厚生に関するかぎり、スミスにとっては社会全体の利益とは、すなわち消費者の利益のことであった。そして消費者の大多数を占めるものは労働者階級にほかならないから、社会の利益とは実質上労働者階級の利益に一致する。これに反して、資本家階級の利益はしばしば社会全体の利益と衝突するものであることは、『国富論』第一篇の結論(二四七頁以下)で明快に彼の断言するところである。ただ地主階級の利益がやはり社会全体の利益と一致すると論じられたのは、多分にフィジオクラート的な響きを思わせるものがあるけれども、これについてはいまは一言するにとどめておこう。

さて以上に述べられたスミスの考察には、二つの注目すべき思想が含まれている。その一は、スミスが市民社会の組立てを労働者、資本家、および地主の三つの社会階級に分析していること、その二は、スミスはこのような階級社会観をとりながら、これを超越し、これを批判する立場、すなわち消費者の立場を持していたということである。この二つのことから、労働者階級および地主階級の利益が是認されるのは、それが階級的であるという理由からではなくて、社会全体の利益に一致するという理由からであることがわかる。資本家階級の利益がときとして否認されるのもまた階級的理由に基くのではない。換言すれば、消費者の立場というのは、いわゆる経済における正義を具象化したものにほかならないのであって、したがっていわゆる正義の法を侵害しないかぎり、資本家階級の利益は否認されないばかりでなく、かえって大いに推奨されなければならない。これが三つの階級にたいするスミスの基本的な態度である。スミスが排撃したのはいわゆる山師 projectors や悪質な政治屋たちの言動であって、近代文明の原動力としての資本ではない。あるいはまたスミスが排撃したのは、消費者大衆の虚に乗じて、私の利益を壟断するところの組合的党派的精神であって、資本家間におけるフェア・プレイの精神ではなかった。ゆえに消費が生産の唯一の目的であるということは、『国富論』をしていわゆる厚生経済学の体系たらしめるものではなく、またいわゆる生活経済学の一見本たらしめるものでもない。それはあくまでも生産の体系であり、また生産力の体系なのである。すでに『講義』が示しているように、人間の経済が衣食住という人間の三大根本欲望から発するものであるにしても、スミスが尋ねたものはこのような欲望の諸相ではなく、これをふまえ、これに誘発されて発展するところの技術と生産力の体系であったのである。したがってスミスは、『講義』におけるように、『国富論』をもはや欲望から始めないで、分業から始めたのである。すなわち欲望充足の問題は、アモンのいうとおり、スミスにとっては自明のことであったのである(A. Amonn: "Adam Smith und die Grundprobleme der Nationalökonomie", in Zeitschr. f. d. ges. Staatsw., Jg. 80, 1925-6, S. 576.)。そしてこのような技術と生産力によってもたらされる富の生産過程、ならびにそれが社会の各階層の間に配分されていく過程、そして最後に、これが消費者としての社会全体に栄養を補給することによって再生産と蓄積が行われていく過程――この三つの基本過程が、スミスの直接の関心事であったのである。

だから、スミスのみた市民社会の体系を「欲望の体系」(ヘーゲル)とすることは、基点ならびに目的点としての欲望が中点としての生産機構を含むという意味では誤りでないとしても、それはまだ客体的なものの実相に触れない観念的把握にとどまる憾みが少なくない。これを端的に生産力の体系として捉える方が、はるかに当をえているというべきである。

他方において、上記の生産、分配ならびに蓄積過程が、すべて交換と価格の機構を媒介として行われるところから、スミスの市民社会を一つの流通過程として把握しようとするのが、近代経済学の正統的な見方とされている。(1) けれどもそれは、スミス経済学の基本性格を正しく捉えたものではない。スミスにあっては、流通や分配ではなく、生産が市民社会ならびに社会文化の担い手であり、またその実質的な始発力であったからである。もちろんわれわれもまた、市民社会が一面からみれば流通過程であり、貨幣と価格を媒介とした交換の過程であることを知っている。この意味で市民社会が交換社会 Tauschgesellschaft であることをも知っている。けれども流通は生産力の媒介過程であってその逆ではない。価格生活の皮相な表面にのみ囚われた人びとは、人間の社会的経済関係をこのような流通の相の下に形式化し、抽象化する傾きが強い。こうして『国富論』は近代経済学の源であるとされる。しかし市民社会の社会科学的把握を志す立場からいって、このような見方がたんにスミス解釈として一面的であるばかりでなく、市民社会そのものの把握としてもまったく的外れであると断言せざるをえない。なるほど生産と流通ならびに分配と消費は、互いに関連しており、相互媒介的であるには相違ない。けれどもスミスにとって、流通や交換は分析の出発点であって帰結ではない。それはあたかもスミスがマーカンティリズムに向かって、貨幣が富の姿ではあっても実質ではないというのと同一の精神から出ている。富を生産すること、いかにして諸国民の富を生産する力を確保し、増強することができるか。これがスミス『国富論』のライト・モティーフであった。われわれが『国富論』の世界を生産力の体系として認識し、そこに市民社会の基本性格をみようとするのは、このような理由によるのである。

(1) 前掲アモンをはじめ国の内外にその数は多い。わが国では後述の中山伊知郎『国富論』(一九三六年)が代表的なものである。このような見解が生れる一つの素因は、分業と交換をパラレルに解しようとするスミス自身の見方の中にも見出される。

だが、叙述の順序としてまず出発点としての流通過程から始めよう。ついで分配過程に移行し、最後に生産と再生産の過程にまで進み、かくして生産力の体系としての市民社会という総体認識に到達することになるであろう。

二 出発点としての流通過程

『国富論』の冒頭におかれた分業に関する一章は、まことに不思議な性格を持っている。それは後に論じられるように、生産過程の分析として根本的な重要さを持つばかりではない。そこには早くも、分配に関するスミスの着想が色濃く滲み出ているとみなければならないし、それと同時に、この分業論は流通過程総論であるともみなされうるのである。なぜなら、スミスはここにおいては、たんに労働生産力の原因としての工場内における分業をとり扱っているばかりでなく、たとえばマルクスやビュッヒャー(K. Bücher: Die Entstehung der Volkswirtschaft, Bd. I, 1893.)などが明らかにしたように[1]、いわゆる社会的分業をも含めて論じているからである。

（1）分業を工場内における分業と社会内における分業に総括したのはマルクスであった。スミスの分業論をみる場合にも、マルクスのこの見方がほとんど公式的に援用されることが多い。このようなスミス解釈は、たとい誤りでないとしても安易に流れるおそれがある。ビュッヒャーの分業論は、その扱いの深さにおいてとうていマルクスに及ばないとしても、マルクスと合せてスミス研究の一つの指針とされるべきであろう。

マルクスのいうとおり、工場内における分業は資本の蓄積を前提とする(スミスにおいてもこの点は同じである)のに反して、社会的分業はむしろ資本の分散を前提としている[1](この点スミスの見解はそれほど分明ではない)。したがって、この二つの分業が市民社会=資本主義社会[2]において果す役割は異っている。けれども工場内における分業は社会的分業の進歩と複雑化を前提とし、社会的分業の複雑化につれて、工場内における分業が発達することは明らかである。この点はマルクスにとってもスミスにとっても同じであろう。というのは、スミスのいうとおり、「分業は市場によって制限される」からである。かくて、社会的分業と工場内における分業とは市場を通して互に交渉する。市場はすなわちこの二つの分業を媒介する場所であって、工場内における分業によって滝のように放出された豊かな富の総量は、市場を媒介として社会的分業の各階層の間へ満遍なく分配されていくのであるから、ここに分配の着想が挿入されてくることも、いわば自然の成りゆきといわなければならない。簡単にいえば、市民社会の運行は交換と市場を通して行われるのであって、貨幣がこのような「複雑化した機構」の媒介機能を引受け、それを具象化してくることになるのである。だからスミスに従えば、分業と交換の行われている社会においては、「各人は交換によって生活し、もしくはある程度まで商人となり、そして社会はわれわれが本来商業的社会と名づけるところのものとなる」(『国富論』二二頁)のである。

(1) マルクスは『資本論』第一巻第十二章第四節において、「マニュファクチュア内の分業と社会内の分業」の区別と連関に関する古典的な叙述を与えた。われわれはここにマルクスの歴史的理論的分析の一見本を発見することができる。

(2) 厳密にいえば市民社会と資本主義社会は同じではない。両者は実質上重なり合っているが、概念的には区別されなければならない。しかしさし当り市民社会と資本主義社会は同義語であると解しておく。両者の区別と関連については本書の終章において論じられることになる。

かくて現代のスミス解釈においては、スミスの分業論はたんに技術的分業の古典的解説を与えたばかりでなく、それは総じて交換および流通社会の基本構造を明らかにしたものであるとみられるようになった。前掲アモン教授の所説はその一例である。これはスミスの経済理論を主観価値論ないしは価格論の視角から解釈しようとするものであって、問題はあるけれども、この見方にも一応の根拠がないわけではない。なぜなら、『国富論』第一篇は、分業論に依拠しながらほとんどまったく価格論の問題に終始している感があり、分配問題もまた価格論の付帯物としてとり扱われているようにみえるからである。しかしわれわれはアモンのような断定に安んじないで、さらに問題の究明を進めよう。

経済社会としての市民社会が、何よりもまず「商業的社会」commercial society であることは、スミスのいうとおりである。だが問題は、いったい「商業的社会」とは何かということでなければならない。まず第一に、そこでは人と人との全面的依存関係が貨幣を通して、ただに眼にみえるように具象化されているばかりでなく、同時に貨幣を通して合理化され、通約化され、精密化されているのである。そこでは人と人との質的差異は量的差異に帰せしめられる。少なくとも人間はそのようなものとして現れる。スミスのいうように、哲学者も日傭労働者ももともとここでは同格であって、その間に先天的な差異は存しないということになる。これは「商業的社会」としての近代市民社会の成立をまって初めて生れてきた、新たな人間観を前提する近代的なものの見方である。(1) 古代や中世の人びとはこのように考えることはできなかった。古代人や中世人は分業によって財の質が向上することを喜んだであろうが、量の増加を喜びはしなかったであろう。スミスの分業論は、すなわちこの意味でも、近代市民社会の基本性格にもっともよく照応している。

(1) このようなものの見方は、すでにロック〔J. Locke: Two treatises of civil government, 1690.〔鵜飼信成訳『市民政府論』一九六八年、浜林正夫訳『統治論』一九六二年〕〕の中にはっきりと打出されている。

それであるから、分業の行われる社会にあっては等価の法則が支配しなければならない。等価 equivalent とは経済的給付と反対給付の同等を意味するものであって、いわゆる経済における正義の実現である。あるいはより正しくいえば、流通における正義の実現であって、それはさらに諸経済主体の等価を前提している。経済主体はここではもはや仁愛のみによって動くものではなく、主として利己心という発条によって動くところの経済的アトムとして考えられなければならないのである。等価の法則はこのような量的個人観を要請する。したがってスミスの「商業的社会」においては、もはや個々の個人が問題ではなくて、これらの諸個人によって造りあげられるところの機構が問題であり、かつその機構の運動過程が問題なのである。スミスは、この過程を何よりもまず等価交換の過程として捉えたのである。等価交換の形態というものは、もはやそれを個人の心理的動因や「内的経験」(アモン)に訴えてみても、これを如何ともすることのできない超個人的な、外的な社会過程なのである。ここでは「動機づけ」や人間のエートスによる解明は無用ではないとしても、大いに有用であるということはできない。むしろこのような「前科学的」理解が終ったところに、真の分析が始まると考えられるのである。われわれがすでにみたように社会過程をふまえながら自由に行動する経済的人間の動きを、事情に精通した第三者の立場から把握するのが、スミスの方法論的立場であり、スミスの経験的自然法というものの建前であった。

スミスにおける等価交換の形態は、はじめから一切の主観主義的説明を受けつけないものではない。スミスも必要に応じて主観的な要因について述べることを忘れなかった。そのために、『国富論』において主観価値論の源泉を認めようとする見解(アモン)さえ現れたのである。にもかかわらず、等価交換の過程そのもの、等価交換の形態そのものは、それ(行為の主観的要因)から独立に考察されなければならないし、また考察することができる。これがスミスの採用した方法である。メンガーからアモンに至る主観主義の立場をとる人たちがスミスを初め正統学派の考え方をよく理解することができないのは、一般に等価=等価交換の意味を理解しえないことからきているのである。(1) 彼らは等価交換の思想と形式に反発する。等価交換という思想が自然法的な形式を持っていることから、それはザインとゾルレンの混同であり、前科学的であり、形而上学的であるという非難を集中する。この結果彼らはそれを社会的な過程として受けとることを拒み、その豊かな歴史的内実を把握することを拒むに至ったのである。もっとも、この点スミス自身にも幾多の矛盾や混乱があるし、主観主義と客観主義の併用がみられる。（たとえば地代論などその最もよい一例である。）しかしアモンのいうように、それはスミスが問題を始めるべきところに終らせたことを意味するものではない。そしてそのことは、市場価格と自然価格に関するスミスの見解を分析することによって、一層明らかとなるであろう。

（1）　カール・メンガー（K. Menger: Grundsätze der Volkswirtschaftslehre, 1871.〔安井琢磨訳『国民経済学原理』一九三七年〕）の主観価値論は、古典学派の等価思想の批判から始まる。なお以下の本文をみよ。

市場価格と自然価格の観念、ならびにこれら二つの価格の差異についてスミスの説くところは、まことに『国富論』出版以後今日に至るまでの理論経済学への大道を開いたものといってよいであろう。スミスは、ウィリアム・ペティ以来イギリスにおいてしだいに慣用されるようになった市場価格 market price と自然価格 natural price、あるいは名目価格 nominal price と真実価格 real price の区別に画期的表現を与えた。

まず注意すべき点は、市場価格が需要と供給との関係によって決定される現実価格 actual price であるのにたいして、自然価格はむしろ需要と供給との一致した点に成立するところの中心価格 central price であるとされたことである。自然価格はそれの上下に現実の価格が（需給の関係につれて）動揺するところの「休止と継続の中心」center of repose and continuance だという考え方は、まったく『道徳感情論』におけるスミスの中庸 mediocrity の思想に対応している。それは「美しい鼻とはあまり高くも、あまり低くもなく、あまりまっすぐでも、あまり曲ってもいない鼻であり、それらのすべての極端の中-の一種の中間で、そしてそれらのすべてが相互にちがうほどにはそれらのどれからもちがっていない鼻である」(二八六―七頁)と彼が説いたところを思わせる。すなわち、中庸はスミスにおいて二つの極端の中点に成立するものであって、けっしてすべての項の単純な平均において成立するものではない。自然価格はこの意味で中心価格である。[(1)] しかし中心価格としての自然価格は、けっして現実価格としての市場価格から超出したものではない。それはやはり価格の世界の出来事であり、自由競争の結果として、究極において in the long run 実現するものとされている。この意味において自然価格は「究極価格」であるともいえるであろう。けれどもそれは無限の彼方において実現される価格ではなく、時々刻々需要と供給の力関係の中で、現実に実現されなければならない力として作用する。自然価格に関するスミスのこの説明は、一見ニュートン力学における重力の法則を髣髴させるものがある。また一見形而上学的だともみえる。しかしながら、需要と供給の一致は、したがって自然価格の成立は、現実にはきわめて稀であるとしても、けっしてたんに想像上のもの、架空のものではない。それは絶えず変化してやまない市場価格のある特殊の場合と考えることができる。自然価格は現実界に在席するものであって、経験の世界を離れたものではないと解すべきである。われわれはここにふたたび経験的自然法の足跡を発見することができるであろう。

(1) スミスは、自然価格を別に平均価格 average price または通常価格 ordinary price とも呼んでいる。観念上前者と後者は厳密には同じではないが、経験的に両者を一致するものとみるところに、スミスの考え方の特色がある。

けれども、ここに注意しなければならないことがある。両極端の中点としての中心価格の思想には、依然として経験を超えたところの、ある意味で形而上学的なものが潜んでいるということである。スミスはこの中点の思想を自然法の思想と結びつけて、そこに自然価格の世界を構想したのである。そこで、たといこの自然価格がいかに市場価格に即して説明されようとも、すなわちそれが自由競争の過程を通して結局実現されるであろう中心価格だとしても、自由競争はただこの中心価格を実現するための実践的手段にすぎないのであって、自由競争がただちに中心価格の観念までも構成するものではない。前のことと後のこととはまったく別の事柄である。いかにも、もろもろの市場価格の状況に応じて、この中心価格そのものが動くということは考えられるであろう。この意味では中心価格としての自然価格もけっして永遠に不変不動なものではない。けれども休止と継続の中心という発想はそれとは別の事柄である。それはたんに経験的なものではなくてそれを超えたものであり、たんに自由競争の結果として考えられるべきものではなくて、かえって自由競争という政策原理を要請するための理論的根拠となっている。たとい経験的にはこの中心価格はけっして実現することがないとしても、それは依然として真実価格たることを止めるものではなく、個々の市場価格をそれに向かって引きつけるところの重心価格 Gravitationspreis たることを止めるものではないのである。

スミスがこのように考えることができたのは、まったく彼の同感の原理が中庸の思想と結びつき、それを通して社会的調和の思想へと転成していったためである。自然価格の世界はそれゆえに、スミスにとって経済的調和の世界であり、経済的全体を表現するものであることが知られる。スミスは自由競争という政策によって、この全体的調和の世界を「おのずからに」実現することができると信じた。そしてこの信念と「事物の自然過程」とを結びつけるものがとりも直さず自然価格という経済的範疇であったのである。市場価格と自然価格に関するスミスの全所論は、このようなスミスの方法論と実践的要請とを離れては、これを正しく理解することはできない[1]。少なくともそれは、スミス自身に「ついていく」われわれのスミス理解の態度だということはできないのである。

(1) 自然価格という範疇は、自然法思想と経済分析の媒介項として現れる。それは思想と科学、価値判断と社会認識の区別と統一の問題を示唆している。すべて卓越した社会科学者はこの問題に対決することを忘れなかった。たとえばマルクスにはマルクスの「自然法」があり、ヴェーバーにはヴェーバーの「自然法」があった。科学のない思想が空虚であるように、思想のない科学は盲目である。われわれはこのことをマルクスやヴェーバーから学ぶ前に、まずスミスから学ぶことができるし、学ばなければならないのである。

自然価格がいかにして個々の市場価格の変動を通して成立するかという過程の分析は、スミスにとっての問題ではなかった。スミスにとって肝要なことは、このような過程の追求ではなくて自然価格の構造であり、いかにしてそれがもっとも望ましい価格でありうるかを証明することであった。ここに古典経済学と近代経済学との発想のちがいの一つが見出される。近代経済学のもっとも優れた業績が、過程分析の領域にあったとすれば、古典経済学の研究活動はまさに近代経済学の活動が終ったところから始まる。これは一つの歴史的な皮肉だといわなければなるまい。古典学派において自然価格と名づけられたものは、近代理論においては均衡価格と名づけられている。しかしその発想からみても、その内容からみても、両者の間に越えることができない断絶があることを忘れるべきではない。古典学派が自然価格によって摑んだものは、分業と交換の社会(スミスの「商業的社会」)の全体構造であった。これにたいして、近代理論が均衡価格によって摑んだものは、変転してやまない現象世界の過程分析のための一つの理論的なトゥールでしかなかった。(1) 前者をかりにマクロ的分析とすれば、後者はミクロ的分析とすることもできるであろう。しかしマクロとミクロの対比は必ずしも適切ではないであろう。なぜなら、古典学派のいわゆるマクロ的分析は、スミスによって示された豊かな市民社会感覚をふまえているのにたいして、近代理論のいわゆるミクロ的分析はこのような感覚を一切喪失しているからである。(2)

(1) 中山伊知郎『国富論』(一九三六年)のスミス解釈はこの点において典型的である。ここでは、スミスの思想豊かな自然価格概念はたんなるトゥールとしての均衡価格概念におき換えられる。しかし皮肉にも、トゥールであるべきはずの均衡概念は暗黙の間に、政策の目標としての安定概念を指向するように措定されている。

(2) ケインズ経済学を初め、現代の経済理論が、ふたたびマクロ的分析の方向へ向かう傾向があるようにみえるのは興味深い。これはある意味では古典学派の構造分析への復帰を意味する。資本主義社会の構造的危機の意識を反映するものとみれば、興味は一層深いであろう。

経済学史の観点からみて、スミスの自然価格論にもっとも深い関係にあり、しかも互いに対立する二つの学派がある。一つはオーストリア学派、ローザンヌ学派などのいわゆる主観学派であり、もう一つはマルクスに始まるいわゆる客観学派である。主観学派はスミスの等価思想に反対して不等価の思想を対置する。これにたいして、客観学派はむしろ等価の方式から出発する。この結果、前者は効用価値論という主観的価値論をもって「自然価格」を再構成しようとするのにたいして、後者は労働価値論という客観的価値論をもって「自然価格」を再構成することになる。方向はまったく正反対ではあるけれども、自然価格の世界を理論的に「深化」し、価値論という理論的により下降したところから、すなわち本質理論から再出発すべきだと考える点においては、前者も後者も同じである。ただ主観価値論はその後の発展において、しだいに技術主義に陥り、価格機構の理論的把握から遠ざかってしまった。そして「価値論の価値」を疑問視する学界の風潮を呼び起した。均衡理論の出現はその結果であるが、これはふたたび経済学の出発点である自然価格論へ舞い戻ったことを意味するであろう。この結果として、スミスに始まる古典学派の基本的発想は、マルクス主義の諸学派によってのみ受け継がれることになった。われわれは後にさらに立入ってこの点を究明することになるであろう(補論一参照)。

以上を要約しておこう。スミスにおいては流通過程としての市民社会はただ問題の出発点であった。市場価格ではなくて、自然価格こそがスミスの理論的考察の対象でなければならなかった。スミスはこれを二つの方面から観察する。すなわち、一、賃銀、利潤、および地代の総和としての自然価格と、二、真実価格としての自然価格であって、第一の問題はわれわれを導いて分配過程としての市民社会に赴かしめ、第二の問題は価値の生産(および再生産)過程としての市民社会に導いていく。まず第一の問題から考究しよう。

三　分配過程としての市民社会

すでに本章の初めにおいて、スミスの分業論が、分配あるいはもっと一般的に配分の思想を含んでいることを一言した。周知のとおり、スミスは分配の観念については、フィジオクラートから学ぶところが多かったと解されるのが普通である。したがってスミスの経済理論体系においては、分配論の諸問題が夾雑物として混在しているかのような観を呈し、それがスミスにおびただしい混乱を与えたものと解されるのが普通である。たとえばキャナンは、『グラズゴウ大学講義』と『国富論』との関係を述べるに当って、「分業、貨幣、価格、および異った職業における賃銀の差異の原因に関する論述は、アダム・スミスの渡仏以前きわめて早く現在の形で明らかに存在した。ところが他方分配の想案はまったく欠落していた。スミスが分配の想案が必要だという考えをフィジオクラートからえたこと、そして彼がすでに存在している彼の価格論に彼自身の想案を添加したことは明らかである」(『講義』キャナン序文、三一頁)といっている。

キャナンのこの見解はこれまでの通説の根拠となった。しかしながら、この通説にたいしてスコットが発見した「国富論草稿」(W. R. Scott: Adam Smith as student and professor, 1937, Part III, An early draft of part of Wealth of Nations.〔水田洋訳『国富論草稿』一九四八年〕)は異説を立てている。この草稿は、スコットの考証によれば『講義』の後スミスの渡仏前(一七六三年)に書かれたもので、それは『講義』の一つの修正とみなされるべきものだと いうのである(同上、三一九頁)。スコットの発見したものはただ草稿の一部であって、とり扱われている範囲は、分業、貨幣および価格の問題に限られている。しかしスコットのいうとおり、この段階においてスミスが分配問題をとり扱った範囲は、いままで想像されていた以上にはるかに大であり、このとり扱いの視界の広さと透徹さとには注目すべきものがあるとみられる。スコットはこの草稿のうちに、きわめて明確な国民分配および実質的「国民分配分」national dividend の観念をみることができるという。そればかりでなく、利潤と賃銀との分割が認められ、他の箇所では地代について数度述べられていると彼はいい、原稿の第一頁には生産的労働と不生産的労働の区別がわれわれを睨んでいるのは奇妙であると記している(同上、三二〇頁)。すでにドゥガルド・ステュアートは、スミスが価格を分割して「地代と資本の利潤と労働の支払い」の三つとすることは、ジェイムズ・オズワルドの暗示によるものだと述べたということであるが(同上、三二〇頁)、これらの考証の是非はともかく、われわれがスミスにおける分配観念の重要さにたいして、とくに再考を促すに足りる好資料ということはできるであろう。(1) かくて『国富論』における流通過程としての「商業的社会」は、同時に初めから分配過程として考えられていたことが知られるであろう。

(1) キャナンが分配の観念について、フィジオクラートのスミスに与えた影響を不当に大きくみようとするのにたいして、スコットがこの見解を修正しようと努力していることはよく理解できる。けれどもスコットの論証はまだ必ずしも十分に説得的ではないように思われる。

けれども、もちろんわれわれはここでつぎのことを注意しなければならない。それは、スミスが流通過程を同時に分配過程として把握したということは、スミスがフィジオクラートから何らの影響を受けなかったことを意味するものではないということである。またスミスが分配問題の解決に何らの混乱をも示さなかったということを意味するものでもないということである。スミスは、賃銀、利潤、および地代の通常率または平均率における決定、つまり自然賃銀、自然利潤、および自然地代の総和から自然価格が構成されると考えながら、一方では、これらの価格構成部分を全体としての自然価格の可除部分ないし分解部分にすぎないというように把握した。(これはいわゆる構成説と分解説の並存または混乱といわれるものである。) 他方でスミスは、地代は賃銀や利潤と同じく価格の構成部分でありながら、それは価格高騰の原因ではなくてかえってその結果であるとして、自説を否定するような言説をなすことにより、ほとんど致命的な混乱に陥っている。これは、アモンをはじめ多くの学者の指摘するところである。さらにスミスはフィジオクラートから年生産の観念や、総収入 gross revenue と純収入 net revenue の観念ならびに資本の分類に関する基本的諸範疇を受け継いだといわれている。おそらくそのためであろうか、スミスの分配論にはさらに別の混乱が生じている。資本としての富と所得としての富との混同の如きはその一つの例であって(E. Cannan: A history of the theories of production and distribution, 1924, p. 14.)、『国富論』第二篇における有名な生産的労働と不生産的労働に関するスミスの所説も、これに煩わされているところが少なくない。[1]

(1) ここではスミスの経済理論の中身に立入って論じる場所ではないから、そこに現れたスミス理論の諸矛盾については詳しくは述べない。ただ、スミスの混乱と自己矛盾が、価値論、価格論、分配論、蓄積論など、その全体系にわたってみられるということだけをいっておく。しかしスミスはこの混乱と自己矛盾によってかえってその偉大さを増したということを忘れるべきではない。

これを要するに、スミスは分配過程を一度は価格構成の問題、換言すればたんに流通過程の問題と考えながら、同時にこれを生産物の分配の問題として把握している。スミスが分配の問題をたんに価格面のみの問題ではなく、富の分配の問題であると考えていたことは、スコットの発見した前掲「国富論草稿」にも、『国富論』の緒言ならびに首章においても明らかである。周知のとおり、「草稿」と『国富論』との間にはスミスのフランス旅行が介在する。スミスが滞仏中ケネーの「経済表」に接してから、かねて抱いていた自己の着想に一層の確信を深めたばかりでなく、さらに多くの栄養をそこから摂取したであろうことは想像にかたくない。「経済表」は一部の通説のみるようにけっしてたんに流通過程を発見したばかりではない。「経済表」の功績はさらにその上に、社会的生産ならびに再生産の総過程を、したがって社会的富の分配過程を、初めて認識した点にある。スミスがここから学ぶところがあったとみるのはけっして不当ではないのである。

かくてスミスは、明らかにケネーの総収入と純収入の考え、すなわち社会的総生産物と社会的純生産物の考えから学ぶところがあったと思われる。ところが社会的純生産物としての所得の範疇は、明らかに価格としての所得とは異る範疇である。価格としての商品は、かりにスミスのいうように、ことごとく賃銀、利潤、および地代に分解するとしても、社会的総生産物としての商品はけっしてこの三つに分解するものではないのである。もしスミスのいうとおりであるとすれば、『国富論』第二篇で扱われた資本の蓄積はたちまち不可能となり、資本の蓄積過程は幻のごとき存在と化するであろう。なぜならスミスもいうように、資本の蓄積というものは、年生産物の、年消費を超過する純生産物の中から行われるのであって、けっしてたんなる貨幣額の累加によって行われることはできないからである。スミスがこの純生産物を控除して資本化する(すなわち蓄積する)行為を「節約」parsimony と名づけたことはよく知られている。スミスはケネーから多くを学びながら、それをまだ十分自家薬籠中のものとしていないというべきだろう。(1)

（1） わが国における最近のスミス研究は、『国富論』の第一篇よりも第二篇に重点をおくようになった。これは第一篇に重点をおいた戦前の研究とよき対照をなすものである。ケネーの「経済表」へのアプローチの仕方にもやはりこれと同様の変化がみられる。これはけっして偶然の一致ではないのである。

けれども、混乱をただ指摘することがわれわれの目的ではない。スミスにおけるこのような混乱はわれわれに何を教えているであろうか。これが当面の問題なのである。それは第一に、われわれがたんなる流通問題から進んで分配問題に入ることによってはじめて、『国富論』の第一篇と第二篇との内的関連をよく理解することができるということである。そしてスミスがこの二篇を分けたということには、その後の経済学の発展からみても、スミス自身の構想からいっても、十分な根拠がないと考えられるのである。なるほどスミスにはそれなりの論拠があった。『国富論』緒言において、スミスは、労働生産力増進の原因ならびにそれによって獲得された富の自然的分配が第一篇の主題であるとなし、労働生産力の状態を一定とした場合、富の大小は資本が生産的労働者に振り向けられるか、あるいは不生産的労働者に振り向けられるかに依存するという理由により、資本と蓄積の問題が第二篇の主題となるべきだとしている。これは一応の論拠ではあろう。けれども、スミスにおいてはこの二つの問題、すなわち第一篇の主題たるべき富の生産と分配の問題、第二篇の主題たるべき資本の蓄積の問題が、実は一つの問題であることの十分な認識がない。事実スミスは第一篇では、自然価格論を中心として論じ、分配の問題はただ自然価格論の内的契機として扱っているにすぎない。分配論は価格論に吸収されてしまった感がある。他方スミスは、富の生産については、分業論に関する首章において言及する以外には、第一篇ではほとんどまったく正面きって論及しておらず、むしろこの主題は第二篇へ譲渡されているような感があるのである。

スミスにおけるこのような不統一と混乱からわれわれが学ばなければならないのはこれだけではない。すなわち第二の点として、分配の問題はけっしてたんに流通の問題に止まらないで、根本においては生産の問題であるということである。すでにスミスが価格を分解して賃銀と利潤と地代に三分したということは、もはやたんに流通社会としての市民社会観からは説明することのできないものを含んでいる。すなわち社会的生産物の分配の問題においては、人はもはや抽象的な交換者として、ただの商人として、等価としてquid pro quoとして対立しないで、社会的歴史的諸規定の具体的統一者として対立する。すなわちあるいは身分として、あるいは階級として、あるいは家長等として対立する。スミスは市民社会を階級社会とみたのであるから、労働力の所有者としての労働者、資本の所有者としての資本家、および土地の所有者としての地主を分配過程の基本におき、そこから賃銀、利潤、および地代という三つの所得形態をえてきたことは明らかである。[1] しかもスミスにあっては、それが同時に価格要素として流通過程に引き入れられていることがもっとも特徴的な点である。けれども労働者、資本家、および地主の三つの階級はそれ自身流通の現象でも分配の現象でもなく、むしろ生産過程にとって基礎的な関係、すなわち生産関係である。なぜならそれはいわゆる生産の三要素(労働、資本、土地)にたいする社会的歴史的支配関係を意味しているからである。スミスはこれを歴史的に与えられたものとして受けとり、さらにそれを自然価格の構成要素とすることによって超歴史的なものとした。スミスにとって市民社会は望ましいもの、永遠なもの、したがって自然的なものであった。

（1）マルクスが指摘したように、スミスをはじめ古典派経済学には労働と労働力の区別は存しなかった。また労働者といっても、近代的な、厳密な意味でのプロレタリアではなく、自己資本によって生産する小生産者すなわち master をも意味していた。他方 master は雇い主すなわち資本家をも意味している。これはスミスが産業革命前夜の経済学者であったことからきている。市民社会を基本的に階級社会として摑んだといっても、この点でスミスとマルクスははっきり区別されなければならないのである。

これらの諸点について詳論することをいまは一さい避ける（すべては第六章に譲る）。われわれがこれによって知りうることは、分配過程がけっして生産過程から引き離して考えられないこと、むしろそれは考察の出発点としての流通過程から、事実上の出発点としての生産過程へわれわれの思索を導いてゆくべき中間項の地位に当るものだということである。念のためにいっておくが、スミス自身がそのような反省的規定を行っているのではない。しかしスミスの混乱が、巧まずしてそれをわれわれに教えるのである。社会的生産物の総体が、いわゆる生産の三要素にたいする社会的支配関係を通して、社会の各階層の間へ満遍なく配分されるということは、スミスの自由主義思想を裏づける根本信条であって、スミスの階級調和観がここから出てくる。またここから、生産物増加の唯一の源泉としての労働生産力の増進という要請が引き出されもするし、逆にそれがこのような実践的要請の理論的基礎ともなっているのである（ザインとゾルレンの一致）。

われわれは、以上のように、まず流通過程から出発し、進んでそれを分配過程として把握し、さらにこれを掘り下げて生産過程まで下降してきた。こうすることにより、アダム・スミスの商業的社会はもはやたんなる商人の社会ではなくなって、生産者の社会であることが理解されうるのである。[1] もっと正確にいえば、それは分業と交換を通して各人がある程度まで商人となるような生産者の社会、すなわち商品生産者の交換社会となるである。スミスをも含めて、イギリス古典学派一般のエートスとヴィジョンをわれわれはここに見出すことができるであろう。

(1)『国富論』における trade という言葉の使い方も同様に解される。それは取引、商売、貿易、職業、仕事などいろいろの意味に使われている。commercial society の場合と同様に、それは流通面と生産面の複合体を流通の視点から捉えた表現なのである。

スミスをはじめリカードやマルサスのみた社会は、何よりもまず富を生産する社会であって、たんに富を分配する社会ではなく、またたんに富の流通する社会でもなかった。(ただし、スミスからリカードおよびマルサスに進むにつれて、考察の力点が生産視点から分配視点へと移動したけれども、このことはいま述べたことと基本的には何ら抵触するものではない。) だからスミスの分配概念をその生産論的基盤から遊離し、これを形式化して、そこにたとえば配分概念を見出そうとする試みは、[1] 少なくともスミス解釈としては当をえていないといわざるをえない。このような解釈は分配過程を簡単に流通化する思想の上に立っていて、いわば分配の正義を流通の正義におき換えてしまうものだからである。それはスミスが価格問題と分配問題とに挟まれて、進退両難に陥った難所をよそ目にすりぬけることはできても、スミスの苦悩にたいして「同感」の公正さを示すものとはいい難いのである。

(1) 大熊信行『経済本質論』(一九五四年)は、極度に抽象化され形式化された配分概念をもって、あらゆる時代、あらゆる社会に妥当する経済の本質規定を行った。かくてスミスの分業概念も、分配概念も、おしなべて配分概念の空虚な抽象の世界に還元されてしまった。ここではスミスの持っていた豊かな市民社会感覚は跡かたもなく雲散霧消しているのである。

スミスは利潤の自明性を信じていたが、他方賃銀の取得者としての労働者階級の社会的劣勢を認めていた。消費は生産の目的であり、労働者階級は社会の大多数を占めるものであるから、生産の目的は当然にこの階級の厚生を増進することにあるといわなければならない。これがスミスの考え方であった。スミスがこの階級に示した暖い息吹きは、『国富論』の全篇を通じていたるところに溢れているのである。そして地代の取得者としての地主を含めて、スミスが市民社会の基本階級としてのこれら三つの階級の上に、いかに豊かな歴史的社会的考察を怠らなかったかということは、最も純粋に理論的であるといわれる『国富論』最初の二篇においてかえってよく示されている。スミスの分配論に多くの難点を見つけることほど容易なことはないであろう。しかしこの難点を克服するために、スミスでないものに逃避したり、あるいはスミス以上のものに依拠したりすることは許されないであろう。スミスは、誰よりもまず、スミス自身の思想と方法に基いて理解されるべきである。われわれはここでもまたスミスについていけるだけついていかなければならない。

四　生産と再生産の過程

アメリカの社会学者スモールは『国富論』の第一篇を「労働の社会学」と名づけ、第二篇を「資本の社会学」と名づけた(A. W. Small: Adam Smith and modern sociology, 1907.)。この見方はスミスの経済学体系を一つの社会学体系とみる点でわれわれに教えるところが甚だ多い。けれども、まだ『国富論』の篇別そのものに執着している点で、かえってスミスを統一的に理解したといえない憾みがあるのである。われわれのみるところによれば、スミスの体系はその全体を通じて労働の社会学であると同時に、資本の社会学でもあるのである。まずこの点の考察から本節の分析をはじめることとする。

さてわれわれは以上において、アダム・スミスが「商業的社会」と呼んだものは、まず第一に流通の社会であり、つぎに分配の社会でありながら結局生産の社会であることをみたのである。元来所得におけるいわゆる三位一体説、すなわち賃銀には労働を、利潤には資本を、地代には土地を、それぞれ所得の源泉として配するという思想はスミスには存在しなかった。スミスはただいわゆる生産の三要素を所得形成の根拠とみただけで、これらを進んで所得の源泉たらしめるということは考えていない。もっとも、スミスが賃銀、利潤、地代をそれぞれ所得の源泉であると同時に価値の源泉であると説いたところから、後のいわゆる所得の三位一体説(1)の素因を成したことは否定できないであろう。しかしながらこれはスミスの価値概念および所得概念に関する混乱から生れたものであって、われわれとしてはこの混乱の奥にあるスミスの根本思想に眼を向けることを忘れてはならない。スミスによれば、賃銀と利潤と地代はそれぞれ独立に価値の源泉であるとも考えられ、またそれは労働者の付加したものだとの思想も見出せないわけではない。しかしスミスにあっては、全体として「土地と労働」land and labour が一国の富の、したがって所得の源泉だと考えられている。これが富の生産ならびにその分配にたいするスミスの根本思想なのである。

(1) 労働には賃銀を、資本には利潤を、土地には地代を対応させるというだけでは、まだ所得の三位一体説は完成しない。労働が賃銀を、資本が利潤を、土地が地代を直接に生み出す——前者が後者の源泉である——という見方が定着することによって所得の三位一体説は完成する。イギリス古典派経済学にも責任がまったくないわけではないとしても、この俗説が完成するのはそれ以後のいわゆる俗流経済学者の手によってであることを注意したい。

さらに考えてみるのに、第一篇においては土地と労働のうちまず「あらゆる国民の年々の労働」がもっぱら富(すなわちここでは必需品と便宜品）の生産の基本として考えられていて、後に進むにつれ、ことに地代論に入るにつれて、自然が人間と協働することが、地代という超過分を発生させる根拠であるように説かれている。これと同じ趣旨で、『国富論』緒言の末尾においても、「真実の富すなわち社会の土地および労働の年生産物」といっている。もっともスコットによると、この緒言は後から書かれたとみてよい根拠がある。（スコットの発見した「国富論草稿」では緒論は全然欠けていて、第二章から始まっている。）けれども労働が第一義的な役割を果していることは疑いをいれないのである。この意味で、大体においてスモールのように、第一篇は労働の社会学であるとみることも、あながち根拠のないことではないであろう。

しかし、だからといって自然がまったく無視されてよいということにはならない。すでにわれわれが『講義』から受ける印象からいっても、スミスは土地によって自然一般を表わし、労働によって人間的なもの一般を表わしたものとみることができる。『国富論』においてはこの思想がもっと深められ、体系化されているのであって、スミスにおける富の概念は、ここにいわゆる自然的なものと人間的なものとの統一物と解してよいのである（E. Leser: Der Begriff des Reichtums bei Adam Smith, 1874. を参照）。生産はこれを社会学的にいえば、主体としての人間の客体としての自然にたいする働きかけであって、われわれはそこに労働の主体的な意味をみるのである。かくて『国富論』の第一篇が労働を基点として展開されているということは真実であるが、そのために自然が無視されていると解してはならないのである。ウィリアム・ペティのいったように、自然は富の母であり、労働はその父である。ペティはここでは一人の社会学者として現れているといえよう。この思想を受け継いだスミスもまた、同様の意味において社会学者の名に値するものというべきであろう。(1) スミスにおける労働概念の重要さを確認するためには、何よりもまず以上のような社会学的視座の設定が必要なのである。われわれがスモールの示唆から学ぶことができるのはこのような理由によるのである。

（1）ペティ―スミスの線はさらに延長してマルクスに及んでいる。自然=使用価値は商品の受動的客体的要素であり、これにたいして人間労働=価値は商品の積極的主体的な要素であるというマルクスの根本思想は、すでにスミスにおいて開花し、ペティによって播種されていたことが知られる。マルクスはここでは収穫者の役割を果したわけである。

周知のとおり、スミスはマーカンティリストとフィジオクラートの総合者であると見られている（アモンもそうみている）。スミスがこの二つのものの総合者であるというのはなぜか。われわれはその理由を、何よりもまず、スミスが労働に与えた特殊の役割に見出すことができるであろう。すなわちスミスの労働は、マーカンティリストの貨幣中心思想とフィジオクラートの物中心思想[1]――そこでは貨幣はたんに流通手段にすぎない――との統一として現れている。スミスは、労働こそが――もちろんそれは自然に働きかけた労働のことであるが――富の唯一の創造者であり、したがって交換価値の尺度となりうると考えたのである。スミスをはじめとしてイギリス古典学派の人びとが生産者の立場をとったということは、このように彼らの価値論および価格論に労働中心の見方をさせなければならないものを含んでいた。したがって、たといスミスが労働をもって価値論の中心概念としたことには多くのあいまいさがあり、この点に関するスミスの説明が混乱に混乱を重ねているとしても、少なくとも市民社会が労働の体系であり、労働生産力の体系であるという根本認識が、スミス経済学の基底に横たわっていることを忘れてはならない。スミスのこの認識は、経済的世界を人間の自然にたいする働きかけの場として、もっと正確にいえば、労働の社会過程として社会学的に把握することを教えるものである。アモンは、スミスが価値の説明に労働概念を用いたのは、実践的見地から出るものであって、それがスミスの純理論的分析を乱していると考えている(前掲、五八〇、六〇九頁)。われわれはアモンの鋭い労働価値説批判に傾聴すべき点を見出すものではあるけれども、アモンのようにスミスが実践的であったがゆえに理論的ではなかったと考えることはできない。むしろ反対に、スミスは実践的であったがゆえによく市民社会の流通面を看破して、深くその根柢に労働の世界を見抜くことができたと考える。スミスのみているものはたんに貨幣でもなく、物でもなく、その両者をともに含むところのより高い立場、すなわち労働の立場であって、それだからこそ彼はよく労働生産力の増進について語ることができたのである。『国富論』が分業論をもって始まっているのはけっして偶然ではないのである。

(1) フィジオクラートの物中心思想というのは、マーカンティリストの貨幣中心思想というのと同様に、ともに一面的な把握であることを免れない。後期のマーカンティリストに生産の観念があったように、フィジオクラート(たとえばケネー)にも労働や価値の概念があった。しかしここではこれらの重要な諸問題にふれる余裕はない。それはそれとして、スミスが両者にたいし総合者の立場にあることは争いの余地がないであろう。

スミスが土地と労働の社会学的把握の上に『国富論』を基礎づけたということは、スモールの説くようにたんにその第一篇についていえるばかりでなく、さらに第二篇についても真実である。スミスが資本を分けて固定資本と流動資本としたとき、固定資本ならびに流動資本の中身をなすものは、土地と労働によるところの社会的生産物の新陳代謝の過程、すなわち生産と再生産の過程にほかならない。スミスがここで一方において生産的労働の重要性を説きつつ、他方で農業、漁業、および鉱業をもって社会的生産の物質的基礎としている理由がよく理解できるのである。物=使用価値と交換価値とは富の両側面にすぎない。だから資本の生産および再生産の総過程、したがって資本蓄積の過程が問題となるに及んで、スミスがこのように物質的基礎をとくに強調したということは、スミスが技術的見解に囚われているためであるとか、目的論的実践的見地のせいであるとか(アモン)いうのではなくて、その反対にスミスが市民社会の基底に徹し、そこからその全体観に即していたためであるとみなければならない。かくしてスモールのいわゆる「資本の社会学」(『国富論』第二篇)は、われわれのみるところによれば、「労働の社会学」(『国富論』第一篇)に帰することになる。だからスミスのいうように、『国富論』の第一、第二の両篇を通じて、資本の蓄積は結局において労働生産力の大小に比例し、労働生産力が一定であるときは生産的労働者と不生産的労働者との割合に依存するということになる。われわれは『国富論』の外見上の篇別に囚われることなく、スミスの真意をこのように解釈しておそらく誤りがないであろう。

このようにスミスが土地と労働を結びつけて考えることには、他方からみれば、より多くフィジオクラートの影響があるとみられないわけではない。事実、『国富論』におけるスミスの所説が進むにつれて、この痕跡が残されていることは何びとも認めなければならない。けれども、さきに分配の場合にみたように、ここでもまたフィジオクラートの影響を過大視して、それがスミスの基本観念までをも動かしているとすることは戒めなければならない。かつてスミスにより、人間がまず人として、家族の一員として、国家の臣民として考えられ、最後に諸国民の間の国際関係が考えられたように(『講義』)、ここでもまた、まず自然の上に働きかける人間が、つぎに工業および商業において働く人間が、そして最後に、「一大商業共和国」a great commercial republic において働く人間が問題とされるのである。「農業はすべての他の生業に比し社会にとってもっとも恵みの多いものであり、したがって何事にせよ、その改善を阻止する傾向のあるものは公衆の利益にとってきわめて有害である」(『講義』二二四頁)とすでに渡仏前のスミスは述べている。なるほど自然資源の特殊性とかその配分の問題こそスミスには起りえないが、しかし労働生産力の増進は、右の如き自然的な順序に従って資本投下の順序を規定するのであって、国際貿易というものは、スミスにとって国内生産力のおのずから溢れ出た結果として自然的であり、またそのかぎりにおいて自然的でありうるということは、この際とくに留意されてしかるべきである。(1)

(1) ここにわれわれは、スミスにおけるnaturalなものとnationalなものとの一見奇妙な結びつきを発見する。スミスの感覚と判断は健全であるが、それはnaturalという概念の多義性によって理論的には不透明であるようにみえるかもしれない。しかしスミスが空疎なコスモポリタンではなくして、健全なナショナリストであったことがこれによって知られる。

それであるから、土地と労働との結合は、はじめからスミスの思考様式に適応したものであって、これを再生産の全過程から眺めるとき、われわれはむしろスミスがこの思考様式の上に、資本の範疇を十分に展開しえなかったことを非難することはできても、この思想そのものを非難することはできない。われわれはここにこそ、すなわち自然の上に働きかける労働のうちにこそ、国民的富と生産力の源泉を求めるべきだからである。

しかし、スミスが土地によって自然一般を代表させることには別に困難は伴わないとしても、労働によって人間の社会的な働きを代表させることには重大な難点を伴っている。あたかも人口一般が分配問題にとって無意味な抽象であるように、労働一般もまた生産力の問題にとって一つの空虚な抽象であるにすぎない。ところがスミスにあっては、この抽象的な労働が生産力の根源である――「労働はすべての物に支払われた最初の購買貨幣であった」(『国富論』三〇頁)――という理由でそれは価値の尺度とされた。スミスの労働による価値規定は、ほとんど実体的な内容を含んでいないで、後にリカードに至ってさらに徹底させられたように、一つの相対価値、関係価値にほかならないものである。スミス自身も、労働による価値規定を行うに当って、「ひとり労働だけが価値の唯一の普遍的で正確な尺度である」と述べている。スミスはいかにしてこのような抽象的労働観に達することができたのか。ここはこの点に立入る場所ではない。(1) けれども、およそ労働量によって交換比率を決定し、その均等であることによって価値の均等を証明しようとする思想の中には、(2) 自然法的人間観と正義の思想が潜むことは明らかである。これはすでに論述しておいたとおりである。すなわち、人間はまず人として平等であるから、その力の発現である労働もまた平等であり、したがって一に対する一の交換こそが正義の実現だと考えられてくるのである。

(1)　ミークによれば、スミスが生活した十八世紀のイギリスには、すでにこのような抽象的な労働の観念が一般化しており、さらに平均利潤率という思想も定着していたという(R. L. Meek: Studies in the labour theory of value, 1956.〔水田洋、宮本義男訳『労働価値論史研究』一九五七年〕第一章をみよ)。

(2)　この思想はすでにジョン・ロックの『市民政府論』の中に見出される。ロックはそこで、自然状態における人間を完全に自由で平等なものとして描き、このような人間が神によって与えられた共同の土地に労働を加えることにより、市民的所有と財貨の価値が成立すると説いている。ペティとともに、スミスの先駆者と看做すことができる(なおロックとスミスの関係については本書二三一頁の注を参照)。

スミスはかくして名目価格と真実価格の別について論じる(『国富論』第一篇第五章)。われわれのみるところによれば、この論述は、労働生産力の思想を流通過程に結びつけ、貨幣と価格と物との統一的把握を志したものであるといえる。そしてその思想はリカードにおける不変の価値尺度 an invariable measure of value への探求となって現れている。スミスは真実の価値尺度を求めて、これをあるいは金銀に、あるいは穀物に、そして最後にすべての時およびすべての場所に通じる唯一の普遍的で正確な尺度としての労働(同上、三六頁)に求めたけれども、彼が把握した労働の抽象性は依然として救われなかった。たとえばスミスが、一般に労働は労働者の通常の健康状態、体力、精神状態においてはすべての労働者にとって同一の価値を有すると説いてみても(同上、三三頁)、この労働の抽象性がかえってますます強められるだけである。またスミスが、市場のかけひきによって労働の質の相違が均等化して、財の交換比率はほとんど正確に投下労働に比例する(同上、三一頁)といってみたところで、それはかえって他の場合と同じく労働と賃銀がここでは混同されていることを暴露するに止まった。この点に関するスミスの分析はことごとく失敗に終ったと多くの人びとからみられているのはやむをえない。事実それは後に続く(第六章以下)スミス自身の分配論にたいしてほとんど何らの貢献をしなかったのである。

こうして、スミスのいう真実価格(労働で測った価格)と自然価格(賃銀と利潤と地代の総和または賃銀と利潤の和)とは、論理上少しも内的関係を持たないものとなってしまった。自然価格は賃銀、利潤、地代の総和であるのに、真実価格はそれとはまったくちがった別の範疇である。それはいまみたように労働によって測られた価格であり、等価の基礎づけとして考えられた価格=価値だからである。さきに述べた自然価格の超経験的性格は、暗黙の間にこの真実価格と手をつなぎ合っていることをわれわれはみる。自然価格は自由競争価格であり、最高価格と最低価格という両極端の中点であるばかりでなく、さらに労働生産力の極大化の指標であり、したがって、もっとも望ましい、もっとも持続的な価格として賞揚されてくる。スミス経済理論の最大の難関は(1)——リカードとても結局そうであるが——ここにあるのである。つまり、そのすべては抽象的観念としての労働を自然法思想によって把握しようとした結果であるといいうるであろう。

(1) この難関は同時に魅力であることも忘れてはならない。スミスの自然価格においてザインとゾルレンの混同を云々するほどやさしいことはない。しかしそこにはもう一つ、社会科学における思想と科学の接点が示されていることを忘れるべきではない。

以上われわれは、スミスにおける生産および再生産の過程が、いかにして『国富論』の出発点である労働生産力によって担われているかをみた。またそれが真実価格論の中でいかにして等価交換の基礎づけとして使用され、これによって間接にはいかにして所得決定の基準を与えようとしているかをみた。たといスミスが現実にそこに示した「自然的自由の体系」は、それほど「明白で単純な」ものではなかったにしても、しかしスミスのこれらの試みの中から一切の矛盾、混乱、誤謬を差引いた後で、なお確実に残るものは、総過程としての生産力発展の過程である。それは流通、分配、生産および再生産のすべてを包括し、これらのすべてをそのうちに含むところの市民社会の総過程であるということができる。他の部分にたいする学者の評価はいかにあろうとも、われわれの立場はこの点に最大の関心をつなぐものであって、市民社会に内在しながら超越するという歴史的主体的な働きは、まさにこの生産力理論を枢軸として旋回する。少なくともそこからわれわれの探求の旅を開始すべきものと考えられるのである。

五　生産力の体系としての市民社会

前節で明らかにしようとしたものは、これをひと言で要約すれば、労働過程としての市民社会であった。われわれはいまや、労働過程を、流通過程や分配過程とたんに対立する過程とみないで、むしろこれらのものをその内在契機として含むところの統一過程として考えなければならない。これらの三つの過程は相互に結びつき、互いにからみ合い、全体として市民社会の総過程を形成するものとみられる。われわれが示したように、『国富論』の最初の二篇をこのような観点から再認識し、再構成することができるとすれば、スモールのいうところの労働の社会学と資本の社会学は一つに統一されて、そこにわれわれは市民社会の解剖学を発見することができるはずである。あるいはまた、市民社会の解剖学としての経済学を発見することができるはずである。これが、これまでの研究によってわれわれが到達することができた第一の結論である。この点については章を改めて論じるであろう。しかしこれにはもう一つの、思想としてはもっと深い第二の結論が続く。それは自然と労働の統一としての生産力の観念というか、自然と労働の統一としての生産力の体系という観点である。この観点からいえば、市民社会は生産力の体系として規定されるであろう。では生産力とは何か。スミスがこれを自然と労働の統一において把握したことはすでにわれわれのみたとおりである。しかしスミスにあっては、それは自然生産力としてではなく、労働生産力として把握された。かくしてスミスの洞察は、たんなる労働—流通—分配過程の分析の学であることを越えて、もっと広く深く人間と社会の存在基礎にまで貫徹した。こうしてスミスは、たんに政治経済学の祖となったばかりでなく、近代社会科学の祖となったということができるであろう。(1)

(1) ここからわれわれは、一方ではスミスからマルクスへの、他方ではスミスからヴェーバーへの道を跡づけることができる。その他の社会科学者を含めて、わがアダム・スミスは近代社会科学の原点であるといって過言ではない。

スミスにとって経済的世界は精密性を中心として考えられる世界であった。この精密性をたんに貨幣(したがって価格)の現象面で捉えないで、何かもっと人間的なもので捉えようとするのがスミスの意図であった。スミスの生産力概念において、社会過程は自然過程と不可分に結びついていても、まさに後者は前者のうちにおいてのみその十全の意義を発揮しうるのであって、その逆ではない。社会過程はあくまでも人間的なものから説明されようとしたのである。貨幣としての金銀に関するスミスの説明はよくこれを示している。貨幣はすなわち金銀という自然物でありながら、同時に労働の生産物であるということによって価値の尺度となり、流通の手段となることができるとスミスがみたことは、経済がその流通の根柢においていかに人と物との統一を予想しているかを教えている。(労働する人間が一日で消費する食糧の量をもって価値を測ろうとしたスミスの思想も同じところから出ている。)またこの点に関するスミスの説論は、交換価値それ自体が物の比率関係であるようにみえながら、もはや自然過程からは理解することのできない一つの人間関係であるのはなぜかということを教えている。すなわち交換価値の背後には価値があり、価値の背後には労働する人間があるという見方がこれであって、ここにスミスの労働価値論の基本性格が見とられるのである。かくてスミスの生産力は優れて労働の生産力として把握されることができるのである。[1]

(1) スミスにも土地の生産力を認めていると思われる箇所がないわけではない。たとえば地代論において。ここで大切なことは価値生産力であって物質的生産力ではない。スミスにはこの区別が必ずしも明確ではなかった。生産的労働と不生産的労働の区別に関してスミスが陥った混乱の原因もまた、この点にあったのである(詳しくは後述)。

かくてくり返していうように、スミスにおける諸国民の富は土地と労働の生産物として根源的に把握され、土地と労働の統一は労働の生産力として集約的に把握された。スミスの生産力概念は物質的生産力を基底としながら、なおかつ人間的に把握されなければならなかった。この点でスミスの市民社会観はヘーゲルよりもマルクスに近かったといえる。ヘーゲルには労働=生産過程としての市民社会観が欠落しているばかりでなく、市民社会の物質的基礎にたいする洞察が十分でなかった。ヘーゲルが市民社会をたんに欲望の体系と規定したのはこのためであろう。これに反してマルクスの市民社会観はスミスのそれを引きつぎ、それをイギリス経験論の方法と方法態度から、ドイツ観念論の方法と方法態度へ引き移すことによって、マルクス独自の構成を持つことになった。(1)

(1) この点からいえば、ヘーゲルとマルクスのちがいは、観念弁証法と唯物弁証法のちがいである前に、スミスの市民社会認識にたいするヘーゲルとマルクスの評価態度のちがい、したがってスミスへの内在性の程度のちがいから由来していることが知られる。

ところでスミスの生産力概念、ことにこれに関連して富の概念を問題とする人びとは、それが何よりも唯物論的であることを非難する。それはスミスの市民社会観が世界主義的 kosmopolitisch であって国民的でなく、個人主義的であって有機体的でないという非難と並んで、アダム・ミュラーやフリートリッヒ・リスト以来ドイツの諸学者によってスミスに加えられた典型的な非難である。(ヘーゲルにもこのような偏った見方があった。)けれども最後の二つ、すなわちスミスの思想が世界主義的であり、個人主義的であるという非難について、この非難が当っていないことはすでに論じたところである(本書八四頁参照)。

第一の非難、すなわちスミスの所論が唯物論的であるということについてはどうであろうか。もしそれがスミスの市民社会観全体にたいして向けられた非難であるならば、その当らないことは前の二つの非難の場合と同様に明らかである。優れて経済的な社会としての市民社会は、スミスにとってたんに経済のみが支配する社会を意味しなかった。経済の世界は何よりもまず法および統治の世界につながり、そしてこれらの世界はすべて道徳の世界につながるものであった。スミスが利己心や物質的富を軸として市民社会を考察したことを唯物論的だというのであれば、その当らないことはもはやこれ以上詳しく論じる必要はないであろう。しかしもしスミスが唯物論的であるという非難が、生産力の概念や富の概念にたいして向けられた非難であるならば、これについては若干の吟味を必要とするものがあるのである。リストによると、スミスは交換価値(あるいは富)の理論家であり、価値(富)の増殖のみに眼を奪われて、価値(富)を創造する本原的な力をみなかった。すなわちスミスは生産の重要性については語ったけれども、生産の源である生産力については語らなかった。生産力について語ったとしても、物質的生産力について語るばかりで、物質的生産力そのものの生産については語らなかった。ところがもっとも肝腎なことはこの最後の点すなわち生産力の生産ということにある。リストはこのように論じてスミスを非難し、これにたいして自らは独自の「国民的生産力の理論」を対抗させようとしたのである。(1)

(1)　リストのスミス批判についてはここでは深く立入らない。詳しくは、高島善哉『経済社会学者としてのスミスとリスト』(一九五三年)第三部とくに第二章をみよ。

スミスがたんに価値のみをみて生産力をみなかったものでないことは、まさにわれわれのスミス研究によって明らかにされたところであって、このかぎりにおいてリストの非難がまたもや的なきに放たれた矢であることは確定的である。しかしリストがここで述べようとするものは、たんなる生産力ではなくて生産諸力の生産であり、たんなる生産力機構の分析ではなくて、その創造であるのである。したがってリストにとっては、分析の理論ではなくて創造の理論が、客体の把握ではなくて主体の役割が強調されてくるのは当然である。これに反して、スミスにとっては客体はすでに成熟しつつあった。それを創造することはむしろそれを自然の運行に委ねることであった。これを妨げる社会的諸勢力と戦うことであった。

スミスがこのような政策を基礎づけるためにこそ、市民社会の分析に、すなわち経済的世界の機構分析に踏みこんだものであることは、われわれがすでに立証したとおりである。スミスの前にはすでに、生産力の体系としての市民社会が歴史の現実として開けつつあった。これにたいして、リストはまだ市民社会以前(レンツのいわゆる「三月前」)のドイツの学者であった。リストがスミスの全体像を正視することができなかったのはこのような理由による。スミスが生産力の生産について語らなかったというのはまったく虚妄に近い言である。スミスにとっても新しい生産力の創造が緊急の課題であった。『国富論』の冒頭でまず労働の生産力を増進するものとしての分業がとり上げられたことをみただけでも、このことは明らかである。さらに第二篇では、分業を促進するために必要な資本と資本の蓄積について論じられているところからもこのことは明らかである。

スミスは「生産力の理論」を与えたのではなく、生産力機構を把握するための「価値の理論」を与えたのである。そして「価値の理論」を明らかにすることが、スミスにとっては同時に生産力の理論を与えることを意味したとみるべきである。スミスにおいては主体的な形成理論と客体的な分析理論とは離れてはいなかった。これがスミスのいわゆる唯物論でありこれがスミス理論の健全さと確かさを保証するものであった。けれどもスミスは、生産力を客観的に把握する試みにおいて、労働生産力の立場に立ちながら、しばしば物質的生産力の立場へと傾いた。たとえば価値を測定するのに穀物をもってしたり、あるいは生産的労働を説くのに、それは手に触れてみることのできる物を生産する労働のことであるといい、あるいは物を破壊する浪費があらゆる浪費のうちで資本蓄積にとって最も有害であると論じたりした。(1) これはスミスが物質的な物において生産力を確認しようとしたことを物語るものであって、ある意味においてはスミスが唯物的であったことを意味するであろう。だがしかし、それはスミスが唯物主義者になったことを意味するものではない。

（1） すべてこれらの事例は、スミスが産業資本の立場に立って市民社会をみていることを物語るものである。もしスミスが唯物論的であったとすれば、元来産業資本というものが唯物論的であったことを意味するにほかならない。

さらにリストによると、スミスは物質的生産のみを見て精神的生産をみず、労働分割ばかりをみて労働統一の方面をみなかったとされている。しかしこのリストの非難も当っていない。

分業とともに協業 joint labour をスミスが考えていたこと、廉潔と恪勤 probity and punctuality が商業の発達の結果であるとともに原因であること、政治組織や社会制度や司法、行政、教育の諸施設がいかに大なる影響を一国の生産力の発展に及ぼすかということについては、『講義』ならびに『国富論』のいずれにおいても多角的に考察されている。とくにスミスが教育に関心を持ち、それが未開から文明への人類の進歩に及ぼす大きな役割に特別の注意を向けたことを忘れるべきではない。（これらの言説において、スミスはリストを先取りしたのはもちろん、ヴェーバーをも先取りしていることに注意！）スミスにとって civil society とは civilized society のことであった。それは政治的には民主的で、経済的には自由で、法的には正義が支配する社会であった。これらのものの総括として、市民社会は生産（諸）力の体系となるはずである。われわれはリストのスミス批判を媒介として、初めてスミス理論の全貌を正しく理解することができるであろう。[1]

（1） ここでロンルド・ミークのスミス観について一言しておく価値があるであろう。（ミーク前掲書、とくにその第二章をみよ。）アダム・スミスを市民社会の科学者として全体的に把握しようとする点で、ミークの見解は私が以上本書において展開したところと一致している。思想史的な連関や論理的な連関の究明は必ずしも十分であるとはいえないけれども、スミスの三つの著作を一義的に捉えようとする志向が示されているのは、私にとってこの上もない喜びである。ミークがスコットランド学派の一人としてのスミスについて語っているのも、スミスの学風を知る上にきわめて示唆的である。

最後に、スミスとマルクスの関係についてさらに一言を要するであろう。生産力に関するマルクスの見解は、直接にスミスから受け継ぐところがきわめて大きいからである。生産力と生産関係についてのマルクスの見解を正しく理解するためにも、スミスの生産力概念に関する正しい理解が先行しなければならない。しかしこのことは、スミスの市民社会概念とマルクスのそれとの比較検討という、もっと大きな問題の研究にわれわれを導くことになる。(1) そしてここに現代社会科学の一つの基本問題が横たわっていることは明らかであろう。

(1) ここではこの問題に深く立入ることはできない。ただひと言、スミスの階級調和観にたいして、マルクスの階級対立ないしは階級矛盾という見方が、鋭い対照をなしていることだけを指摘しておこう。なお本書の終章ならびに補論一および二を参照されたい。

第六章　アダム・スミスの経済理論

一　まえがき

　前章において、われわれは、アダム・スミスの市民社会体系を生産力の体系として把握しようと試みた。つぎにわれわれは、さらに進んでこれをより精密に分析しなければならない。これまでの研究は、より多く社会哲学的で社会学的であった。これからの研究は、より多く経済学的となるであろう。もちろんスミス自身の方法と志向に内在的になろうとする点では、前も後も変りはない。われわれは、このようなスミス理解を通して、初めて社会科学者としてのアダム・スミスを正しく把握することができると考えるからである。

　生産力の体系としての市民社会を、その経済的正確性の面から捉えたものが、アダム・スミスの経済理論である。この点からいえば、前章までの論述は、スミスにおける経済理論の意義と性格を正しく理解するための予備的労作にすぎなかったともみられるであろう。（もちろんそれと反対の命題も同様に成立するであろうが、この点は後の問題である。）それゆえに、以上スミス経済理論の中身へ立入って分析を進める前に、右の命題のいわば素姓と来歴をここで回顧しておく必要があるように思われる。

　アダム・スミスの市民社会が生産力の体系であるという命題は、第一に、それが道徳的世界、法および統治の世界、ならびに経済的世界の統一体であることを意味した。スミスにおいては、この三つの世界が彼の『道徳感情論』の中で原理的に統一されていて、そこにスミスの市民社会観の体系的方法論的礎石がおかれていたことを知った。われわれはこれをスミスにおける同感の論理のうちに見出した。われわれの研究によれば、同感の論理は経験的自然法の思想を歴史的社会的領域において方法化したものであって、それはイギリス経験論の歴史的社会的感覚を理論化したものでもあった。この同感の論理に従えば、道徳的世界、法および統治の世界、ならびに経済的世界は、それぞれの場所において別々に成立しながら、しかも全体として一つの関連を持つようになる。この関連は、たとえばディルタイの構造連関といったような有機的統一の思想を含まない。またヘーゲルの精神とか理性といったような形而上学的な観念を含むものでないことはもちろんである。しかしこれらの三つの世界はおのずから一つの統一をなし、巧まずして一つの体系をなしていることは疑問の余地がない。いわば体系なき体系とも称されるものであって、このような分離と統一の融通自在な相即関係を表示し、捉えるものが、すなわち経験的自然法という思想の方法化[1]であったのである。

（1） 経験的自然法の背後には「見えざる手」の思想が横たわっている。しかしスミスにとっては、それを経験の世界において実証し、それを目にみえるものとすることが何よりの問題であった。それは科学の方法ではなくて、思想と科学の媒介をなすものであり、一つの方法態度と名づけられるべきものである（ヘーゲルとのちがいに注意）。

第二に、アダム・スミスの市民社会が生産力の体系であるということは、道徳的世界、法および統治の世界、ならびに経済的世界が、実質上生産力の原理において統一されることを意味している。形式原理の上からいえば、一切の徳性のうちで最後の王冠を授けられるべきものは仁愛の徳であった。けれども、市民社会の現実の動きに即してみる者の立場からいえば、仁愛の徳よりは正義の徳が、そして正義の徳よりは精励、恪勤、節約、自己抑制などの徳性の方が一層高く評価されなければならない。市民社会は、たんに歴史的な社会ではなくて社会学的社会であり、またさらにすぐれて経済的な社会であった。かくて、スミスの市民社会体系における三つの世界の関係は、これを形式的体系的な原理の上からみるのと、実質的機能的原理の上からみるのとでは、まったく逆の様相を呈するものであるにもかかわらず、しかしわれわれが明らかにしたように、同感の論理を正解することによってこの外見上の矛盾は容易に解決され、「アダム・スミス問題」にたいする最後の終止符は打たれたのである。そしてこのことは、われわれが同感の論理を正しく把握するかぎり、『国富論』の理解は『講義』の理解を予想し、『講義』の理解は『道徳感情論』の理解を予想していることを物語る。これを逆にいえば、『国富論』はスミス市民社会観の最後の、もっとも現実的な総括であることを物語っている。この意味において、スミスの市民社会はまさに生産力の体系(1)であったのである。

(1)　厳密には生産諸力の体系というべきである。スミスも労働の生産力を productive powers of labour と複数形に表現している。これはたんなる言葉の問題ではなくて、もっと本質的な見方の問題である。

だから第三に、生産力の観念は、市民社会の観念と同じく、歴史的、社会学的、および経済学的に把握されなければならない。まず生産力を歴史的に把握するというのは、近代的な流通、分配および生産の過程を通して現れるところの、生産力の現実形態を把握するということである。近代的な流通、分配、および生産の過程というのは、要するに、商品流通経済、あるいはもっと正確にいえば資本主義的な商品生産の体制のことであるから、生産者の現実形態は生産力の資本主義的体制(1)として完成することになるであろう。アダム・スミスが市民社会を生産力の体系として把握したとき、事情に精通した彼の炯眼に映じたものは、もちろん生産力一般というような抽象的なものではなく、実質上生産力の資本主義的体制にほかならなかった。これが彼の経済理論に歴史的現実性を保証する最大の根拠となったものである。

（1） スミスにはまだ資本主義とか、資本主義体制とかの観念はなかった。いうまでもなく、これは後にマルクスおよびそれ以後の学者によって打立てられた概念である。市民社会と資本主義体制の関連については、後の終章ならびに補論二を参照されたい。

つぎに、生産力を社会学的に把握するということも、やはり市民社会の社会学的観念に照応して理解される。もともと生産力というものは複合的なものであって、それは精神的＝道徳的契機、法制的＝機構的契機、および物質的＝技術的契機などを含んでいる。したがって、もしわれわれが生産力のこのような契機に着目するなら、われわれはそれぞれ、精神的＝道徳的生産力、法制的＝機構的生産力、あるいはまた、物質的＝技術的生産力などの観念をえるわけである。（フリートリッヒ・リストの手法がそうである。）しかし、元来生産力なるものはこれらの諸契機の統一体であって、これをこのように三つの生産力に区別するのは便宜的のことであるにすぎない。それらは生産力の最も重要な諸契機であるとしても、生産力のすべての契機を尽しているものではない。その間の事情は、あたかも徳性が仁恵と正義と慎慮の三つに尽きるものではないが、しかし社会科学的には、これをもって徳性の代表的なものとみることができるのと同様であろう。けれども、ちょうどスミスの目的があらゆる徳性の総目録を提供することに存しなかったように、スミスは生産諸力の一切の契機を列挙しようと考えるものではない。スミスにおける生産力の概念は、リストのようなドイツ国民経済学者の考えた生産力の概念とは構造上けっして同じものではない。しかし実質上はリストの捉えたものをスミスはすでに先回りして的確に捉えていたのである。われわれは生産力の概念におけるスミスとリストの比較によってこのことを知りうるのである。スミスの生産力概念はリストのいうような全体性概念ではないが、十分に社会学的な概念であったといってさしつかえないのである。スミスにあっては、宗教、教育、司法等の制度のようなものは、私有財産制度と同じく、一国の生産力の内容を形造るものであり、生産力の諸契機をなすものである。しかしこれらの生産力の諸契機は、市民社会においては、物質的＝技術的な生産力から離れては、すなわち労働の生産力から離れては存立し、実存しえないものであり、要するに、近代的な生産資本の運動から離れては、生産力としての現実的な意義を発揮しえないものであった。そしてこの点は、スミスの市民社会なるものが、すぐれて経済的であると規定されたことの真実の意味であった。

以上の理由により、生産力の体系としての市民社会は、生産力の歴史的にして社会学的、社会学的にして経済学的な契機に基いて把握されるべきものであって、これは市民社会をその最も現実的な内容において把握し、その生きた運動において理解することを意味している。これが前章までの研究の主要な結論であった。

ところで、スミスによれば、一般に徳性のうち正義の徳の支配する領域は、とくに「厳密正確な法則」の支配するところとして、他の徳性から区別された。この「厳密正確な法則」というのは、ちょうど修辞学上の規約にたいする文法上の法則のようなもので、一つの文章を文章として成立させる不可欠の基本原理を意味していた。したがって、この法則すなわち正義の法則の確立なくして社会は一日も存続を許されないほどに、市民社会の存立にとって絶対不可欠の礎石または大黒柱をなすものであると説明されたのである。そして、この法則の当てはまる領域が法的世界および経済的世界の二つであることにわれわれは注意を払った。とくにそのうちでも、法的世界から経済的世界が引き出されてくる筋道にわれわれは格別の注意を払い、『グラズゴウ大学講義』の有する媒介的意義に関し、従来のスミス研究者が看過したと思われる点を指摘しようと努めた（第二章）。今日の学問的常識からいえば、経済的世界が正確性の法則が支配する最高の社会領域であること、とくに経済的価値が数量的価値であること、経済的正義の徳性は等価の原則として、一面質的な本質を持ちながら、いつでも量的規定を受けなければならないこと等は、ほとんど自明の理といってよい。しかしこの学問的常識を科学的反省にまで高めることは必ずしも自明の理ではない。現代経済学が立ち帰ってスミスに学ばなければならない理由の一つがここにあるのである。

かくして、生産（諸）力の体系としての市民社会を、その経済的正確性の面から捉えたものが、アダム・スミスの経済理論であるとわれわれは結論することができる。この命題は、スミスにおいて経済理論が市民社会理論の最高の完成態であること、そして経済理論の具体的意味は生産力の正確な把握に存すべきことを教えている。もし経済学が市民社会の解剖の学であるべきだとするならば、アダム・スミスはまさに経済学の創設者といってよいのである。(1)

（1） 大河内一男『スミスとリスト』（一九四三年）は、スミス研究としてもリスト研究としても暗示に富むものである。しかしそれはスミスのうちにただ経済倫理の問題を、リストのうちにただ経済理論の問題をみようとするもののようである。それは旧来の経済学者の常識をこえた点できわめて教訓に富むものであるけれども、しかもこの点において私は異論なきをえない。すなわち、スミスにおいてもリストにおいても経済倫理と経済理論はけっして離れた別のものではなかったという点である。もっとも、大河内教授の意図が当時台頭しつつあった日本ファシズムへの批判を蔵していたとすれば、本書の歴史的価値はけっして過小評価されるべきではない。

さて、周知のとおり『国富論』は全五篇より成っている。生産力の体系としての市民社会を把握するためには、これらの五篇を全体として総合的に理解すべきことはもちろんであるが、それは前章においてすでに試みられたところである。本章においてはもっぱら注意を『国富論』の最初の二篇に集中したいと思う。『国富論』の最初の二篇はアダム・スミスの経済理論を含むものとして、これまで近代理論経済学者およびマルクス主義経済学者の分析の対象となってきた。これにたいして『国富論』をもっと総合的にみようとする人びとは、最初の二篇ばかりでなく、他の諸篇とくにこれまで最も看過されてきた第五篇の意義を重要視しようとした。さらに第四篇の研究も進みつつあり、そして第三篇への関心も芽生えつつあるように思われる。これが戦後における『国富論』解釈の新傾向であって、それはたしかに近代理論経済学者たちの狭隘な眼界を広くするのに大いに貢献した。それは近代理論経済学の発展にたいする、一つの超越的批判としても大きな意義を持っている。しかし近代理論経済学の克服は、このような超越的批判のみによって成し遂げられるものではなく、同時にそれへの内在的批判の道が開かれるのでなければならない。われわれのスミス研究は、このような内在的にして超越的ともいいうる批判の型を示そうとするものであって、いまわれわれがアダム・スミスの経済理論に全注意を注ごうとする一つの意味はここに見出されるのである。

同じことはマルクス経済学の側にたいしても当てはまるであろう。スミスの経済理論をただマルクスの眼をもって裁断しようとする超越的なスミス解釈にたいして、われわれはここでふたたびその不当を警告しておかなければならない。このような超越的態度は、もともとマルクスの態度ではなかった。物事に内在的であると同時に超越的となるということが、『資本論』における「政治経済学批判」の方法態度であった。スミスやリカードに徹底的に沈潜することなしに、どうしてマルクスの資本主義体制批判が生れえたであろうか。われわれはもう一度このことに思いをいたすべきであろう。

二　貨幣と価値

経済的価値は何よりも数量的価値であるという点で、他の価値、たとえば芸術的価値、倫理的価値、政治的価値、法的価値などからとくに区別される。市民社会においては、経済法則の正確性はまず数量的正確性として表示されなければならない。封建的な現物経済の支配する社会では、経済価値は質的な使用価値として実存するが、商品流通を基調とする近代の「商業的社会」においては、価値はいつでも量的な交換価値として現れなければならない。したがって、ドイツの経済学者ヒルデブラント(B. Hildebrand: Die Nationalökonomie der Gegenwart und Zukunft, 1848.)が現物経済と貨幣経済との間に段階的な区別を設けたことには、この点からみて一つの真理が潜むといわなければならない。したがってまたこのことから、質的な現物的な差別の世界を化して量的な無差別の世界に変質させるものは、一にまったく貨幣の導入と発達によるものであるという一部の見方が可能である。このことから、貨幣の理論は価値や価格の理論に先行しなければならないという見方が起りうるであろう。実に、交換価値の一切の秘密は貨幣の生成と発達のうちに潜み、貨幣の論理はとりも直さず「商業的社会」の論理であるということもできるであろう。この意味で、アダム・スミスが価値や価格の問題をとり扱うのに先立って「貨幣の起源と使用について」(『国富論』第一篇第四章)論じた彼の意図は、われわれにとりけっして理解できないことではない(1)。

(1)　スミスの叙述の仕方には問題がないわけではない。スミスは労働生産力の増大の原因として分業をまず考察したが、彼にとって、分業は工場内の分業(本来の分業)であると同時に、社会内の分業(拡大された意味での社会的分業)であった。後の意味において、分業はすなわち交換であり、それは市場の大きさと相関的な関係を持つことになる。かくて交換の用具としての貨幣がまず問題となり、価値尺度としての貨幣はそのつぎの問題となる。市民社会はまず商品流通の社会としてとり上げられ、つぎに商品生産の社会としてとり上げられる。少なくともスミスの貨幣論のとり上げ方にはこのような特徴がある。これはマルクスの叙述方法とはまさに正反対であることを指摘しておかなければならない。

スミスの貨幣論は、リカードのそれと同様に、典型的な商品学説またはいわゆる金属主義の立場をとっている。近代的な貨幣理論(名目主義)の発想からみれば、古典的な金属主義の思想などは理論的にも実際的にもすでに克服されてしまった、時代おくれの旧説としか映じないであろう。しかし金属主義の強味は、貨幣の本質と機能をその生成発展において捉えうること、および商品と貨幣との内面的連関を正しく把握しうることに存している。名目主義の立場においては、発展の系列において最後の段階に属する貨幣機能を貨幣本質とみる傾向があるから、貨幣の素材や形態上の区別はそれほど重要なものでなくなり、むしろ金属貨幣より信用貨幣へ、[1]信用貨幣より不換紙幣への発展のうちに、貨幣の現物からの脱皮と貨幣本質の純化の過程をみようとする。かくて名目主義の立場においては、貨幣と価格とは同名異語となり、貨幣の価値は物価指数の裏返しにすぎなくなり、したがって価格論のほかに価値論を設ける必要も解消するのである。しかし名目主義の見方が、歴史の発展により、すなわち金本位制度の崩壊と不換紙幣制度の外見的な勝利により、現実の裏づけをかちえたかにみえる世界的インフレーションの時期に、かえって物の数量と貨幣の数量との直接的関連、すなわち貨幣から物への換物傾向が不可避とならなければならないということは、名目主義にたいする歴史の批判でなくてなんであろう。財の数量と貨幣の数量との比率、換言すれば、商品と貨幣との関係を考えるということは、もはや価格の面を超えた価値の立場を予想するものであって、それは名目主義の立場からは如何ともすることのできないものである。金属主義が信用貨幣や不換紙幣の現象をいかに説明するかという高次の問題はしばらく別として、商品と貨幣との内面的統一の見地を与えた点で、金属主義は少なくとも、貨幣および価格現象の正しい分析の第一歩を踏み出したものといえるであろう。(2)

(1) 前掲ヒルデブラントの発展段階説は、このような発想から生れている。名目主義的貨幣観を前提していることは明らかである。

(2) 第二次世界大戦後の今日といえども、金にたいする世界各国の飽くなき欲求は衰えていないばかりか、ますます増大する傾向を示している。英、米、仏、独、日を中心とする資本主義体制の世界貨幣政策はこの方向に向けられており、これに対応して、社会主義体制の側でも、世界貨幣としての金にたいする意義はけっして抹殺できないものとなっている。

スミスはもちろん金属貨幣の発達をかなり図式的に、目的合理的にとり扱っている。(1) しかしスミスがここで到達した結論は、貨幣はまず「商業の要具」あるいは「流通の大車輪」であり、つぎに「価値の尺度」であること、そして価格はこの価値の貨幣的表現だということである。だからスミスは交換価値のほかに使用価値の存在とその意義に気づきながらも、(2) 貨幣との関連における価値、すなわち交換価値の分析に入ったのである。

(1) 貨幣の発生に関するスミスの説明は、一見歴史的経験的であるようにみえる。それは家畜・塩・貝がら・たら・タバコ・砂糖・なめし皮・釘のような物財から、しだいに銅・銀・金へと定着し、最後に国家の刻印を持った鋳貨として現れる。しかしスミスのこの説明は他面合理的図式的であることを見落してはならない。それは「ある思慮ある人」の知恵と工夫から生れたものとも説かれているのである。

(2) スミスが用いた水とダイヤモンドの例は——これはスミスの独創ではないが——後の経済学者から「価値のパラドックス」としてとり上げられている。主観価値論の立場に立つ人びとは、スミスがせっかくこの事実に気づきながらそこに問題を見出しえなかったことを遺憾としているが、しかしスミスにとっては質的な使用価値ではなく、量的な交換価値の分析が問題であったのである。ただしスミスは地代の説明においては、一旦切りすててしまったはずの効用価値論に助けを求めているようにみえる。主観価値論の立場に立つ人はこの点を重視するのである。

ところで金属主義の立場にとり特異なことは、貨幣それ自体が一つの商品だということである。貨幣は一方においては普通の商品流通の規定を受けながら、他方では貨幣商品としてとくに貨幣流通の規定を受ける。特定の商品が貨幣商品として分化し発展してきた過程は、一面からみれば、現物経済から貨幣経済への長い歴史の過程であり、他面からみれば、質的な使用価値の世界から量的な交換価値の世界への論理的発展過程であるが、名目主義がこの両面の過程を理論上別個のものとして峻別するのにたいして、金属主義はこの過程を統一して理解しようとする。ここに名目主義の機能主義(1)と金属主義の発生主義との対立が存している。貨幣が現に何であるか、それが金貨であるか紙幣であるかということではなく、貨幣がどこから、どのようにして現在そこにあるようになったのか、これが金属主義にとっての問題なのである。金属主義にとって、貨幣とは個別的商品ではなくして、何よりもまず一般的商品でなければならない。だから、金属主義がいかに素朴であるとしても、金がそのままに貨幣ではないこと、貨幣とは価値の一般的表示であることについて、何らの疑いを持っていないのである。かくて問題は、価値とは何であるかという点に帰着する。

(1)　機能主義の立場においては、貨幣の素材はどうでもよい。「貨幣とは貨幣のなすところのものである」という貨幣本質観がここから生れる。この見方によれば、本来の貨幣と信用券の区別はもとより、それと商品券との間の区別もまったく失われる危険さえあるであろう。

アダム・スミスは、金および穀物がともに価値の尺度として信頼できないことを論じた後で、「ただ労働だけが唯一の普遍的で正確な価値尺度 the only universal and accurate measure of value である」と結論した(『国富論』三〇頁)。一般的商品としての貨幣は一つの商品すなわち金銀であるから、その価値は他の商品の価値と同様に変化する。金銀の価値は、これを短期すなわち年々の変動についてみれば一応不変とみることができるけれども、これを長期すなわち世紀から世紀についてみれば甚だしく変動する。これに反して穀物の価値は、年々の変動は大きいが、世紀から世紀にかけての変動はほとんどないものとみることができる。なぜなら、同一量の穀物価格は短期的には変動してやまないけれども、長期的には同一量の穀物をもってほとんどいつでも同一量の労働を支配することができるから、というのである。この理由により金も穀物もともに価値尺度としては十分の適格性を持たない。かくて短期長期を通じて変らない普遍の価値尺度としては、ただ労働あるのみということになるのである。多くの研究者が指摘するとおり、普遍の価値尺度 universal measure of value を導入しようとするアダム・スミスのこの努力のうちに、スミス労働価値論の致命的欠陥が横たわると同時に、一般に労働価値論の全核心が存するのである。

一般に労働価値論の基礎には等価交換の思想が前提されている。商品Aと商品Bとが等価であるということは、AとBとがある一定の価値尺度で測定してみて等しいということを意味する。そこでもしある不変で正確な価値尺度が見出されるのでなければ、AとBとの等価関係を理論的に基礎づけることは不可能となるであろうし、そしてAとBとの等価関係を理論的に基礎づけることが不可能となれば、これに基いて主張されるフェア・プレイ(自由競争)の要請もその理論的支柱を失うに至るであろう。スミスをはじめ古典派経済学にとっては、等価関係の実現はとりも直さず流通の正義の実現であり、交換における自然秩序の実現であったのである。かくして不変の価値尺度を追求することは、彼等の最も重要な理論的努力の中心とならざるをえなかったことが知られる。(1) 金銀や穀物(換言すれば手に触れてみることのできる特定の商品)をもってこの要求を満足させえないことを知ったアダム・スミスは、抽象的な観念である労働に究極の基礎をおこうとした。ここには論理の飛躍があるようにみえるけれども、このような推論の基礎には自然法思想があったものとみなければなるまい。だから労働価値論なるものは、思想的にはやはり自然法思想に根ざしていることが知られるのである。スミスのいわゆる「抽象的観念」abstract notion としての労働がはたして不変の価値尺度でありうるか否かは別として、われわれは何よりもまず、古典学派がそれ自身変化することのない絶対正確な価値尺度を追求することによって、市民社会の統一原理を見定め、市民社会の全体観に正確な数量的表現を与えようとしたことを理解しなければならない。(ここに思想と科学の統一をみよ。)この意味で、スミスの労働価値論は、生産力の体系としての市民社会をその全体性において把握し、精密化したものだといえる。イギリス古典学派はスミスの労働価値論によって、初めて市民社会の統一性と全体性の自覚に到達したものといえるであろう。

(1)　リカードがその『経済学および課税の原理』(第一章第六節)において、不変の価値尺度 invariable measure of value を求めながらついにそれをえるのに成功しなかったことは有名である。しかしリカードは最後まで絶対価値 absolute value の探究をやめなかったことがその遺稿から明らかにされた。

けれども不変の価値尺度としての労働、もしくは抽象的観念としての労働についてはどうであろうか。スミス労働価値論の致命的欠陥と全労働価値論の核心は、この問題をめぐって争われるであろうから、以下スミス労働価値論における労働の概念についてもう少し詳細に吟味してみよう。

概括的にいって、スミスにおける――リカードにしても結局同じことであるが――労働の概念には三つの意義がある。それは価値の源泉としての労働と、価値の尺度としての労働と、価値の実体としての労働である。

1　価値の源泉としての労働

第一に、労働は価値の源泉である。世界の最初の貨幣は金銀ではなく労働であった。労働は「本原的購買貨幣」the original purchase money であった(『国富論』三〇頁)。この点で貨幣商品＝一般的商品である金銀は、穀物と同様に労働の生産物にすぎないのである。周知のとおり、スミスは一方ではマーカンティリストの見解を痛撃して、富は貨幣から成るものでなく、財貨さえ持っておれば「貨幣はつねに財貨を追いかける」ものだとしたが、他方ではフィジオクラートの見解を批判して、農業労働だけが純収穫を産むという思想を却け、工業労働にも生産的性格を認めようとした。かくしてアダム・スミスは、富の生産における貨幣的外被の桎梏から免れるとともに、その現物的制約からも解放されることができた。スミスが、まったく正当にも、価値の源泉としての労働の観念に到達したのはこの故であった。「あらゆる国民の年々の労働は本来その国民が年々消費するところのすべての生活必需品と便益品とを供給する資源であって、その必需品と便益品とはこの労働の直接の生産物であるか、あるいはその生産物をもって他国民から購入したものである」という『国富論』序節冒頭の一句は、スミスの思想史的立場を示すとともに、スミスの理論的立場をもよく示している。

厳密にいうと、富と価値とはけっして混同してはならないことは、後にリカードがその著『経済学および課税の原理』(D. Ricardo: Principles of political economy and taxation, 1817, Chap. 20.)の中で指摘したとおりである。富の源泉は土地(自然)と労働であるが、価値の源泉はもっぱら労働である。リカードが後に鋭い理論的感覚をもって峻別したこの重要な区別を、スミスは必ずしも忠実に厳守しなかった。前にも一言し、後にもっと明らかにされるように、スミスは価格の構成要素を考えるに当って、賃銀、利潤、地代がそれぞれ独立の価値の源泉であると考えたり、また地代の分析に際しては、土地を労働とともに価値の源泉であるかのように説いた。これは理論的分析において随処に現れてくるスミス的混乱のほんの一例にすぎないのである。しかしいまわれわれがとり上げようとする『国富論』第一篇第五章に関するかぎり、労働が価値の源泉とみなされていることにまちがいはない。ここではスミスはどこまでも労働生産力の立場を貫こうとしているようにみえる。すなわち生産力はすべて労働生産力として表現され把握されようとするのであって、これはスミスの経済理論を根本的に理解する上からみても、労働価値説の発展史からみても、すこぶる重要な一節であるといわなければならない。

スミスにとっては、一つの財貨を持っていてそれを自ら消費するのでなく、これを他人と交換しようとする者にとってその財貨の有する価値は、それを所持することによって節約される「労苦と煩労」toil and trouble に等しい。換言すれば、商品の価値はそれを生産するために必要である労働の量に等しい。そこで第五章の第二パラグラフにおいてスミスはつぎのようにいう。「あらゆる物の真実価格、すなわち、あらゆる物がそれをえようとする人に真実に支払わせるところのものは、それをえるための労苦と煩労である。あらゆる物は、それをえてそれを売却しまたはそれを他の物と交換する人にとって、真実にどれだけの値があるかといえば、それによって彼が自ら省くことができる労苦と煩労であり、またそれが他人に課することができる労苦と煩労である。貨幣または財貨をもって物を買うとき、それは労働をもって買うのであって、それはあたかも、われわれが物を獲得するのは自己の肉体の労苦によるのと同じことである。この貨幣またはこの財貨は、実にわれわれにこの労苦を省いてくれる。それには一定量の労働の価値が含まれているので、われわれは、このとき、同量の労働の価値を含むと考えられる物と交換するのである。かくて労働は、最初の価格であった。すべての物にたいして払われるところの本原的購買貨幣であった。世界におけるすべての富がはじめて買われたのは、金または銀をもってしたのではなく、労働をもってしたのであった。だからこの富を所有し、それを新しい生産物と交換しようとする人びとにとって、この価値は、それが彼をして購入しまたは支配させうるところの労働の量に正確に等しいのである」(『国富論』三〇―一頁)。『国富論』の全篇を通じて価値の源泉としての労働の思想を、すなわち労働生産力の思想を、これほどまでに明確に打出した箇所は少ないであろう。

スミスの説明によれば、あらゆる物の真実価格 real price は、労働における価格 price in labour、すなわちそれを生産するために投下された労働量によって決まる。一つの物は「一定量の労働の価値」(一定量の労働に等しい価値と読むべきである)を含んでいるから、これを所持していることは、その所有者にそれだけの労働を省かせ、あるいはそれと同量の他人の労働を購入しまたは支配させることとなる。もし労働が価値の唯一の源泉であるとするなら、商品の価値はそれを生産するために費やされ、投下された労働の量、すなわち投下労働量によって決まるといわなければなるまい。だから、いわゆる投下労働説が労働価値説の本流をなすものと考えられるべきである。この場合、労働の価値といったようにすこぶる不正確な表現――労働の量によって測られた価値という意味であろう――は別として、この引用句に現れたスミスの所説は、いわゆる投下労働説を支持するものとみるのが解釈として自然であろう。しかしマルサスは周知のとおり、一つの物に含まれている労働量(投下労働量)と、これを所持することによって購入しまたは支配する purchase or command ことのできる労働量(支配労働量)とは異るものであるとし、スミスは右の一節およびその他の箇所においてこの二種の労働量を混同していると批判するのである(R. Malthus: The principles of political economy, 1820, Chap. 2, Sec. 4.〔小林時三郎訳『経済学原理』一九六八年〕)。しかしながら、マルサスの批判は当をえていないように思われる。一つの財貨が労働の所産であること、したがって、そのことに基いて、他の財貨の中に含まれているそれと同量の労働を購入しまたは支配できるとスミスは述べたまでであって、マルサスの批判のように、スミスが同一の章句の中で無造作に投下労働説と支配労働説とを混同したものとみることは許されない(1)。支配労働説というのは、一つの商品を生産するために投下された労働量ではなく、その商品をもってどれだけの労働量を購入しまたは支配できるか、換言すれば、その商品はどれだけの労働者を雇傭できるか、ということに着目するものである。そうだとすれば、支配労働説にとっては、価値決定の基準は商品の生産過程に存しないで、むしろ流通過程に、すなわち具体的には賃銀の決定関係に存することになる。ところが、賃銀の決定はそれ自身価格決定の領域に属する事柄であるから、すでに商品の価値規定を前提しているといわなければならない。少なくとも価値と所得(賃銀)との混同があるといわなければならない。かくて、支配労働価値説はけっして本来の意味における価値説ではないことが知られる。それは価格の説明のために価値を持出し、その価値を説明するためにふたたび価格に逃げこむという、悪しき循環論の上に立つものである。

(1)　マルサスのこのスミス批判に基いて、多くのスミス研究家は、スミスが同じ章句のなかで、無造作に投下労働説と支配労働説との矛盾混同を犯したものと考えるようになった。けれども、少なくともこの章句に関するかぎり――他の章句については必ずしもそうではないが――このように軽率な批判は許されないであろう。混乱の原因は、マルクスが指摘したように、労働の価値という曖昧で、見方によってはまったく無意味な語法の中にある。マルクスがこれを批判して、労働力の価値という明確な概念を打立てたことは改めていわずもがなである。これは語法や表現の問題でなくして思想の問題である。

マルサスは自己の支配労働説――それは結局需要供給説の一種である――を鋭く摘出するために、スミスにたいするやや苛酷な批評をあえてすることになったが、しかしこの一節とは別に、スミスの所説が支配労働説的な考え方を含んでいることは疑いをいれない。そしてこの支配労働説的な考えは、第六章以下『国富論』の叙述が進むにつれてますます明確な形をとってくるようにみえる。そのかぎりでマルサスの批判はまったく妥当であるといえる。たとえばさきに述べたように、スミスは金銀が価値の不変の尺度として十分に役立たないことを示した後で、穀物をもってこれに代置させようとした。ところが、価値の不変の尺度として、なぜ他の財貨ではなくとくに穀物が選び出されたのであろうか。スミスによれば、一般財貨の価格には名目価格と真実価格の区別があるように、賃銀には名目賃銀 nominal wage と実質賃銀 real wage の区別をなすことが必要である。完全な自由競争が行われるかぎり、実質賃銀は労働者の最低生活資料の価値に落ちつくものと考えられる。だから、労働者の生活資料すなわち穀物をもって価値尺度としようという考えはけっして突飛な思いつきではなく、むしろきわめて自然なアイディアというべきであろう。というのは、労働者一人当りの生活資料は長期間にわたって大体不変と看做されるであろうから、逆に穀物の一定量をもって購入しまたは支配できる労働の分量(労働者の数)もまた大体不変であると考えられるからである。かくて労働の名目価格は短期的には変動してやまないにもかかわらず、労働の実質価格は長期的に不変であるというアイディアが自然に生れてくるであろう。この思想がいわゆる支配労働価値説の基礎をなしており、スミスもまたこの思想に一部感染していたように思われる。その意味では、マルサスの批判はあながち不当ではないといいうるのである。

しかしながらスミスは、リカードのように投下労働価値説を貫徹しなかったことは真実であっても、けっしてマルサスのようにもっぱら支配労働価値説を祖述することによって労働価値説そのものを根柢から放棄することはなかった。もし『国富論』を最後までこの観点から注意して読むならば、人はいわゆる支配労働説的な考えと投下労働説的な考えとがいたるところに共存していることを発見するであろう。思うにこの関連において重要なことは、スミスの所説が投下労働説であったか、それとも支配労働説であったかということではない。(それは後世のスミス研究者、とくにマルクス研究家にとっての関心事である。) 肝腎なことは、すでに商品に含まれている労働の価値が問題なのか、それとも、これから商品に含まれようとしている労働の価値が問題なのか、という一点にある。すでに商品に含まれている労働の価値は、マルクスの表現を借用するならば、商品に対象化された労働であるのにたいして、これから商品に含まれようとする労働の価値は、生きた、価値を生産する労働のことである。したがって、この場合「労働の価値」といういきわめて曖昧な表現が二重の意味に用いられ、一方では労働価値説の確立に、他方では労働価値説の否定に役立っていることが注意されるべきである。エンゲルスのいうように、実に「労働の価値」という表現こそは全古典学派の躓きの石であったといってもけっして過言ではないであろう。そしてこのことは溯って、スミスが最初に措定した price in labour の思想の中に宿されていたものとみることができるであろう。

2　価値の尺度としての労働

第二に、労働は価値の尺度として観念されうる。もし労働が価値の源泉であるならば、この同じ労働をもって価値の尺度としようとする思想ほど自然なものはあるまい。事実、ペティ(1)以来の労働価値論思想の発展をみるに、価値の源泉としての労働の観念と価値の尺度としての労働の観念とは、思想上重なり合い連関していた。ペティから学ぶところのあったアダム・スミスも、価値の源泉としての労働について語ると同時に、いな、それに先立って、第五章の第一パラグラフにおいてつぎのように述べている。「およそ人が富んでいるか貧しいかは、彼らが生活の必需品、便益品ならびに娯楽品を享受しうる程度に応ずるものである。しかしながら一度分業が行われるようになると、彼自身の労働が彼に供給するところは、これらの財貨のきわめて小部分にすぎなくなる。彼はその大部分を他人の労働から獲なければならない。それで、彼は、彼の支配しうる労働の量、言葉を換えていえば、彼が買うことのできる労働の量によって、あるいは富みあるいは貧しからざるをえないのである。そこで、ある商品の価値は、それを持っていても、それを自ら使用しまたは消費しようとする考えはなく、それをもって他の商品と交換しようと思う人にとっては、その商品が彼をして購入させ、また支配させるところの労働の量に等しい。だから、労働はすべての商品の交換価値の真実の尺度である」(『国富論』三〇頁)。

(1) 「労働は富の父であって、自然はその母である」というのがウィリアム・ペティの根本思想であった。ペティはこの思想に基いて、銀およびその他の財貨の価値をそれの生産と搬出に費やされた労働の分量をもって測定するという方式を提案した(なおこれらの点については松川七郎『ウィリアム・ペティ』一九六七年、とくに第四章を参照)。

このように、労働が交換価値の真実の尺度であるという命題は、労働が価値を生産するという思想のきわめて自然な帰結であるようにみえる。しかしながら、この帰結は理論上けっしてそのように簡単な作業ではない。というのは、交換価値の尺度としての労働の観念をいかに規定するべきかという困難な問題がまず発生するからである。個々の労働は質的差異を持っている。具体的に価値を生産する労働は、このように個別的な労働として存在する。しかるに交換価値の尺度としての労働は、いうまでもなく、一つの抽象的な観念であり、したがって質的規定を越えた数量的観念である。質的労働の差別性をいかにして量的労働の無差別性に還元することができるか。これが労働価値論の全核心をなす根本問題の一つであるのであるが、スミスの苦心もまたこの問題の解明に存した。スミスはこの難問を二つの方面から解決しようと努めた。すなわち第一には、交換価値が元来比例的価値であることに着目して、異質労働の相対的比例的関係が定まるなら、実際上異質労働を単純労働に還元する困難を避けつつ価値尺度としての労働の思想を貫くことができると考えた。しかしこの考え方は便宜的なもので彼自身をさえ十分に満足させえない憾みが多かったように思われる。彼はそこで第二に、抽象的観念 abstract notion としての労働を直接にかかるものとして規定しようとした。けれども、この第二の試みは第一の試みと同様に、当面の問題を解決するのに何ら役立つところはなかった。以下その点について考察を進めよう。

まず第一に、単純労働と複雑労働との関係についてスミスはいう。「労働はすべての商品の交換価値の真の尺度ではあるが、その価値が普通測られるのはそれによるものではない。二つの異った量の労働の比を確定することは、しばしば困難である。二つの異った仕事に費される時間のみでは、必ずしもこの比を定めることはできない。そのために忍んだ困難の程度ならびにそのために用いられた工夫の大小もまた同様に計算に入れなければならない。一時間の困難な作業は、二時間のやさしい仕事よりもより多くの労働を含んでいることがある。また、それを習得するのに十年の労働を必要とする職業においての一時間の勤務は、普通の簡単な業務の一カ月の勤労よりもより多くの労働を含むことがある。しかしながら、困難や工夫というものの正確な尺度を発見するのは容易なことではない。種類の異った労働の生産物を相互に交換するに際しては、通例これら両者にたいして多少の参酌を加える。けれども、それは正確な尺度によってなされるものではなく、市場の折衝によってなされるものであって、大体の公平がえられればよいので、たとえ正確ではなくとも日常生活の仕事をやってゆくのには、それでさしつかえがないのである」(『国富論』三一頁)。

スミスが、ペティにならって労働の量的規定の基礎に時間をおいたのは正しいが、同一時間に行われた仕事の質的差異を量的差異に還元するのに市場の折衝 higgling and bargaining of the market を持出してきたことには、何人も当惑の念を禁じえないであろう。理論的にはここにスミス労働価値論のもう一つの難関が待ち伏せしていたことは否定できないであろう。スミスはさきに労働の価値を定めるのに、ときとして支配労働説に縋ろうとした。これがスミスにとって最初の難関であった。市場の折衝によって労働の質的規定を行おうとする試みは、それにも増して大きな難関であった。それは理論上労働価値説の放棄も同然の措置だからである。(1) 明らかにそれは一つの循環論法という非難が起りうるであろう。いかにも、交換価値の真実の尺度は、このように便宜的な大まかな仕方で確定できるものではけっしてないであろう。そこで批判者たちの論評をまつまでもなく、第二のもっと理論的な確認の試みがスミス自身によってなされる。

(1) 労働価値論を徹底させる点ではるかにスミスを凌駕したリカードさえも、この問題についてはまったくスミスと同様に「市場の折衝」を持出している。これはリカードが価値を主として関係的比例的に考えた結果でもあるが、しかしそのために彼の論理的難点が救われるものではなかった(なお後の「価値の実体としての労働」の項を参照)。そして、スミスやリカードを悩ましたこの問題はマルクスにも引き継がれる。ここでわれわれがいいうることは、この問題に一義的な解明を与えるためには、マルクスが試みたように、何よりもまず価値の本質または実体についての理論的な究明が先行しなければならない、ということである。そしてこのことは、古典派経済学とマルクス経済学との方法論的な比較検討の問題にまでわれわれを導くであろう。

ここに第二の、もっと理論的な仕方というのは、抽象的観念としての労働を、そのままに、すなわち抽象的な次元において基礎づけようとするスミスの試みを指すのである。スミスは、金銀もまた他の商品と同様に労働の生産物であるからその価値が変動するものであると説明した後でいう。

「たとえば、人間の足の長さとか、一尋の長さとか、一握りの量とかいうようにそれ自身つねに変化する尺度は、他の商品の量を正確に測りえない。それと同様に、それ自身の価値が絶えず変化するところの商品もまた、他の商品の価値の正確な尺度となることはけっしてできない。労働の相等しい量は、いついかなるところにおいても労働者にとっては相等しい価値を持つといってよいであろう。健康と体力と精神が普通の状態であり、熟練と技巧の程度もまた普通であるならば、彼は同一の労働に対しては、つねに同一量の安楽と自由と幸福とを犠牲にせざるをえない。彼が支払う価格は、彼がそれの報酬として受けとるところの財貨の量如何にかかわらず、つねに同一でなければならない。その労働をもって購いうる商品は、実際あるときはより多くあるときはより少ないであろうが、変化するのはそれら商品の価値であってそれを購入する労働の価値ではないのである。いついかなるときにおいても、それをえることが困難であるもの、またそれをえるのに多くの労働を要するものが高価であり、それをえることが容易であるもの、または非常に僅少の労働をもってえられるものは安価である。だから、ただ労働のみがそれ自身の価値において不変であって、それのみが、すべての商品がすべての時代すべての場所において、測定され、比較されるところの究極の、そして真実の標準である」(『国富論』三二―三頁、傍点は引用者)。

価値尺度としての労働の概念を検出するのに、『国富論』の全体を通して、この箇所ほど理論的に重要であり、かつ問題となるべき箇所は少ないであろう。ここでスミスは、健康と体力と精神が普通の状態であり、熟練と技巧の程度もまた普通であるならば、労働者は同一の労働にたいしては、つねに同一量の安楽と自由と幸福を犠牲とせざるをえないから、等量の労働は、いついかなるところにおいても労働者にとっては相等しい価値を持つといってよいであろう、と述べている。しかし、スミスのこの説明は価値を主観的に解釈するものであって、価値を客観的に基礎づけようとする労働価値論の立場からは自殺的な論法であるとの厳しい批評を招かざるをえない。とくに主観価値論の流れに属する人びとから、労働価値論を基礎づけるのに主観主義的手法を用いることの矛盾が指摘された(アモン)ことはすでにみたとおりである。この批評はまことに理由のないものではなく、確実にスミスの弱点を衝いている。けれどもスミスのこの弱点はただちに主観価値論の優越性を証明することにはならない。そこから主観価値論への展開を論ずる前に、われわれはあくまでも労働価値論の立場から、もっと突込んでスミスの意図と発想を理解すべく努力しなければならない。

アダム・スミスが、等量の労働は労働者にとってつねに等しい価値を持つといい、あるいはまた、それは労働者にたいして同一量の安楽と自由と幸福の犠牲を意味するといったとき、たしかにスミスの表現は紛らわしく不正確ではある。けれどもここでスミスは、価値の主観的性質について考えていたのではなく、反対に労働者の人間的な等一性について考えていたものと解すべきである。すでに述べたことではあるが、スミスの労働価値論は自然法的な人間観および社会観の上に立っている。だから労働者は、ここでは人間一般として、あるいはたんに市民社会の構成員たる一市民として、一アトムとして、抽象的に把握されているにすぎないのである。このような意味における労働者は、たんに労働の主体として、一個の平等な人間としての意味しか持たないものである。それはたとえば、ロックが財産の絶対不可侵性を、自由で平等な人間の労働投下という思想の上に基礎づけたのと同一の、自然法的人間観に立脚しているのである。(1) 労働はこのように平等な人間の安楽と自由と幸福の犠牲であるからこそ、同一量の労働は労働主体たる労働者にとってつねに同一の価値を持っており、また持つべきものと考えられる。ここから等価の思想が生れてくるのであって、それが労働価値論の思想的基盤をなしていることは既述のとおりである。だから、スミスがここで労働者といっているのは、発達した工場生産の下での単一化された工場労働者を指すものでないことはむろんのこと、資本と労働との対立という資本主義社会の具体的な階級関係からも独立した人間労働一般を指しているものとみられるであろう。さればこそそれは「時所を超越した不変の価値尺度」であるということができたのである。たとえばスミスによると、資本の蓄積と土地の私有に先立つ社会の初期において、一頭の海狸を捕えるのに二日の労働を要し、一頭の鹿を捕えるのに一日の労働で事足りるならば、海狸一頭は鹿二頭と交換される。すなわちこの段階においても、一人の労働者の二日または二時間の労働の生産物は、他の労働者の一日または一時間の労働の生産物の二倍のものと交換される。またこのように交換さるべきである。だから、スミスやリカードが不変の価値尺度を求めてやまなかったその志向の背後には、労働の一般的等価関係を設定しようとする意図があったことも想像に難くないのである。

（1）　スミスにとって私有財産は市民社会の最も基本的な制度であり、財産権は「最も神聖で不可侵な人権」の一つである。これはスミスがロックから受け継いだ思想である。スミスは『国富論』において、ロックに言及することは比較的少ないけれども、経験的自然法という方法態度において、ヒュームよりもむしろロックに近いとみるほうが正しいであろう。

けれども、スミスが試みたような抽象的超歴史的な価値尺度の規定の仕方では、まだ十分人をなっとくさせることはできない。スミスの価値尺度論はまだ依然として自然法的発想の枠組の中に捉えられており、労働の形而上学から自由ではないという批判を免れないであろう。一般に、労働価値論が労働の質から量への転化を予想し、抽象的一般的人間労働の観念を前提するものであることは明らかである。これはいかにして可能であろうか。それは人間をあらかじめアトム化し、すべて同等の抽象的人間として措定することによって可能となるものではない。

労働の質から量への転化、ないしは具体的個別的な労働から抽象的一般的人間労働への発展は、われわれの頭脳の操作によってもたらされるものではなく、それ自身が一つの具体的な歴史的過程である。それは一方においては貨幣流通経済の発展過程と、他方においては機械的大量生産の発達と関連する。換言すれば、抽象的人間労働の成立過程は、商品流通ならびに資本主義生産の発展に伴う一つの歴史的過程なのである。したがって、価値尺度としての人間労働を、スミスのような自然法的立場から、超歴史的に基礎づけようとしても成功することはできないことが知られる。この問題を明らかにするためには、後にマルクスが示したように、商品生産と貨幣の発達と、資本主義的生産と労働の機械化過程とを、歴史的理論的に把握することが要求される。マルクスも指摘するとおり、スミスをはじめイギリス古典派経済学の人びとが抽象的普遍的労働の観念に達したことは、彼らの市民社会認識が底まで深まったことを意味するものであって、このこと自体が産業の発達という歴史的過程の結果であったといわなければならないだろう。スミスの意識にはこのような歴史的事実が反映されていたものとみることもできる。もしそうだとすれば、われわれは彼の労働尺度論の抽象性を非難する前に、むしろその自覚の深さを評価すべきであるともいいうるであろう。

3　価値の実体としての労働

労働は価値の源泉および価値の尺度であるとともに、最後に、第三の意味として、労働は価値の実体であるとも考えられる。労働が価値の実体であるという思想は、スミスやリカードにおいても存在はするが、きわめて稀薄であるといえる。ことに後の経験科学者の立場からは、価値実体としての労働という考えは一つの価値形而上学に通じるものと非難されることも多いのである。けれども、ちょうど経験的自然法の立場が、経験に即して一つの自然秩序を捉えようとするものであるのと同様に、価値尺度としての労働の第二の観念は、価値実体としての労働の第三の観念に依拠するといわざるをえない。この二つのものは相即不離の関係にあるのである。価値をただ比例的関係的にのみ捉えるなら、価値尺度の不変性を基礎づける作業だけで十分であろうが、しかし二つの価値の比例的関係(交換価値)というものは、すでに論理的にいって価値そのものを予想しているといわなければならない。したがって、価値の尺度を基礎づけるためには、尺度の価値そのものを基礎づけることが要求されるのである。(リカードが終生絶対価値への探求を断念しなかったのは、こうした理由によるものと推察される。)労働が価値の尺度として用いられるということは、労働が価値の源泉だとされるからである。したがって、この場合には測るものと測られるものとの間に、すなわち尺度と対象との間に同質性が存在している。すなわち労働は価値の内在的尺度なのである。それは水銀柱の高さによって温度を測る場合のような単純な外的指標的関係ではない。それは物指しをもって物の長さを測る場合に似ている。物指しを造るためには長さそのものについて一般的な規定が必要であるように、価値尺度としての労働は価値そのものとしての労働の規定をまず要請するのである。

ところで、事実として、スミスもリカードもともに、価値の実体としての労働の観念を許している。われわれはこれを相対的価値にたいする絶対的価値の観念といいうるであろう。たとえば、スミスは第六章において商品の価格が賃銀と利潤と地代に分解することを説明するに当り、資本の蓄積と土地の私有が行われていない状態をまず想定し、そこでは労働の全生産物の価値が労働者に帰属するけれども、この二つの前提がとり去られた後では、労働者が材料に付け加えた価値は賃銀と利潤の二部分、ないしは賃銀、利潤、地代の三部分に分解すると説いた(『国富論』五〇頁)。あるいはまた後に、第二篇の第三章において生産的労働と不生産的労働の別を論じるに当り、材料に価値を付け加えるかいなかをもって生産的および不生産的労働の一つの区別の標識とした(同上、三一四頁)。これらの場合に労働者が付け加える価値という言葉は、もし絶対的価値の観念がなければ正当には理解しえないであろう。そして価値を比例的関係的に考える点ではスミスよりも一層徹底していたリカードが、かえって絶対的価値の観念を予想し、かつ公然と承認しなければならなくなったのは、むしろ当然の論理的帰結といわなければなるまい(1)。これはリカードの思想上の動揺を示すものではなく、反対に彼の理論的な徹底性を示すものである。もっともそうはいっても、古典派経済学が全体として価値の実体としての労働を強く意識し、あるいはそれにたいしてとくに大きな意味を認めたと解してはならない。ことにスミスの場合には、価値の源泉、尺度、および実体としての労働が随時に混同され、とり換えられている。これは一般にスミスの用語例の不明確さによるものであるけれども、結局思想の不明確さと概念規定の曖昧さに由来するものというべきである。

(1) この点はわが国のリカード研究によって十分明らかにされた。たとえば森耕二郎『リカード価値論研究』(一九二五年)および堀経夫『リカアドウの価値論及び其の批判史』(一九二九年)をみよ。しかしわが国のリカード研究は、それ以後十数年にわたり、ほとんどみるべき進歩をみせなかったように思われる。戦後スラッファの手によって刊行されたリカード全集は、この点についてわれわれに大きな刺戟を与えるものである。とくに絶対価値に関するリカードの遺稿がはじめて公表されたことは、われわれにとってすこぶる貴重な資料となるものである。

総じてイギリス経験論は、実体的なものの見方を拒否するか、少なくともそれを重視しない哲学思想だとされがちである。それはドイツ観念論の思弁性が実体的なものの神秘化を企てたことに対比させれば、ある意味では正しく、かつ十八世紀イギリス哲学の健全性を物語るものだといいうるであろう。しかしながらロックやヒュームの経験論がまったく実体的なものの見方を欠いていると考えることは、経験論の系譜を忘却した者の言であろう。もしイギリスにおける経験的自然法の発達径路にたいしていささかなりとも理解を有する者なら、実体なき機能、自然秩序なき現実秩序、絶対価値なき相対価値というようなものが一つの虚妄にすぎないことを知るであろう。十七、八世紀のイギリス人たちのすぐれた点は、実体を機能に即して、自然秩序を現実秩序に即して、絶対価値を相対価値に即して跡づけようとしたところに存するのであって、後者に溺れて前者を見失ったことに存するのではない。スミスの労働価値論を正しく理解するためには、このことを銘記しておかねばならない。

かくてわれわれは、労働の三つの概念のうち、何ゆえにスミスにあって第二の概念(価値の尺度)がとくに前面に出てきたのか、ということを了解することができる。もし労働価値論をたんに一個の思想としてではなく、一個の経済理論として、すなわち生産力の体系としての市民社会の基礎理論として確立しようとするならば、労働の三つの概念要素を統一的総合的にとり上げる観点(労働生産力の観点)と論理(労働価値の論理)がなければならないはずである。しかし不幸にしてスミスはこの問題をこれ以上追求しなかった。スミスは労働価値論の積極的な展開の上に、価格や所得や資本の理論を築き上げる代りに、むしろ価値の理論から独立に、より正しくは価値の理論を犠牲として、その後の問題をとり扱うほかはなかった。このようにしてスミスの経済理論体系には一つの大きな亀裂と混乱が生じたことはすでにみたところである。それは何よりもまず価格と価格要素をとり扱う第六章、および市場価格と自然価格をとり扱う第七章において、最も鮮明に露呈されている(次節をみよ)。

ここまで分析を進めてくると、スミスからマルクスへの距離はほんの一歩であり、両者の差異は紙一重であるように思われるかもしれない。マルクスにとっても、価値の源泉は生きた人間労働の支出であり、価値の尺度は単純労働に還元された労働の一定分量(労働時間)であり、そして価値の実体は無差別な人間労働の、すなわち「抽象的人間労働」の凝結にほかならないからである。しかしながらわれわれは両者の表見的な類似性に囚われて、その論証の実質的な差異を見逃してはならない。もし誰かが、スミスとマルクスの価値論におけるちがいは、たかだか鷲鳥と鴨のちがい、あるいは鳶と鷹とのちがいにすぎないといったとすれば、その人はイギリス経験論とドイツ観念論との方法態度のちがいについて、まったく無知であることを自ら告白するものであろう。アダム・スミスの経験的自然法の考え方といかに対決するかということが、マルクスにかぎらず、ドイツ社会科学者たちにとって共通の課題であった。このことはリストにとっても、ヘーゲルにとっても、シュモラーやヴェーバーにとっても変りがなかった。ただ一人マルクスだけが、スミスをはじめイギリス古典派経済学に属する人たちが遺した貴重な学問的遺産を自家薬籠中のものとなし、それをドイツ哲学の意識と方法をもって再構成し、そうすることによってスミスやリカードに新たな生命を与えることができたのである。スミスとマルクスの表見的な類似性をみることはたやすい。だからこそわれわれは、スミスのうちにただたんにマルクスをみるというような安易な注釈家的態度をいつも警戒しなければならないのである。

三　価格と収入

価値論に関する一応の考察を終り、われわれはつぎにスミスの価格論を検討しなければならない。ここで最も特徴的なことは、スミスにおいて価格と収入が同じ次元で扱われているということである。収入 revenue ないしは所得 income に対比されるべきものは、正当には資本であって価格ではない。だからスミスは第一篇で収入の問題を論じるに先立ち、資本の分析を行うべきであった。ところがスミスは、収入をたんなる価格構成要素 component parts of price としてとり扱おうとするのである。かくて収入に対比されるものは資本ではなくて価格となった。これは以下第一篇における理論的分析にとって大きな障害となったばかりでなく、第二篇資本の分析にとっても少なからず災いした(第一篇と第二篇はこの点からいって分離することが不可能である)。そしてその最終の原因が価値論の不徹底にあったことは、もう一度くり返し想起する必要がある。以下さらに立入ってこの点を中心に考察を進めることにしよう。

さてスミスに従えば、価格は究極において賃銀、利潤、および地代の三つに分解する。それは個々の商品をとってみても、社会の全商品をとってみても同じことであって、価格は結局のところ、これらの三つのうちの一つまたはそれ以上のいずれかのものに、残りなく分解するという。この意味で賃銀、利潤、および地代は価格の構成要素であるといわれたのである。スミスがこの結論を引き出すに至った筋道を検討することは、彼の経済理論体系の心臓部に触れることになるであろう。というのは、スミスはこの問題をめぐって、はじめの立場から他の立場へと突然急旋回を行っているからである。

そこでスミスに従えば、たとえば狩猟民族のような初期未開の社会においては、労働の生産物はすべて労働者に属する。そしてある財貨の生産または獲得に普通に要する労働の量は、通例その財貨をもって購い、支配し、またはそれと交換される労働の量を規制しうる唯一の事情である。しかし資本がひとたび特殊の人びとの手に蓄積されるやいなや、その資本にたいする利潤としてあるものが与えられなければならないので、この場合には労働者が原料に付け加える生産物の価値は賃銀と利潤とに分れる。すなわちこのような事態の下では、労働の全生産物は必ずしも労働者に属しない。生産物は労働者と資本家との間に分割される。またこうなれば、ある財貨の獲得または生産に普通に要する労働の量が交換価値決定の唯一の事情ということもできない。資本の利潤にたいして別に追加量が支払われなければならない。これとまったく同様に、土地が共有であった場合には、労働者はその自然的生産物を採取する労をとりさえすればよかったものを、ひとたび土地の私有が行われるやいなや、地主はこの自然的生産物の一部を地代として要求するに至る。そこで、賃銀と利潤のほかに地代が第三の要素として価格の構成に参加することになる(『国富論』四九頁)。

もっともこの場合とても、「価格の各種の構成部分の真実価値は、それらの構成部分が、その各々が購いまたは支配しうる労働の量で測られるものであることは、ここに注意しておかねばならぬ。すなわち、労働はそれ自身労働(傍点引用者――賃銀と読むべし)に分解するところの価格部分の価値を測るばかりでなく、地代に分解する価格部分、利潤に分解する価格部分の価値をも測るのである」(『国富論』五〇頁)。けれども、「あらゆる特定の商品の価格、すなわち、交換価値は、各別にとってみれば、これらの三つの構成部分のうちどれか一つまたはすべてに分解するのであるから、各国の労働の年々の生産物の全部を構成しているすべての商品の価格もまた、全体としてみれば、この三つの部分に分解し、労働の賃銀、資本の利潤、または土地の地代として、その国の種々の住民の間に分配されなければならない。かく社会の労働によって年々蒐集され、または生産されるところのもの全部、またはそれと同じことになるが、それの全価格は、このようにして、その社会の種々の成員のある者の間にまず最初に分配される。賃銀、利潤そして地代は、一切の交換価値の本原的源泉であると同時にすべての収入の本原的源泉である」(同上、五二頁)。

以上スミスの所説において、まず注目に値するのは彼の用語の不正確と論理の混乱である。たとえば労働と賃銀、働く人と労働者、あるいは生産物と価値とが、随処に混同もしくは同一視されている。一般にスミスの用語法の不正確さが叙述の一つの特色をなしているが、これは彼の思想の多義性および多面性と関係があるのである。そこでたとえば、右の説明において、賃銀と利潤は労働者が付け加えた全体価値の可除部分であるかのように説かれているかと思うと、すぐその後で、利潤は一つの追加量として計算される。地代は生産物の一部であることがそのままに価値の一部であることを意味し[1]、かかるものとして価格の第三の構成要素となっている。しかも労働は、価格のうち労働(これは正確には賃銀というべきところである)に分解する部分のみならず、利潤や地代に分解する部分の価値をも測るものとされる。換言すれば、一方では投下労働価値説の閃きが看取されるようにみえた瞬間に、労働はたんなる価値尺度にすぎなくなり、価値形成の上になんらの役割をも果さないことになる。そればかりでなく、この場合労働が価値尺度であるということは、価格が三つの収入部分に分解しなければならないという主張にたいして、何ら論理的な支柱として役立っていないのである。こうみてくると、スミスの労働価値説は、以下における彼の分配論にたいしてなんらの理論的基礎を与えていないことが知られるのである。たとえば、スミスは明らかに、賃銀、利潤、地代の三つはすべての収入の本原的源泉であると同時に、すべての交換価値の本原的源泉である、と結論してはばからないのである。かくてわれわれは知る。価値論の上に分配論が築かれるのではなく、価値論と分配論が短絡させられていることを。

(1)　この点については後段スミスの地代理論に関するわれわれの分析を参照のこと(一八二頁以下)。

これは鮮かな思想の転換である。そればかりでなく、明らかに論理の急旋回であり、さらにいえば救いがたい自己矛盾である。『国富論』第一篇第五章までは労働が交換価値の本原的源泉であった。しかるに第六章以後においては、その反対に、あるいは少なくともその思想と並行して、賃銀、利潤、地代が交換価値の本原的源泉となった。もちろんこの場合でも労働がすべての価格構成部分＝収入の尺度であるとは考えられているが（価値源泉論と価値尺度論の並行）、しかしこれに続いて分配の問題をとり扱う第七章以下においては、かような労働価値説的思想はほとんどまったく影をひそめているのである。スミスの脳中にはおそらく先人および同時代人のさまざまの所説が思い浮べられていて、これらの所説をなんとか一つの体系にまとめ上げることに惨憺たる苦心が払われたと想像すべきであろう。そうだとすれば、われわれとしては、スミスにおける用語例の不正確、論理の混乱ということよりも、その背後に存する思想の多面性に留意せざるをえないのである。

スミスがまず価格を収入に分解させ、この論理を裏返しにして、収入が価値（＝交換価値）の源泉であるという結論を引き出すに至ったことは、スミスが価値論をどこまでも徹底していって、これを正当に分配論の土台とするだけの理論的透徹性を持ち合さなかったことを意味するものではある。このような価値論放棄への萌しはすでに第六章の冒頭に存したかと思われる。すなわちスミスは、そこで、資本の蓄積と土地の私有に先立つ初期未開の社会（つまり前資本主義社会）と資本の蓄積と土地の私有が発生した後の文明社会（つまり資本主義社会）とを分けて考察し、あたかも労働価値法則はこの第一の段階にのみ当てはまるものであって、第二の段階においてはこの法則の作用が否定されるものであるかのように説いた。もちろんこの場合、スミス研究家によってしばしば誤り解釈されるように、スミスは価値法則や価格法則の歴史的妥当性を証明するために、いわゆる段階説風の説明を試みたのではけっしてない。スミスの考え方はむしろその反対である。スミスは、この初期未開の社会においても文明社会におけると同様に、労働者の範疇を用い、そのいずれの社会においても財貨の価格は賃銀、利潤、地代の一つまたは一つ以上のものの総和として現れていると考えた。すなわちスミスはここで、資本主義社会に特有なこれらの歴史的範疇を超歴史的な自然的な範疇として用いていることが知られる。(1) スミスがここで試みた段階的な説明の仕方は、ただ価格構成要素が文明社会においては一つ(賃銀)だけでなく、通例三つ(賃銀のほかに利潤と地代)であることを説明するための、いわば目的合理的な図式的説明方法であるにすぎなかったのである。それゆえに、スミスのこの未開社会においても資本は存在し、したがって労働価値説は前の段階におけると同様、後の段階においても妥当すると主張して、スミスに一矢を報いたリカードの理論的感覚は(リカード前掲書、ゴンナー版、一七頁)さすがに首尾一貫した鋭いものであった。これにたいして、スミスがここに展開した第二の道を歩いたのがマルサスであったことは前述のとおりである。

(1) スミスは役畜の賃銀という表現さえ用いているが、これに関するキャナンの脚注はいささかユーモラスな感じを与える。スミスはここで、役畜の賃銀が国民所得のうちに含まれ、したがって役畜そのものを国民の一部として計算すべきであることを見落している、とキャナンは評している(『国富論』五〇頁)。単純な考証や注釈の部分は別として、理論的部分に関するキャナンの注は、これを今日の水準からみると、概して本筋に触れない憾みが多い。これは、キャナンの注釈の古典的意義を考えてみるときに、むしろ一驚に値することであるかもしれない。しかしそれはスミスをみるキャナン自身の没理論的感覚がそうさせるところであろう。

さて、価格がその構成要素である三つの収入部分に残りなく分解するという考えにたいしては、資本ことに固定資本をいかに処理するべきかという問題が発生する。これにたいしてスミスは、賃銀、利潤、地代のほかに第四の部分が残りはしまいかと自問しながら、結局、機械器具等の固定資本もふたたび賃銀、利潤、地代のいずれかまたは全部に分解するがゆえに、この過程を押し進めていけば、いわゆる第四部分は消滅して、社会の全生産物の価格は残りなく三つの収入に分解すると自答した。こうして収入は資本から切断され、そのことによって収入は価格論の主題となった。しかしスミスのこの推理には、一つの致命的な誤謬が含まれていることを知らねばならない。この場合誤謬の核心は、価格を理論的に、または同じことであるが、時間的に、無限にさかのぼって分解できると考える抽象的な論理そのものに存している。もしこの無限分解の方法を押しつめていくならば、三つの収入のうち利潤はまず脱落して賃銀と地代だけが残り、(1) さらにこの分解を押しつめていけば、地代も脱落して賃銀だけが残るとも考えられよう。すなわち価格は究極において賃銀に分解するとの見解もあながち不可能ではないであろう。なぜなら、生産の最初の形態は自然から原料や食糧を蒐集することであって、ここではただ労働の投下があるだけであるからである。けれども、スミスのいわゆる初期未開の社会におけると同じく、そこに現れたものはたんなる労働および労働生産物であって、歴史的範疇としての労働者および賃銀ではない。歴史的範疇としての労働者および賃銀はすでに資本の存在を予想し、したがって当然に利潤の存在を予想する。これと同様に、歴史的範疇としての地代もまた当然に賃銀と利潤の存在を予想する。この認識は、市民社会が労働者、資本家、地主の三つの基本階級から成るという根本認識に照応するものである。それであるから、スミスやリカードやマルサスは、正当にも価格の分解過程をこの限度にとどめて、それ以上の抽象を行わなかったのである。

(1) 近代の発達した理論経済学者たちは、アダム・スミスの示した先例にならって、この抽象化の方向を徹底させた。しかし、たとえば賃銀と地代のみがあって利潤の存在しない静態というものは(シュムペーターの静態概念)一つの抽象的な幻想であるにすぎない(J. Schumpeter: Das Wesen und der Hauptinhalt der theoretischen Nationalökonomie, 1908.〔木村健康、安井琢磨共訳『理論経済学の本質と主要内容』一九三六年〕)。この幻想をもって資本主義社会の現実を説明しようとすることは、空気中においてのみ生活しうる生物の生態を、真空状態の仮説から説明しようとするのと同様に、明白な背理である。

しかし、収入という範疇を、生きた、市民社会の具体的な生産関係の中で理解するならば、賃銀、利潤、および地代という収入は、資本(固定資本と流動資本との両方を含む)の範疇なしに成立することもできなければ、これを想像することさえ不可能である。だから、価格が究極において収入部分に残りなく分解するという臆説の根柢には、賃銀、利潤、地代という歴史的範疇を超歴史的な自然的範疇として捉え、かくすることによって歴史的な市民社会を永遠化しようとする自然法的思惟の一面が顔を覗かせていることを知るのである。(1)

(1) しかしこれとは反対に、このような超歴史的な発想にもかかわらず、その実質において優れて歴史的であったという自然法的思考のもう一つの面を見落してはならない。ロック、ファーガスン、スミス、ヒュームなどその適例である。

収入ないしは所得というものは、スミス自身の説明(『国富論』第二篇第一章)に従えば、社会的総資財の一部であって、これを個人的に消費しても社会全体の単純再生産にいささかも損耗を生じない生産物部分である。賃銀、利潤、地代の三つは本原的収入であって、他の所得はこの本原的収入より生じた派生所得である。それゆえに、価格が三つの収入部分に残りなく分解するという見解は、個々の商品について背理であるばかりでなく、社会の生産物全体をとってみた場合にはもはや救い難い致命的な自家撞着に陥ることになる。資本と収入との現実関係においては、社会の全生産物が収入に残りなく分解しうるためには、現実的に——観念的にではない——けっして収入に分解することのできないところの、それに数倍ないしは十数倍の資本(ないしは資財)が存在するのでなければならない。かくして収入の問題は資本の生産および再生産の問題から引き離して論じることができないのであって、スミスは後に第二篇でこの問題をとり扱うに当り、純収入と総収入の区別を立てなければならなくなった。これについては後段の分析に譲ることにするが、この点に徴してみても、収入に対比されるべきものは価格ではなくて資本であること、『国富論』の第二篇をその第一篇から切り離してとり扱うべきいわれのないことが十分に知られるであろう。(1)

(1) スミスは第一篇第六章の末尾においていう。「その交換価値が労働(=賃銀――引用者)のみよりなる商品の数は、文明国においては非常に少なく、大部分の商品の価値には地代および利潤の貢献するところが多いのであるから、その国の年々の労働の生産物は、その産出、精製および市場への搬出に使用した労働よりははるかに多量の労働を購いまたは支配するに足りるであろう。もし、その年々購いうるところの全労働を、この社会が年々使用するものとするならば、労働の量は毎年非常に増加するのであるから、各年の生産物は毎年毎年前年のそれに比して非常に大きい価値のものとなるであろう。しかしながら、年々の生産物の全部が勤勉な人びとの維持に使われるような国はどこにもない。どこにおいても怠け者がその大部分を消費する。そしてこれら二つの異った階級の人びとの間に、年々いかなる比例でこの生産物が分けられるかに従って、年々の全生産物の普通または平均価値が年々増大するか、減少するか、または同一であるかが定まるのである」(『国富論』五四頁、ただし傍点は引用者)。

スミスのこの一節はつぎの二つのことをわれわれに教えている。第一に、価格が三つの収入に分解するという思想の誤りは、これを社会の全生産物に拡張してみれば一目瞭然としてくるということ。第二に、収入の問題は結局資本の生産と再生産の問題から独立には扱われえないもので、スミスのこの一節は直接に第二篇における生産的労働の論議に結びついているということである。

以上におけるスミスの論述は、要するにつぎの簡単な二つの命題に帰着するであろう。第一の命題として、価格は賃銀、利潤および地代に分解する。そして第二の命題として、ゆえに賃銀、利潤および地代はそれぞれ独立して交換価値の源泉となる。一見すると、第二の命題は第一の命題からの当然の帰結であるように思われるかもしれない。(スミスはそのように考えている。)しかしこの二つの命題はまったくちがった考え方を表示するものであって、これを簡単に「ゆえに」という繋詞で連結させることはできない。ここには鮮かな思想の大転換が行われているからである。この転換は労働価値説から生産費説への転換であることは明らかである。したがってスミスの今後の問題は、これらの賃銀、利潤、および地代を各別に研究して、その自然率を求め、そこから逆に自然賃銀、自然利潤、および自然地代の総和としての自然価格を引き出すという段取りとなる。かくて商品の市場価格と自然価格を論じる第一篇第七章は、スミスの意図とは別に、われわれの眼からみれば、第八章以下分配問題をとり扱う諸章にたいする序説となるものである。こうして分配論は価格論に吸収されたが、それは価値論および価格論の犠牲において行われたというべきである。

スミスがこのように分配問題を完全に価格問題の埒内で処理しようとしたことは、自然価格が価値の世界ではなくてやはり価格の世界に属するものであることと同じく、近代経済学の嗜好に合致する。すでにわれわれがみたように、近代経済学のその後の発展は、経済学から価値論を追放する方向をとった。その素因の一つが早くもここに伏在していることが知られよう。アダム・スミスはこの意味において近代経済学の祖であったといってもあながち不当ではあるまい。とくにつぎの点に注目すべきである。自然価格は、スミスに従えば、一方においては自由競争の完全に行われた場合に実現すると考えられる理想的価格である。それは今日の経済学者のいわゆる長期価格である。他方において自然価格は、市場価格ないしは現実価格の中心価格であり、休止と持続の中心 center of repose and continuance たるべきものである。それは近代経済学においては均衡価格と名づけられた。均衡価格はもちろんただの個別価格ではない。それはスミスの正常価格または平均価格に近いものである。しかし、それは有効需要と供給の一致によって成立するところの、いわば市場価格の特定の場合なのである。このように解すれば、自然価格と市場価格との間には原理的な差異は存しないことになり、自然価格論の基礎づけとしての価値論はもはや無用となるであろう。価値論なき経済学への道がここから始まる。(1) それはスミスの前掲第二命題に端を発しているものとすれば、われわれとしては、ここに改めて二つの命題の意味と関連をスミスについてもっと執拗に問いただすべきであろう。

（1）国民所得論を中心とする現代理論経済学においては、価格論でさえもその意義を失おうとしている。たとえばケインズの『一般理論』(J. M. Keynes: General theory of employment, interest and money, 1936.〔塩野谷九十九『雇傭、利子及び貨幣の一般理論』一九四一年〕)には価格論というものは存在しない。それはいきなり利潤・利子・賃銀なる所得範疇から出発しているのであって、アダム・スミスの価格の所得への分解の理論はここではその完成した形態において無条件に受け入れられているのである。

けれども、われわれは、この問題をこれ以上追求する必要はない。以下それぞれ項を分けて、賃銀、利潤、および地代に関するスミスの所説をできるだけ簡単に検討しておこう。

1 賃銀について

一般に所得の問題についてはまず三つの論点が存在するように思われる。第一は所得の本質、第二は所得の源泉、第三は所得の大きさに関する問題である。

そこで、「労働の生産物は労働の自然的報酬または自然的賃銀を構成する」(『国富論』六四頁)というのが、賃銀の本質に関するスミスの定義ともみられる一句である。これは第一篇第八章冒頭の言葉である。スミスのこの定義は、一見すると、賃銀をもって労働の報酬たる生産物一般と規定して、労働が受ける歴史的社会的規定をまったく忘れているかのようである。これは形からみて、賃銀の超歴史的な規定であることを免れない。この論法によれば、すでにたびたび指摘したように、たとえば社会の初期未開の状態においても、文明社会と同様に賃銀が存在することになるし、他方において、医師、弁護士、大学教授のような自由職業者の受けとる報酬もまた、賃銀の範疇をもって律せられることになる(『国富論』第一篇第十章をみよ)。しかし、その概念規定の不透明や混乱にもかかわらず、スミスの事情に精通しようとする巨眼に映じたものは正鵠を失してはいない。すなわち彼が実質上主題としているものは、資本主義社会における労働者階級の賃銀であったといえる。にもかかわらず、このように実質上正しくみられたものに関する鋭い分析をそれ以上推進させようとしないところに、賃銀にたいするスミスの定義の特色がある。したがってここでは、われわれもまたこれ以上スミスの本質規定を問題とすることをやめよう。

つぎに、賃銀の源泉についてであるが、これは労働の所産であることについては何らの疑いを容れないところであって、スミスにとってもこの点は自明かつ当然のことであったと思われる。そこでスミスの賃銀論は、もっぱら第三の点、すなわち賃銀の大きさに関する問題に集中されることになる(1)。

(1) このことは、一般にスミスの思考方法が、本質論よりは源泉論に、源泉論よりは尺度論(大小の問題)に集中していたことに照応している。

スミスに従えば、賃銀の大きさは資本と労働の需給関係によって決まる。この際資本家は労働者にたいして通常有利な地位に立つけれども、それ以下に賃銀を長期にわたって引き下げることのできない最低限が考えられる。その最低限とは労働者およびその家族を養うに足りる生活費である。もし賃銀がそれ以下に長く止まるなら、労働人口を減少させ、やがて賃銀を最低生活費の水準以上に引き上げるであろう。これに反して、高賃銀は人口を増加させる傾向をもっているが、賃銀の具体的な高さは、一方では物価と食糧品価格との関係すなわち実質賃銀をみて判断しなければならないし、他方では、その社会が前進的 advancing であるか停滞的 stationary であるか、それとも後退的 decliningであるかによって決定される事柄だというのである。[1]

（1） 社会の発展をこのように三つのタイプに分けて考察するところに、スミス文明論の一つの特色が現れていることに注意したい。『国富論』における動態的考察の貴重な一例である。

これによってみるのに、スミスの賃銀論はその発想において、すでにマルサスの人口理論とリカードの賃銀理論にさきがけていることが推察される。ただマルサスやリカードとスミスが異るところは、スミスの思想がまだ理論といえるほどの厳密な形をとらなかった点である。だから、スミスの賃銀論が一応最低生活費説の一先駆であることにまちがいはないとしても、彼がリカードのいわゆる賃銀鉄則のように、これを厳密に定式化したと解してはならない。スミスが考えた最低生活費の概念は、リカードのそれに比してはるかに流動的で幅のある概念であったし、さらにまたスミスは、リカードのように、資本主義的自由競争の下においては、いわゆる賃銀最低生活費の法則が必然に作用するものとはけっして考えなかった。ここにスミスのオプティミズムが現れていることを付言しておこう。スミスは、国富の絶対額よりもその増減の速度の方が賃銀高の決定にとり一層重要であるとみたから、不断に前進しつつある社会のほうが、たとい国富の絶対額は大であっても停滞的状態または後退的状態にある社会よりも、すなわち後者よりも前者のほうが高い賃銀を払うことができるとみたのである。なぜかといえば、そのような社会では労働の雇傭に充てることのできる基金[1]が不断に増大するからである。したがって前進的な社会では、賃銀は引き続き最低生活費を上回ることができる。当時イギリスよりもアメリカにおいて賃銀が高かったのはこのためであると彼は述べている。これを逆にいえば、高賃銀は社会が不断に繁栄に赴きつつある徴候であるから、スミスは力をこめて高賃銀の経済を推奨した。ここには人口と生産力の進歩に関するかのヒューム－ウォーレス論争[2]にたいするスミスの見解が示されていると同時に、たんなる事実分析の域を越えた人道主義者の暖かい人間的息吹きが強く感じられるのである。

（1）　スミスはたまたま賃銀基金 fund という言葉を用いているが、しかし彼はいわゆる賃銀基金説 wage fund theory の思想を持っていたのではない。ここでもスミスの思想はまだ暗示的先取的であって、しかるべき理論的定式化を受けとっていない。それは十九世紀初期の経済学者たちの手に委ねられたのである。これらの経済学者たちにおいては、労働賃銀の上昇を拒否するための理論的武器として賃銀基金説なるものが提唱されたのであって、およそスミスの意図とは正反対のものを志向していた。

（2）　古代と近代における人口の比較において、ウォーレスは古代を有利とみたのにたいし、ヒュームは市民的自由と生産力の発達という観点から近代を有利とみた。（詳しくは田中敏弘『社会科学者としてのヒューム』一九七一年、とくに第六、七章をみよ。）スミスの見解はヒュームに近いことは明らかである。

一般にスミス分配論の特色は、すでにみたように、分析の精緻とか根本原理の一貫性ということにあるのではなく、所得の大小の問題、すなわち所得の個別的な差異を決定する具体的事情や、所得の変動に関する考察に主力が向けられていることにその特色があるのである。そこでたとえば、第十章においてスミスは、利潤と併せて賃銀の個別的な差異を引き起す五つの事情について述べている。すなわち賃銀はその職業が、一、快適であるか不快であるか、二、習得に費用を要するかいなか、三、安定しているかどうか、四、その人におかれる信用の大小、五、成功の可能性が大であるか小であるか、の如何によって異る。しかしながら、完全な自由競争のあるところでは、このような職業上の利益と不利益が平均する結果として、貨幣賃銀における差異を相殺する傾きがあるというのである。この点に関するスミスの叙述はすこぶる興味深いものがある。事情に精通しようとする彼の方法態度が具体的に実証されているのである。キャナンのいうとおり、この箇所は、『国富論』の他の多くの箇所と同じく、古典的な記録の一つとなったものであるが、ここではこれ以上触れる必要を認めない。ただ一つ、ヨーロッパ諸国で実際に行われた賃銀や利潤の規制や公定の政策が、いかにして労働者の生活を脅かし、自然的自由の侵害となったか、ということの証明に注がれた自由主義の闘士アダム・スミスの熱情は、けっして看過されてはならないことだけを強調しておきたい。

2　利潤について

自然価格の第一の構成要素として賃銀を論じたスミスは、その第二の構成要素として利潤について述べる。では利潤とは何か。利潤に関する本質規定をわれわれがスミスに求めてもまったく徒労である。そしてこれについては、リカードやマルサスとてもその例外ではありえない。というのは、一般に古典学派の人びとは利潤をもって自明のもの、当然に与えられたものと考えていたからである。だからたとえばスミスは、もし資本にたいして何らかの報酬が支払われなかったならば、何びとも資本を投じて事業を営む者はないであろうと述べた。これは一見して誰にでも明らかであるように、利潤本質論としては空疎なトートロジーである。換言すれば、資本の生産関係そのものは、彼らにとってそれ以上解明を要しない自明の前提であったのである。したがって、リカードが、スミスのいわゆる初期未開の社会においても海狸や鹿を捕えるために猟師の資本が存在したと論じたことは、けっしてスミスに反対の意見を立てたのではなく、すでにスミス自身の思想の中にあったところの、歴史的社会的範疇を自然的範疇として発想する根本傾向を一層徹底させるものにすぎなかったといえるであろう。人はこのような発想法を指して、資本主義的生産関係の絶対化または永遠化と称するのである。われわれはすでにこの点について一言するところがあったが、ここでもう一度改めて述べておく必要があると考える。(1) かくて資本は一つの自然的な、永遠の範疇となり、したがって利潤もまた一つの自明な、絶対的なものとなる。市民社会(すなわち資本主義社会)はスミスにとって「自然的自由の体系」system of natural liberty にほかならなかった。アダム・スミスが利潤の本質について何事も述べていないのは、もとより当然のことなのである。

(1) ただしこのことは、スミスが超歴史的な発想法の中に豊かな歴史的感覚を盛込むことを妨げるものではなかった。形式は超歴史的であっても、その内容は歴史的である。これがスミスの経験的自然法の特色であったことも、ここでもう一度繰り返しておく必要があろう。

しかしながら、利潤学説のその後の発展からみて、後に現れた諸学説の萌芽とみられるものが数多く見出される。たとえば、利潤は労働生産物からの控除部分であるとか(『国富論』六四頁)、資本の蓄積が行われると労働者が原料に付け加える価値は賃銀と利潤に分れる(同上)とかいった場合にはいささか搾取説を思わせるものがある。(1) またスミスが、事業家は労働者に原料、食糧を前払いし、あるいは事業の結果にたいして危険を負う者であると述べたことは、前払説または危険負担説の思想に一脈通じるものがあるともいえよう。しかし、スミスはこれらのいずれの説をも打立てたわけではない。ただ後の理論家の眼からみて、『国富論』のここかしこにこれらの諸説の萌芽を認めることができるにすぎない。そしてもちろんこれが『国富論』の魅力の一つとなっている。

(1) わが国のスミス研究家の多くは、ここからただちにスミスにおける剰余価値論を引き出そうとする傾向がある。しかし、これは、スミスの中にただちにマルクスを読み取ろうとする超越的な解釈であって、真に内在的なスミス解釈ではない。スミスの中には両階級の原理的な対立を基礎づける理論が存在しないのである。後に本文でみるように、地主と労働者、ならびに地主と資本家との間の関係についても同じことがいえる。部分的な対立に関する言及はあっても、全体としては諸階級の自然的調和の思想が一貫して流れていることは否定できない。リカードやマルサスがこの点でスミスから分れることについてはいわずもがなであろう。

利潤の本質についてスミスが多くを語らなかったとすれば、利潤の源泉についてわれわれがスミスから何ものをも期待することができないとしても当然であろう。というのは、本質と源泉との間にはこの場合とくに密接な連繫があるからである。スミスはいう。「大きな資本は、たとい利潤は小さくとも、大きな利潤をともなう小さな資本よりも一般に一層急速に増加する。諺にいう、金《かね》は金《かね》を生む、と。わずかな金《かね》を手に入れておれば、もっと多くをたやすく手に入れうる場合が多い。非常に困難なのは、このわずかを手に入れることなのである」(『国富論』九三頁)。かくて賃銀の場合とまったく同様に、スミスの利潤論はもっぱら利潤の大小の問題、すなわち、利潤率の確定の問題をめぐって展開されるのである。

ところで利潤率についていいうることは、まず純理論的に(もしくは演繹的に)、一つの地域または社会には利潤の通常率または平均率、すなわち自然率があるはずだということである。しかし賃銀の自然率とは違い、いかにして利潤の自然率を見定めることができるか。理論上いいうることは、「利潤の最低率は、資本をいろいろに使用して生ずることあるべき損失を償って、なおそれ以上若干の残りが存する程度のものでなければならない[1]」(『国富論』九六頁)、ということであるにすぎない。ところで利潤の最高率はむろんのこと、いわゆる平均率を見定めることは容易ではない。そこでスミスは、利子率に救いを求める。すなわち利子率は利潤率に応じて変動すること、および利子率は金融市場において実際上与えられていることを根拠として、利子率から逆算することにより利潤率を引き出そうとする経験的(帰納的)算出方法に訴えている。そして利潤率は大体利子率の二倍であろうという一つの推定を下しているが、もちろんこれは一つの推定に止まるのである。かくて利潤率確定に関するスミスの試みは、とうてい成功したとはいい難い。

(1) スミスが利子と利潤をはっきり区別したことは重要である。利潤はまた企業者の報酬とも区別されている。スミスにとって利潤は自明で当然のものであったとしても、それが一つの残余であるとされたことは、後の利潤学説からみて重要な意味を持っている。もし利潤が残余であるとすれば、それはどこから生ずるかという問題が発生するからである。マルクスの剰余価値説、ボェーム・バーヴェルクの生産力説、シュムペーターの動態説などは、この問題にたいする解答として代表的な学説である。

アダム・スミスが利潤の自然率を確定するのに成功しなかった理由としては、二つの事情をあげることができるであろう。第一には、賃銀と利潤との比較から出てくる事柄である。賃銀の自然率を確定する場合には、一応現実の貨幣賃銀決定を離れて、最低生活費を限度とする実質賃銀を考えてみることができた。そしてスミスは、現実の賃銀と自然賃銀との一致または不一致を説明するのに、彼独自の社会動態観と前記五つの事情とをもってした。ところが、その量において変動常なき利潤の場合には、上述のような最低利潤率なるものは何らの役にも立たないし、自由競争が完全に行われるときは利潤率はだいたい資本の額に比例するものと一般に考えられていた。だから、賃銀については有利と不利とが相殺して全体として賃銀の均等を実現すると考えられたさきの五つの事情が、利潤を説明しようとする当面の目的にはほとんど役立たないのである。(1) それだけに平均利潤率の存在は自明のものとして前提される傾きがあったのである。第二には理論的構成からくるもので、利潤の本質および源泉が不問に付されていることに関連している。そもそも平均利潤率なるものをそのままに肯定することができるかどうか、ということが問題の根源なのであって、(2) たとえば近代における利潤動態説(シュムペーター)によれば、平均利潤率の観念は明らかに否定されるべき自然法的独断と化するであろう。利潤動態説に従えば、利潤が平均化しないことがとりも直さず利潤の本質だと解されるからである。スミスは自然価格の一要素として利潤をとり扱った。すなわちいわゆる静態において利潤を認めたのであるから、スミスは利潤をもってたんなる発展現象とみることができない。近代経済学風にいえば、利潤はスミスにとり、あくまでも静態において説明されなければならないはずである。これをみても、平均利潤率の観念が利潤本質観と結びついていることが推察されよう。そしてもともと労働価値論から出発したスミスの立場においては、利潤の本質は価値論の助力なしに解明することは不可能であるように思われる。しかし先にみたように、スミスはその自然価格論を展開する過程において労働価値論から離脱してしまった。スミスが平均利潤率の存在をたんに前提するに止まって、これを理論的に解明することを拒まれたもう一つの理由がここにあるといわなければならない。(3)

(1) スミスは第十章第一節において、職業により賃銀と利潤の差異を生ずる五つの事情について論じたが、利潤についてはそのうち二つの事情、すなわち職務の快不快ということ、およびそれが危険であるか安全であるかということをあげるに止めている。これだけでは平均利潤率の成立を説明することは、魚が木に登るように不可能であろう。

(2) スミスが平均利潤率の存在を自明のものだとして受けとることができるためには、自由競争の上に立つ資本主義的生産の発達と利潤というカテゴリーが独立化してくることを前提する。この歴史的過程にわれわれの注意を向けたのは、さすがにミークの功績であった(前掲書第一章の4・5をみよ)。

(3) ボェーム・バーヴェルクでもなく、またシュムペーターでもなく、ひとりマルクスだけがスミスのこの道を前進したことはあまりにもよく知られている。しかしわれわれとしては、スミスとマルクスの間にはリカードがあったことを忘れてはならないし、さらにもう一つ、マルクスによるスミスの方法の変革が同時に伴っていたことを忘れてはならない。経験的自然法の批判とその克服という優れてドイツ的な問題がそこにあるのである。

以上のような弱点があるとしても、スミスの利潤論には二つの注目すべき功績がある。その第一は、彼が利潤の概念を純化して用いたということである。これは特筆に値するであろう。彼は、一方では「事業家の指揮監督にたいする報酬」——これは明らかに賃銀の一つである——から利潤を区別するとともに、他方では利子を利潤から分離した。とくに後の点は重要である。スミスはもちろんこれによって、利潤を分割して企業者利得と利子とするほどの後の経済学者の理論的俊敏さを示したわけではないとしても、利潤が論理上利子に先行するものであることに気づいていたといいうるだろう。また何よりも大切なことは、後の一部の経済学者が誤って同一視したように(1)、利潤と利子とを同一視する道をスミスがあらかじめ塞いだことである。第二にスミス利潤論の功績と認められるべき点は、彼が富の増大とともに利潤率が低下する傾向のあることを認めたことであろう。すなわち賃銀の場合と同様に利潤についても、社会が前進的であるか、停滞的であるか、後退的であるかに従ってその大きさが変化するという考察法をスミスは準用したが、利潤率低下の傾向はこの第一の場合に現れるものとされた。そしてこの傾向が、全体としての資本家階級の上に何ら有害な影響を及ぼすものではなく、かえって社会の生産力を増大させる誘因となるものとスミスはみた。これについては後に改めて述べることとしよう。

(1)　ボェーム・バーヴェルクの時差説は、スミスが塞いだこの道を再び開いたものといえる。彼はこの道を主観価値論をもって舗装しようとしたが、中途で迂回生産説=生産力説の補強工事に苦心しなければならなくなった。少なくとも彼においては利子と利潤の区別は明確ではない。

3　地代について

スミスは彼の地代理論(第一篇第十一章)を地代の概念規定から始める。これによれば、地代はとりあえず土地の使用にたいして支払われる価格として規定される。しかしスミスは漫然と土地一般を指しているのではなく、本来の農業や牧畜の行われる土地をまず念頭において考え、しかもそれが資本主義的に経営されることを前提している。これは疑いもなく完全に正しく、かつ地代の純概念の設定に当っては無条件に必要な方法論的前提である。そこでスミスに従えば、借地農業家(すなわち農業資本家)が地主から土地を借りて農業生産を営み、種子や労働を支払い、家畜その他の耕具の費用を差し引き、通常の利潤を獲得してなお余りがあるときは、その残余の生産物ないし価格部分が地代となるものと考えられている。換言すれば、地代は農業生産において、工業も含めた一般社会の平均利潤を越える超過利潤部分であって、もし地主も借地農業家も合理的に振舞うものとすれば、この超過利潤がそっくり地主の分け前として地代を構成することになる。スミスはこれを自然地代と名づける(『国富論』一四四頁)。それゆえに、地代は、たとえば土地改良のために投ぜられた資本の合理的利潤または利子からははっきりと区別されているが(同上)、これもまた地代の純概念を設定する意味において完全に正しい見方である。

では地主の分け前となるべきこの自然地代はいかにして成立するか。これは地代の源泉と本質に関する問題である。これにたいしてスミスはいう。「土地の生産物は、その普通の価格が、それを市場にもたらすために使われねばならなかった資本と、それに普通利潤を加えたものを補償するのに足りるものでなければ、普通、市場に提供されることはない。もしも普通の価格がこれ以上であるときは、その余剰部分は自然に土地の地代となるであろう。たとい商品が市場にもたらされようとも、価格が右に述べた以上に上らないときは、それは地主に地代を提供しえない。そしてこの価格がこの程度を越えるか越えないかは需要に依存することである」(『国富論』一四五頁)。すなわちスミスによると、土地の生産物価格が一定限度以上に騰貴するのでなければ地代は成立しないのであるが、価格がこの限度以上に騰貴するかいなかは一に需要の大小にかかっている。つまり、供給に比して需要がいつもより大であるかいなかにかかっている。「それゆえに、地代は土地の使用にたいして支払われる価格と考えられ、自然、一種の独占価格である。それは地主が土地の改良のために支出したものまたは彼が取得するものに比例しないで、農業者が支払いうる高に比例するのである」(傍点引用者、同上、一四五頁)。そこでつぎのようにいえるであろう。「地代は賃銀および利潤とは異った仕方において、商品の価格の構成に入り込む。賃銀および利潤の高低は価格の高低の原因であるが、地代の高低はその結果である」(1)(同上、一四五―六頁)。

(1)　スミスのこの一句が後にリカード地代論の発端となったことは学説史上よく知られている。リカードの全努力は、スミスのこの命題をいかにして労働価値論と矛盾なく接着させることができるか、というところに傾注されたのである。

この引用によって明らかであるように、地代はいまや一種の独占価格であると規定された。独占価格の決定は一にまったく有効需要の大小に依存するものであって、供給側の事情である生産費ないしはその商品に含まれている投下労働量に依存するものではない。だから地代は価格の騰落の原因ではなくてその結果なのである。地代は賃銀および利潤と同じ仕方で価格の構成要素となることはできない。つまり、地代はいまや自然価格の構成要素ではなくなったのである。

スミスの経済理論中、これほどみごとな自家撞着、これほど鮮かな論理の飛躍が他の箇所に見出されうるであろうか。その意味において、スミスの地代論は彼の経済理論中最も興味があり、最も教訓に富む謎的部分である。スミスはさきに、真実価格と名目価格の研究において、価値中心の考え方(労働価値説)から転じて生産費中心の考え方(自然価格説)に赴いた。これが第一の大きな転換である。ところがその理論の最後の段階である地代の問題に入るやいなや、ふたたび自己の足場を放棄して需給説に立ち帰らざるをえなくなったのである。需要供給関係は、本来のスミスに従えば、市場価格の世界を律するものであって、それは経済観察の出発点ではあるが理論的分析の出発点ではなかった。スミスにとって理論的分析の出発点は、需要と供給が完全に一致した点であるところの自然価格であった。そこでスミスは自然価格の構成要素としての賃銀、利潤をそれぞれ別々に考察し、その自然率の決定のために努力を続けてきたのである。ところが第三の構成要素である地代に至るやいなや、スミスはこの長途の努力をいまや自ら徒労に終らせるのである。もちろんこのために、彼の所説がその一つ一つの内容において無意味となるというのではけっしてなく、内容からみて幾多の示唆に富む歴史的ならびに理論的考察にみちていることを忘れるべきではない。だがしかし、ここに第二の大きな転換が行われたことは疑いの余地のないところである。かくて、前後二回にわたってはしなくも行われたこの二大転換は、たんにスミスの論述様式の転換というようなものではなく、彼の理論体系の二大亀裂もしくは二大破綻とも称すべきものであろう。リカードを初め後の経済学者たちに大きな理論的課題を提供したという意味においても、それは古典的な意義を持つものである。

もし地代が一種の独占価格であり、したがって地代は商品価格変動の原因ではなくて結果であるとするならば、地代は賃銀や利潤のように自然価格の構成要素ではなくなり、地代はもはや本原的収入の一つとみなされにくくなるであろう。それは一種の派生所得となってしまうであろう。その結果、地代は他の所得を犠牲として、すなわち一般消費者の負担において成立するものとなるであろう。アダム・スミスの理論的弱点を救うのにあれほど俊敏であったリカードの天才的な地代理論をもってしても、この地代の源泉に関する問題にたいして十分に明快な解答を与えることはできなかった。そして、リカードもまた、地主は一般社会すなわち消費者の犠牲において、社会的生産物の一部を地代としてその手に収めるものだとの結論以上に出ることはできなかった。ところが真の問題は、地主が地代としてその手に収める社会的生産物の分け前は、いかにして価値または価格として現れることができるかということである。穀物の形態における地代はそのままに貨幣の形態における地代を意味しない。後の批評家のいうとおり、リカードにおいてさえ、貨幣地代と穀物地代との別は十分意識されたとはいえないのであるが、スミスはまったくこの二つのものを混同している。そのためにスミスは、土地生産物の増加がそのままに価値または価格の増加を意味するものと考え、これをつぎのような推理によって基礎づけようとするのである。

スミスはまず、農業生産のもっとも基礎的部門である食糧生産をとって考える。食糧というものは、それにたいしていつでも需要が存在し、もしくは有効需要がつねにその供給を上回る傾向のある農業生産物である。だから食糧の価格はつねに地代を成立させるほどに騰貴する。ところが、土地には豊度および位置の上での差異がある。これは人力を越えた自然的な差異である。この自然的差異に結びついて一種の独占価格が成立するとスミスは推理した。その点でスミスは、地代のとり扱い方を一般普通の商品における独占価格のとり扱い方から区別することができた。これはスミスの卓見である。では土地の自然的条件と結びついた独占価格の成立はいかにして可能であろうか。それはまたいかにして一般普通商品の独占価格の成立から区別されうるであろうか。われわれのみるところによれば、スミスはこの問いにたいしては、つぎのような二つの思想ないし臆説を援用して、困難を切りぬけようとしているように思われる。

その一つは人口理論風の考え方であって、人口は絶えず食糧にたいして圧力となるという思想であり、他の一つはフィジオクラート風の考え方で、土地は工業生産に比して、より生産的であり、したがってとくに地代となるべき余剰生産物を生産するという思想である。(1) スミスはこの二つの思想を結びつけることによって、穀物地代の貨幣地代への転化を立証できるものと考え、穀物地代と貨幣地代とを同一視した。人口は絶えず食糧生産を越えて増加する↓したがって食糧にたいする需要はつねに存在する↓したがって食糧の価格は不断に騰貴する↓したがって農業者の利潤はつねに工業者の利潤を上回る↓地主の地代はここから生じる。これがスミスの推理方式である。かくて土地における余剰生産物はそのまま普通の利潤を越える超過利潤と等置されたわけである。もし需要の増大がいつまでも有効需要の増大を意味するものであれば、スミスの推理方式はまったく正しい。しかしこのような推理が誤りであるとすれば、穀物地代と貨幣地代の同一視をいかにして基礎づけることができるであろうか。スミスがこれにたいして用意した解答は、土地が物質的生産力とともに価値生産力ないしは価格生産力を有するという思想であった。この思想が労働価値論の原則とまったく相容れない思想であることは、以上われわれの論述に照らしてみてまったく疑問の余地がないであろう。リカードが労働価値論の基礎の上でスミス地代論の難点を救済しようとしたのにたいして、マルサスは労働価値論を放棄することによってこの難点を切りぬけようとしたものとみることができよう。そしてリカードもマルサスもともに、同一の人口理論をその理論体系の基礎に持っていたことは、われわれにとってとくに注目に値する。すべてはスミスの胎内に宿されていたというべきである。(2)

(1) 『国富論』第十一章第一節の最初の三つのパラグラフ(一四六―七頁)は、いまの関連においてとくに重要である。なおスミスは別の箇所で「農業においては自然が人間とともに働く」(同上、三四四頁)ともいっている。これは明らかにフィジオクラート思想の影響によるものである。

(2) スミスにはリカードやマルサスにあって重要な役割を果している収穫逓減の法則の思想は見当らないようである。しかし他方スミスが、つねに地代を生じる土地と、ときに地代を生じときに地代を生じない土地とを区別したことは、絶対地代(前者)と差額地代(後者)の区別を示唆したものと解すれば、スミスはリカードやマルサスを凌いでいたとみることもできる。

財と商品とがまったく別の範疇をなすように、生産物それ自体と生産物の価値とは厳密に区別されなければならない。そうでなければ工業生産物の価値形成と農業生産物の価値形成も互に混同され、工業生産にたいする農業生産の特殊性を理論的に解明することが不可能となるであろう。その結果として、ひいては利潤と地代との区別も抹殺される恐れが生じるであろう。もし地代が一つの独占価格であり超過利潤であるならば、地代の源泉が明らかにされるためには、溯って利潤の源泉が明らかにされなければならない。ところがスミスは、さきに利潤の源泉を不問に付したばかりでなく、価格としての地代を現物形態でそのままに基礎づけようとした。ここに混乱のすべてが胚胎するといってもおそらく過言ではなかろう。実に地代論は、イギリス古典派経済学の盲点であり、アキレス腱であったというべきである。

スミス地代論のもう一つの特色は、つねに地代を生じる土地の生産物の場合と、時として地代を生じ時として地代を生じない土地の生産物の場合との、二つに分けて地代を考察したことである。これは地代が土地生産物にたいする需給の関係によって成立するとみる前記の観察方法からくる当然の措置である。たとえば食糧を生産する土地や牧場は第一の部類に属し、鉱山その他の土地は第二の部類に属するものとされる。このこと自体は、スミスの本来の立論の正否とは別に、きわめて正しい措置であった。かくして食糧を生産する土地の利潤および地代が牧場の利潤および地代を規制し、この二つの地代がその他の土地の利潤および地代の基準となるという意味でこれを規制することとなる(『国富論』一五二頁)。このようにスミスが基本的農業生産をもって地代論の基礎としたことは、農業が資本主義的に経営されることを当然の前提として出発したのと同様に、イギリス経済学のよき伝統をなすものであって、それはまた、イギリスにおける農業革命の進展をも反映するものである。スミス地代論の生産論的性格がここから由来していることを知るべきである。

とはいえ、スミスは地代の考察を必ずしも生産の場に限定しなかった。スミスの地代論議は流通過程や消費過程にまで及んでいる。このことから、たとえば大都市ならびに郊外地における独占的地代や、その他一般に独占的差異に結びついて発生する価格差額をも、おしなべて地代の範疇で捉えようとする近代的な傾向(分配論におけるレント原則 rent principle)[1]に対して、一つの道を開くことになったといえる。これはスミスが地代を独占価格として規定したことと深い関係があるのであって、近代経済学はスミスのこの規定を単純に一般化したにすぎないといえるだろう。単純にという理由は、スミスが立っていた生産論的足場が、近代経済学においてはまったく無視されているからである。なるほどスミスにとって、穀物価格の高騰、したがって地代の騰貴は前進的な社会の一徴候であった(後段をみよ)。しかしスミスはけっして不生産的な消費地代やたんなる流通過程に成立した地代(近代経済学者のいわゆる「準地代」quasi-rent)の騰貴を讃美したのではなかった。まして、地代が一種の独占価格であるとすることから、これを主観的価値論の方向へ引き入れることなどは、スミスの夢想さえしなかったところである。スミスの中に主観価値論の萌芽を見出そうとする人たちは、すでに述べたように、スミスが価値の唯一で一般的な尺度としての抽象的労働の観念を規定する際にたまたま陥った主観主義的な説明方法とともに、地代論のこの箇所における主観主義的発想をとり上げて、これを評価し、これを一方的に強調しようとする傾きがある。しかしながら、それはスミスの立論の基本性格を正しく把握するものでないことは、公平なスミス研究家の等しく認めるところであろう。

(1) クラーク(J. B. Clark: The distribution of wealth, 1902.)の分配論や近代の分配論における限界生産力説はこの線に沿って進んでいる。本来の地代にたいして「準地代」の概念がここから生れた。たとえば同等の教育費を費して教育された二人の青年が、その生来の能力差によって収得する所得の差異が不可避である場合に、これらの学説は、そこに一種の能力レント ability rent の成立をみることになる。

以上においてわれわれは賃銀、地代および利潤に関するスミスの所説を、スミス思想とスミス経済理論との連関という観点から、そのもっとも本質的な部分に即して分析した。スミスはこの所説に基き最後の結論において、労働者階級、資本家階級および地主階級の社会的階級的地位を論じている。われわれもまた本項の結びとしてこれにふれておかなければならない。

社会の進歩は土地生産物の価格を引き上げ、その結果として地代を高騰させる。たとえば社会進歩の結果土地の改良や耕作が進めば、それだけ地主の受けとる生産物の量が増加し、地主がそれによって支配しうべき労働量は増加する。これは社会進歩が実質的地代を直接に増加させる一例である。またたとえば、社会進歩の結果製造品の生産技術における改良が行われて、製造品の価格が引き下げられることになれば、土地生産物のより少量な部分が製造品のより多量な部分にたいして等価となり、したがって地主の受けとる実質地代は増加する。これは社会進歩が地代を間接に増加させる一例である。いずれにしても、社会の進歩につれて地主の富が増加することにまちがいはない。そして反対の場合には反対の結果が起ると推定される。これはスミスの地代理論から順当に引き出される結論である。そこでスミスはこのことから逆に、地代の高騰は社会進歩の表徴であるから、地主の利害は社会全般の利害と密接に関連すると結論した。これはいうまでもなくマルサス的であってリカード的ではない。スミスにおいては、リカードにみられるような資本と土地との鋭い階級対立は存在しないのである。

つぎに、労働者階級の利害もまた、地主の場合と同じく、つねに社会の利害と関連する。というのは、さきにみたように、賃銀が最低生活費以上になるか、それと一致するか、もしくはそれ以下になるかは、社会が前進的であるか、停滞的であるか、もしくは後退的であるかに依存するとスミスは判断したからである。そしてスミスは高賃銀の実現を推奨し、自由競争下におけるその可能性を信じて疑わなかった。この点ではスミスはリカードと異るばかりでなく、マルサスとも異っている。(1)

(1) リカードもマルサスもこの点についてはスミスのように楽観的に考えることができなかった。これは彼らの賃銀理論の相違に基くものではなく、社会情勢の変化に基くものである。普通この点では、マルサスの人道主義的なポーズに比して、リカードの態度が一層冷酷であるようにみられているが、しかしそれはリカードが客観的な観察態度を堅持したためであって、マルサスが労働者階級にたいして示した人道主義的な呼びかけが実は一つのみせかけにすぎなかったことは、彼の人口理論の冷酷さがよくこれを証している。

最後に、資本の利潤は社会の進歩に伴って低下するとスミスは考えた。これがいわゆる平均利潤率低下の傾向である。利潤の率は社会の富が急速に増加しつつある所において低く、社会が滅亡に向かいつつある所において最大である。だから利潤によって生活する人びとの利害は必ずしも社会進歩と一致しないと彼は論断する。これは一見きわめて意外な、驚くべき論断であるようにみえる。しかしそれについてわれわれは後に論じるであろう。スミスに従えば、資本家はこのいわゆる利潤率低下の傾向を阻止するためにあらゆる方策を工夫する。商業上の秘密、製造工業上の独占、結社や団体に与えられた特権などはこのような方策の適例である。そこでスミスは、これらの秘密や独占や特権の除去にたいして戦意を披瀝することを、ここでもけっして忘れなかった。また他の箇所では、資本家はその利益を護るためにきわめて容易に団結するのに、労働者がその社会的劣勢を防禦するために結んだ団結の方が一層しばしば非難の対象となるとも述べている。

近代産業体制の照明係りとも考えられるアダム・スミスの資本家階級観が、このように手厳しいことにたいして、一驚を喫する人があるかもしれない。しかしここでスミスはけっして反資本家的態度を表明したのではない。いな、かえってその正反対である。スミスは、資本家は社会の生産の担当者であり、種々の企画や目論見の発案者であって、社会の実情に最もよく精通するものであることを認めておればこそ、資本家の利己的行為を排撃するのである。(1) その判断力や打算力において資本家階級ははるかに他の二階級を凌駕する。したがってその反社会的企図は厳に警戒されねばならぬとスミスは考えたまでである。そして資本家階級をしてその本来の使命であるところの社会的生産力の開発を遂行させるためには、マーカンティリズム的な統制を廃して、これを完全な自由競争に委ねるべきであるというのが、彼の立論の本旨であった。かくてスミスの利潤理論は重ねて自由競争を結論することとなった。そしてスミスは、この同じ利潤率低下の傾向から、リカードのように資本主義社会の究極の行きづまりを結論するまでには至らなかったが、ここにもスミスとリカードの大きな見解の開きが見出される。

(1)　ここで資本家の利己的行為というのは、マーカンティリズム的な保護の下にただ一身の利益だけを図る企業師や山師たちの振舞いを指すのであって、生産力発展の正常な原動力としての近代的な産業資本家のことをいうのではない。スミスが排撃したのは前期的な、保守的な商業資本家たちであったのである。なお付言しておけば、スミスの利己心がいかに近代的なものであるかがここで改めて再認識されるべきであろう。

以上「価格と収入」と題する本節を総括しておこう。スミスは賃銀、利潤および地代をそれぞれ自然価格の構成要素として承認することによって——もっともこれは既述のように理論的には成功しなかったが——労働者、資本家および地主の三階級にそれぞれ自然的な場所を与えた。もし完全な自由競争さえ行われたならば、これら三つの階級の間には自然的調和が実現して、分業の発達と資本の使用によって増大した社会の富は満遍なく社会のあらゆる階層の間へいきわたる、というスミスの自然的調和観が実証されるであろう。スミスはこのような理想社会を「単純で明白な自然的自由の体系」the simple and obvious system of natural liberty とも呼んだ。だがしかしスミス自身にしても、そのような体系がそれほど単純で自然に実現されるものとはけっして考えていなかった。イギリスにおいて完全に自由な国を望むのは、あたかもオシアナ——これは一つのユートピアである——を望むように馬鹿げたことであるとまで彼はいいきっている。われわれはここに、スミスの経世家的風格と同時に、経験に習熟したスミスの現実感覚を誤りなく読みとるべきであろう。(1)

(1) アダム・スミスの市民社会をもってたんに分業と交換の社会であるとなし、そこにただ経済量の一般的相互依存関係しか認めることのできない近代均衡理論の視野がいかに狭隘なものであるかということは、以上の論述によって残りなく立証されたと思う。すでに引用した中山伊知郎『国富論』(一九三六年)はこのような立場から試みられたスミス研究である。これにたいして遊部久蔵の『国富論』分析は、マルクス主義の立場に立っている(遊部久蔵『経済価値論』一九五四年、および高島善哉編『古典学派の成立——アダム・スミス』第二部、第三—五章参照)。人はここにまったく相対立する二つのスミス解釈の型を見出すことができるであろう。また越村信三郎『スミス経済学説』(一九四六年)、藤塚知義『アダム・スミス革命』(一九五二年)も後者の立場から書かれている。

四　資本と蓄積

『国富論』の第二篇は資本の問題をとり扱う。本篇の主題は分れて三つとなっており、一、資本の性質、二、資本の蓄積、とくに生産的労働と不生産的労働に関する論議、三、資本の種々な用途、を問題としている。スミスは第一篇においては「労働の生産力の改善の原因と、その生産物が諸階級の人びとの間に自然的に分配される順序について」研究したが、これは第二篇の研究と合せてはじめて当初の目的、すなわち国富はいかにして増進されうるかという研究目的を果すべきものであった。スミスが『国富論』序論で示した腹案によれば、一国民の富裕であるかいなかは労働生産物と人口との比例に従って決定される問題である。そしてスミスは、この比例を決定する事情には二つのものがあるとし、第一には、労働の適用上における熟練、技巧ならびに判断の如何、第二には、有用な労働に使用されている人びとの数とそのような労働に使用されていない人びとの数との割合如何、ということをあげた。つまり、国富の大小は労働の生産力の大小に依存し、労働の生産力が一定ならばそれは労働人口と消費人口との割合、すなわち富がどれだけ生産的に消費され、どれだけ不生産的に消費されるかに依存するというのである。スミスはこれを資本と蓄積の問題として扱った。これでもわかるように、スミスの経済理論体系という観点からみても、第一篇と第二篇は統一的に理解されなければならないばかりでなく、第一篇の一主題であった収入の問題は、第二篇の一主題たるべき生産的労働と不生産的労働の問題に結びつけて考えられなければならないであろう。それゆえに、第一篇と第二篇を形式上事実上分離して解読するというのは、現代経済理論の水準からいえば正当ではないことがわかる。さらにスミス解釈の観点からいっても、この篇別に拘泥して何かそこに特別の意義を見出そうとする態度は当をえたものであるとはいえない。(1)

(1) たとえばアメリカの社会学者スモールが、第一篇をもって労働の社会学と解し、第二篇をもって資本の社会学と解しようとする提案にたいして賛成できないことはすでに述べた(本書一一四頁以下)。これにたいしてスミス研究の一権威ハスバッハは、第一篇と第二篇との間に観点の差異があること、理論的な不斉合があることを鋭く指摘した。たとえば W. Hasbach: Untersuchungen über Adam Smith, 1891. をみよ。

現にたとえば、分業は資本の蓄積を前提し、資本の蓄積は分業を促進する。したがって分業は文明社会の母であるとともにその子であるのであって、スミスが第二篇の冒頭に掲げた短い序論は、この意味においてよくわれわれの右の主張を裏書きするものである。(1) しかし本節においては、順序としてスミスの論述に従いつつわれわれの分析を進めることにしよう。

(1) スミスは第一篇において、労働の生産力を増進する原因を研究するといって分業の問題をとり上げたけれども、スミスの考察は、本来の分業である工場内の分業から、社会内の分業へと自然に移行してしまった。この結果として、スミスの考察はいわゆる商業的社会の分析に進み、かくて労働生産力増進の原因を研究するという当初の目的から甚だしくそれてしまった。そしてこれはむしろ第二篇の研究事項として見送られることとなった。われわれが二つの篇を分離して考察してはならないと主張する理由がここにもあるのである。

1 資本の分析

スミスは資本の分析を社会の全資財の考察から始める。資財(1) stock とは、生活必需品、便益品および奢侈品のような消費財はもちろん、一切の生産財を含むところの社会的生産物の総体のことである。この社会の一般資財はまず分れて二つとなる。その第一部分は、直接消費の対象となるものであって、これは収入として個人的に消費されてしまう部分である。これにたいして、社会の一般資財のうち第二の部分は資本[2] capital と称せられるものであって、これは一般資財のうちとくに収入すなわち利潤をえる目的をもって投下されるものである。

(1)(2)　スミスは stock という言葉を、あるときは「貯え」という意味に、あるときは資本と区別して資財の意味に用いている。しかし capital and stock をもって資本を表わすこともある。これと同様な不正確な用語法の他の一例は、生産的労働と有用労働の用語例である。スミスは『国富論』序論では明らかにこの二つのものを同義語に解しているが、第二篇においてはこれをはっきり区別する。

たとえばスミスはいう。「ある人の所有している資財が、彼を数日間または数週間維持するだけのものにすぎないときは、それから収入をえようと彼は思わない。彼はできるだけ節約しつつそれを消費し、それが消費しつくされるまでにその代りとなるようなものを自分の労働によってえようと努める。この場合においては、彼の収入は彼の労働のみからえられる。これがすべての国ぐにおける労働貧民の大部分の状態である。」「しかしながら、彼が数カ月または数年自己を維持するに足りる資財をもつときには、自然彼はその大部分から収入をえようと努める。そして彼の直接の消費のためには、ただこの収入がはいってくるようになるまで自分を維持するに必要なだけを留保するに止める。そこで、彼の資財は二つの部分に分けられる。収入を彼に与えるだろうと期待されているこの部分は、彼の資本と呼ばれる。他の部分は彼の直接の消費を満たす部分であって、それを構成するものは、第一には彼の資財のうちでこの目的のために本来手許におかれる部分。つぎに第二にはその源泉はどこにあるにせよ、とにかく漸次に手許にはいってくる彼の収入。そして第三には右二種のいずれかによって前年来買っておかれてあるものでまだすっかりは消費されてしまわないもの、たとえば織物、家具その他の類の貯えである。人びとが通常彼自身の直接の消費のために手許に取っておく資財は、これら三種の財貨のうちのどれか一つ、またはすべてから成るものである」(『国富論』二六二頁)。

スミスがこのように資本の考察を収入との対比において始めたことは、さきにも述べたように完全に正しい。そしてこの関連から、社会的総生産物の区分に着眼したのも、当時のイギリス経済学者としては群をぬいていたように思われる。なぜなら、スミスのこの着眼は、その着想においてケネーの「経済表」を受け継ぎ、またその問題意識においてマルクスの「再生産表式」を先取りするものともみうるからである。資本は、一方では収入を生むものとして骨の髄まで資本主義体制特有の歴史的社会的範疇でありながら、他方資本の運動が社会的生産物の生産と消費を決定するという意味では、資本はその内容からみて種々の資財である。そこで経済学の一重要問題は、歴史的社会的範疇としての資本の運動を通して、社会の一般資財の交流、更新および拡大の過程を明らかにすることにあると考えられる。いい換えれば、資本の運動のこの二つの側面を統一的に、全社会的規模において把握することが問題なのである。われわれは今日これを再生産の問題として把握する。あるいはこれを経済学におけるケネー－スミス－マルクス問題として把握することもできよう。資本の分類に示されたスミスの狙いは、これを現代の眼からみれば、このようなすぐれてマルクス的な課題の解決に向けられていたとみても必ずしも強弁ではない。生産力の体系としての市民社会の解剖は、『国富論』第二篇の問題設定をまって初めて完成すると考えられるのは、このような理由によるのである。(1)

(1) わが国における『国富論』研究はこの点で二つの時期に分けられる。戦前にはより多く第一篇が中心であったが、戦後にはより多く第二篇が中心となった。とくにマルクス主義的傾向を持つ研究者においてはそうである。

つぎにスミスは資本を分けて二つとする。固定資本 fixed capital と流動資本 circulating capital がこれである。スミスはこの両種の資本を、それが収入をもたらす仕方の相違によって区別できると考えている。たとえば、「財貨を育成し、製造し、または購入し、そしてそれを利潤をえてふたたび売るために使われる」(『国富論』二六二頁)ための資本が存在している。「このように使われる資本は、それが彼の所有に属する間、または同一形態のままで存続している間は、その使用者に収入または利潤をもたらさない。商人の財貨は、彼がそれを貨幣にたいして売るまでは、彼に一文の収入または利潤をもたらさない。同様に貨幣もまた、それがふたたび財貨と交換されるまでは、彼に収入または利潤をもたらさない。彼の資本は絶えずある一つの形態で彼から離れていき、そして他の形態をとって彼のところへ帰ってくる。そしてそれが彼に利潤をもたらしうるのは、ただこのような流動ないしは継続的交換のお蔭である。だからこのような資本は流動資本と呼ぶのがすこぶる適当である」(同上、二六二—三頁)。

つまり、「その主人を換えることにより収入または利潤をもたらす」ものが流動資本であって、これにたいし、「所有者を換えることなくして、いい換えれば、それ以上流通することなくして、収入または利潤をもたらす」ものが固定資本である。たとえば土地の改良や有用な事業上の機械器具の購入に使用された資本のようなものがこれである。

以上の所説を総括すると、一社会の資財は大別してつぎの三つの部分に分けられることとなる。すなわち、

第一、直接の消費のために留保される部分。「その特色は何ら収入または利潤を生じない点にある。それは本来の消費者によって購入され、しかもなおまだ消費しつくされない食糧、衣服、家具および住宅等をいう」(『国富論』二六四頁)。

第二に、固定資本。その特色は、流通することなく、また「主人を換えることなくして」収入または利潤をもたら

すということであって、つぎのようなものから成っている。

ａ　労働を容易にしかつ省略する一切の有用な機械および器具。

ｂ　一切の収入を生む建物、店舗、倉庫、製作場、農業家屋ならびにその付属の必要建物、厩舎、穀倉の類。

ｃ　収入の目的をもって土地の開拓、排水、囲い込み、施肥、その他土地の耕耘および耕作に最も適した状態とするために投資されたもの、すなわち土地改良費。

ｄ　社会の全住民または全員の収得した有用な才能。

第三に、流動資本。その特色は、もっぱら流通によって、いい換えれば主人を換えることによって収入をもたらすということに存し、およそつぎのようなものから成っている。

ａ　貨幣――これによって他の三種の資財は流通し、またその適当な消費者に分配される。

ｂ　販売者（屠肉者・放牧者・農業者・穀物商人および醸造業者等）の所有する食糧のストック。

ｃ　生地のままのまたは多少加工されている衣服、家具および建物の材料。それはまだ完成品とならないでその製作者の手許にあるものである。

ｄ　すでに出来上って完成してはいるが、なお商人または製造業者の手許にあって、まだ処分されずまた適当な消費者に分配されていない製作物。(1)

（１）　以上はこれからの分析にとって重要であるので、煩を厭わずスミスの分類目録を略記したが、なお詳しくは『国富論』二六四―六頁を参照のこと。

アダム・スミスの資本分析はフランソア・ケネーの遺した資本の範疇を整理し、その財産目録を掲げたにすぎないとは、後にマルクスがスミスの右の分類に加えた手きびしい批判である。マルクスのこの批判は社会的総生産＝再生産の問題を究明しようとするものにとって、すこぶる示唆に富むものである。われわれもまたこれを手引きとし、これを念頭におきながら以下の考察を進めることとしよう。(1)

（1）資本の分析ならびに生産的労働と不生産的労働の吟味に関しては、とくにケネーとスミスとマルクスとの関連が重視されなければならない。しかし本書ではそこまで立入って論じる余裕はない。詳しくは横山正彦『重農主義分析』(一九五八年)および平田清明『経済科学の創造』(一九六五年)に譲る。とくに後者の経済表分析に注目したい。

第一に、本表は、社会の富が本来の消費と生産的消費とに振り向けられる筋道を示している。だから、それはけっして単純に社会の一般資財の分類を企てたのではなく、少なくとも資本主義社会における社会的生産および再生産の筋道を総括的に表示しているものと解される。社会の富が「眼前の享楽」に費やされることが多ければ多いほど、表の第一部分(直接消費のために留保された資財)が増加し、「将来の利潤」をうるために用いられることが多ければ多いほど、第二(固定資本)および第三(流動資本)の部分が増加する。そしてスミスの説明によれば、固定資本部分の資財内容は流動資本部分によって補われ、流動資本部分の資財内容は「土地、鉱山および漁業」によって補われるのであるから、本表は資本の運動に伴う社会の物質的新陳代謝の径路を示しているものとも解される。この意味で、本表はケネーの「経済表」を想起させるものである。(1)しかしスミスがケネーに比していちじるしく見劣りのする点があることは否めない。ケネーは、社会の物質的新陳代謝の過程を徹底的に「純収穫すなわち利潤」の生産および再生産過程として把握することによって、資本主義的生産の核心を率直簡明に表示した。これにたいしてスミスは、この最も肝腎な点を曖昧にしている。スミスの表においては、利潤の出所が不明であるばかりでなく、地代もまた生産過程に直接関係のないものとして第一部分(直接消費に振り向けられる部分)に組み入れるほかはない。ところが賃銀は、一方では流動資本の一部として資本の項目に分類されながら、他方収入としてやはり第一部分に分類されるべきものでもある。ここに、第一篇でみられた資本と収入の関係に関するスミスの混乱が、ふたたび現れているのをわれわれはみるのである。すなわち彼は第二篇においても価格が賃銀、利潤および地代の三つの収入部分に残りなく分解するという第一篇の見解を依然として留保しつつも、社会的再生産の問題に進むことになると、収入に総収入 gross revenue と純収入 net revenue の区別を設けざるをえなくなった。これによると一社会の総生産物のうち資本の償却、維持に必要な一切のものを差し引いた残余が純収入であって、これは当然個人的に直接消費してさしつかえない部分すなわち表の第一部分である。しかし他の部分はもはや直接消費されることはできない、すなわち収入に分解することはできないことになる(賃銀は資本の項目に属しながら、その内容からみて同時に収入の項目にも属することになる)。資本主義的生産はいつでも同時に再生産の過程であるから、総収入と区別された純収入の考えは無条件に正しいといわねばならない。しかし、もしそうだとすれば、それはケネーの純収穫の概念が彼の「経済表」において果した役割に比して、はるかに見劣りがするものというべきであろう。

(1) キャナンは、スミスをケネーと比較してスミスが分配の観念をケネーから学んだことを指摘するのに熱心であったが、本表をケネーの「経済表」と比較するのを忘れていたようである。これはキャナンに再生産論の問題意識がなかったためだといってよいであろう。これにたいしてスコット(W. R. Scott: Adam Smith as a student and professor, 1937.)は、キャナンの見解を反駁するのに急であって、必ずしもケネーとスミスの問題意識を正当に評価していないようにみえる。キャナンやスコットとはちがい、マルクス文献に明るいミークは、前掲の書物において、スミス『国富論』の中心思想は資本の蓄積をはかることにあると述べている。この見方の方がずっと穏当であろう。

第二には資本の分類についてである。スミスにおける固定資本と流動資本の区別は、いうまでもなくケネーにおける avances primitives(原前払い)と avances annuelles(年前払い)の区別に照応している。これにたいしてスミスはケネーの avances foncières(基本前払い)を、土地の改良費として固定資本の中へ入れた。用語の技術的側面に関するかぎり、スミスはケネーに比してより近代的である。さらに資本の内容を仔細に検討した点、およびもっと大切なことは、固定資本と流動資本の概念規定を試みた点においても、スミスはケネーに勝っている。けれども、最後の、より大切な点でスミスは最も素朴な誤謬に陥っていることを注意しなければならない。前述のとおり、スミスは固定資本と流動資本の区別を、たんに、流通することによって利潤を生むかいなか、主人を換えることによって利潤を生むかいなか、ということに求めた。これによれば、固定資本と流動資本の区別は、前者が同一の生産過程内部に止まるのにたいして、後者が一つの生産過程から抜け出して流通過程へ流動していくことのうちにあるものと考えられている。しかし、スミス自身も認めているように、固定資本は流動資本の助力なしには用をなさないばかりでなく、固定資本の資財内容は流動資本によって補充されなければならない。だから正しくは、この両種の資本の区別は、第一には同一生産過程内部における区別として、第二には資本の価値内容に基づく区別として設けられなければならないはずである。すなわち、固定資本と流動資本の区別は同一の生産資本内部の区別であり、それは資財の価値が生産物に移転していく速度の区別によって生じるものにすぎないのである。これはもちろん資財の物理的性質(耐久性)とも関係のあることではあるが、しかし区別の標識は物理的な耐久性の有無というようなことではなく、どこまでも価値視点にあるのである。価値視点と物的視点の区別が明確でなく、したがって価値視点の確立に成功できなかったスミスが固

定流動両資本の区別に関して素朴な見解を克服できなかったのは不思議ではない。(1)

(1) スミスに従えば、農業者の種子は固定資本である。なぜなら、それは穀倉と農場との間を往復するだけで、主人を換えることがないからである(『国富論』二六四頁)。このような素朴な誤謬は明らかに価値視点の欠如を物語っている。価値視点を物的視点との分離と統一のうちに、固定資本と流動資本の区別をはじめて明瞭に打立てたのはマルクスであった(『資本論』第二部をみよ)。だがこのマルクスにしても、固定流動両資本の正しい認識に達するためには、数多くの資本学説批判と苦しい思索の旅を続けなければならなかった。その悪戦苦闘の跡は、彼の『経済学批判要綱』(とくに第二篇)に生々しく遺されている。

第三に、スミスが貨幣を流動資本に加えたのは、有用な才能を固定資本の一項目としたこと以上に不当である。有用な才能を固定資本の一項目としたことは、言葉の濫用にすぎないともみられようが、貨幣を流動資本の一部に加えたことは、どうしても看過できない科学的な誤謬である。スミスが他の箇所で示した説明によると、貨幣はいわば「流通の大車輪」であり、「天下の公道」である。これはスミスの貨幣観の一面を示すものであるが、もしこの見解を貫くとすれば、われわれはそれによって、固定資本たるべき資財を運搬することもできれば、流動資本たるべき資財を運搬することもできるはずである。貨幣は資本としてはいない――たんなる流通手段としてではない――固定資本にも転化しうると同様に、流動資本にも転化しうるものである。したがってそれは固定資本でも流動資本でもなく、そのいずれからも独立な範疇であるはずである。われわれはこれを貨幣資本と名づける。スミスが貨幣を流動資本の一項目に掲げたことは、なんとしても奇妙であり、スミス自身の貨幣観および資本観からいっても不徹底きわまるものであるというべきだろう。ケネーは貨幣を資本として把握せず、貨幣資本の範疇を確立することはもちろんできなかった。しかしケネーにあっては、貨幣は社会的総生産物(純収穫をも含めて)の流通取引きを可能ならしめ、かくて社会的再生産を可能ならしめる手段であった。これにたいして、スミスは貨幣を資本として捉えることにおいてケネーより一歩前進しながら、貨幣を流動資本の一項目に引き落すことにより、かえってケネーよりも一歩後退したものということができよう。スミスはケネーが遺した資本の財産目録を不手際に作製したにすぎない、という厳しい批判が起ったのも一応理由のないことではない。しかし、スミスは自己の処置の不手際にまったく気づかないわけではなかった。というのは、彼は貨幣を流動資本の一項目に配属させながら、それが他の三項目とは大いに性質を異にし、つぎの三つの点において固定資本の性質に近づくものであることを強調しているからである。

「第一に、事業上の機械、器具等は、最初これを建設するにも、また後にこれを維持するにも、一定の経費を必要とし、これらの経費はともに、総収入の一部をなすとはいえ、社会の純収入からの控除費目である。同様に、ある国において流通する貨幣たる資財は、まずそれを集めて、後それを維持していくのについて若干の費用を要する。この二つの費用はいずれも、社会の総収入の一部であるが、右の場合と同様に、その純収入からの控除費目である」(『国富論』二七三頁)。「第二に、個人または社会の固定資本を形造っている事業上の機械、器具等は、この双方にとってその総収入でもなければ、純収入でもない。それと同様に、貨幣は、それがあることによって社会の全収入を規則正しく社会各員のうちに分配するものではあるが、けっしてその収入の一部をなすものではない。……流通のこの大車輪はその力によって流通させられるところの財貨そのものとは全然異ったものである」(同上、二七三―四頁)。「第三に、そして最後に、固定資本を形造っている事業上の機械、器具等は、貨幣たる流動資本の部分と、なおつぎのような類似を持っている。すなわち、これらの機械を造設し、維持する経費の節約で、しかも労働の生産力を減殺しないものは、すべて社会の純収入の増加であるが、それと同様に、貨幣たる流動資本部分を蒐集し、維持する経費の節約もまた、これとまったく同種の増加である」(同上、二七六頁)。

かくて貨幣は流動資本に属しながらいちじるしく固定資本の性質に類似するものとなるのである。まことに鮮かな混乱というか、苦渋にみちた試行錯誤の過程というべきであろう。ここに示されたスミスの混乱と錯誤の原因は、固定資本と流動資本の区別を価値視点から行わなかったこと、この両種の資本は実に生産資本内部の区別にすぎないことを認識しなかったこと、そして最後に、資本としての貨幣は貨幣資本として生産資本に対立し、生産資本の前形態であることに気づかなかった点に存している。(1) われわれはマルクスに従って、このように断定して憚らない。たといケネーに比してスミスの苦心の跡は十分にうかがわれるとしても、われわれはマルクスとともにスミスの誤謬を指摘することは許されるであろう。だがしかし、スミスの混乱と誤謬の中にこそ、かえって正しい認識への鍵が秘められていたことを評価しないとすれば、それはスミスにたいして不当に片手落となることを忘れてはなるまい。

(1) マーカンティリストが貨幣を求めたのは、「流通の大車輪」としての貨幣ではなくて、資本としての貨幣すなわち貨幣資本を獲得するためであった。スミスはそのマーカンティリズム批判において、必ずしも十分にこれを認識しなかった。この点で彼はマーカンティリストよりもむしろ一歩後退したとも考えられる。ただしスミスはここでみられるように、流動資本としての貨幣について、貨幣が金銀として固定資本に類似するという点において、資本としての貨幣=金銀のイメージを持っていたことは明らかである。スミスは、マーカンティリズムの批判に際してこのことを忘れてしまったように思われるのはなぜか。それはスミスの理論的不徹底のためよりはむしろマーカンティリズムにたいするスミスの敵愾心のためであろう。

第四に、すでに商人の手中にあって売り出されている完成品を流動資本の一項目とすることも、厳密にいえば妥当ではない。これはすでに生産過程から出ているものであるから、貨幣資本および生産資本に対立する資本の第三の形態として商品資本の範疇に属させるべきである。完成商品は機械や器具に比べれば換価が容易であり、流動性が大で

あるけれども、しかしそれは原料や食糧品の価値と同様に、機械や器具の価値をも含めて換価されるのである。(1)

（1）資本が貨幣資本、生産資本、商品資本という三つの形態変化を遂げつつ不断に回転運動をくり返すものであることは、やはりマルクスのはじめて明確にしたところである(『資本論』第二部をみよ)。マルクスのこの図式は、資本循環に関するケネー－スミス－マルクスの路線を完成したものといえる。

以上の叙述を簡単に総括しておこう。アダム・スミスが生産力の体系としての市民社会を、たんに生産の観点からだけでなく、同時に再生産の観点から、いい換えると、資本の生産ならびに再生産の総過程の観点から、初めて総括的な考察を試みたということは、たとい先輩としてのケネーの優れた業績に負うものとはいえ、やはりスミスに経済学の創設者としての栄誉を保証するものであろう。しかしながらこのことは、『国富論』第一篇におけるスミスの自然価格分析と、第二篇におけるスミスの資本分析とを併せていいうることであって、両者のうちいずれか一方のみを過度に強調するのは、けっしてスミスにたいして公平な観察者となる所以ではないであろう。再生産論だけがスミス経済学の本命でないことをわれわれは改めて力説しておかなければならない。

2　生産的労働と不生産的労働

社会的富の増大と資本の蓄積の程度は、スミスによると、生産的労働と不生産的労働の比率、すなわち社会の一般資財が資本として用いられるか収入として消費されるかの比率によって決定される。かくて資本の分析は、スミスを生産的労働と不生産的労働の問題に赴かせた。そしてこれもまたケネーの示唆に負うところが少なくないのである。

周知のとおりケネーは、農業労働は純収穫を生むという理由でただそれだけが生産的であるとし、他の産業部門に用いられた労働は純収穫を生ないから不生産的であるとした。これにたいするスミスの不満は、『国富論』第四篇のフィジオクラート批判において比喩的な文章をもって吐露された。スミスはフィジオクラートをエコノミストと呼んだが、エコノミストの見解は、マーカンティリストによって折り曲げられた弓を匡正しようとしてかえって反対側へ曲げすぎたものだと評した。彼に従えば、三人の子供をあげることのできる一組の結婚が生産的な結婚であることにまちがいないとしても、二人の子供しかあげない結婚が不生産的だと呼ばれなければならない理由はない。ゆえに工業もまた立派に生産的であるといわなければならない(『国富論』六三八―四二頁)。スミスのこの比喩的な説明はつぎのような理論的結論を包含している。すなわち、工業労働も農業労働も同様に生産的であるが、しかし農業労働は工業労働に比して一層生産的である。なぜなら、「農業においては自然が人間とともに働く」(『国富論』三四四頁)からである。

生産的労働と不生産的労働の本質規定に現れているスミスの二重性格は、このような比喩的説明から十分に首肯できることである。スミスは、一方においては純収穫すなわち利潤をあげ、価値を殖やす労働を一般に生産的と考える。これは三人の子供をあげる結婚の場合に当る。しかしスミスは、他方においては、たんに価値を回収し、物的富を後に遺す労働をもって不生産的であると解することはできなかった。これは二人の子供しかあげることのできない結婚の場合に当る。かくして生産的および不生産的という言葉の意義には、二通りの規定がつきまとうこととならざるをえない。一つには余剰すなわち利潤を生むことができるかどうか。二つには売ることのできる商品を生産するかどうか。この二つの視点(1)は理論上けっして同じものでないことはいうまでもないのに、スミスはこの二つを無造作に同一視し、あるいは混同するのである。しかし、しばらくスミス自身のいうところを聞こう。

（1）わが国のスミス研究家の中には、スミスの生産的労働の概念について三つの区別をなすべきだとする人がいる。すなわち一、利潤をもたらす労働、二、たんに価値を回収する労働、三、物的な富を生産する労働の三つである。けれども二と三とは分離しては実存しえない。スミスが売ることのできる商品 vendible commodity というのはこれを指している。われわれとしては二つの視点をあげれば十分であって、これを三つとすることは形式主義のきらいを免れない。

生産的労働と不生産的労働の区別について、スミスは第二篇第三章の冒頭においていう。少し長いが特徴的な一文であるから、煩をいとわずそのまま引用することにしよう。

「労働には、それが加えられる対象の価値を増す種類と、そういう結果を生じない種類とがある。前者は価値を生じるのであるから、これを生産的労働と呼び、後者はこれを不生産的労働と名づけてよい。かくして、製造工の労働は一般に、彼が工作する材料の価値に、彼自身の生活維持と彼の主人の利潤の価値を付け加える。これに反して僕婢の労働はいかなる価値をも付け加えない。製造工はその賃銀を彼の主人から前貸してもらっているのであるが、それらの賃銀の価値は一般に、彼が労働を加えた対象の増大した価値のうちに、一定の利潤を伴って回収されるのであるから、実際上は、主人には一文の費用もかからないのである。しかしながら、僕婢の維持費は回収されることがない。人は多くの製造工を使うことによって富み、多くの僕婢を維持することによって貧しくなる。といっても、後者の労働も価値があるのであって、それにたいする報酬は前者と同様に当然のものといわなければならない。ただ、製造工の労働は、ある特定の対象または販売しうべき商品に固定しかつ体現されて、その労働がなされた後にも少なくともしばらくはなくならないのである。それは、いわば、いつか必要が起ったときに使うために貯蔵し、蓄積しておかれる一定量の労働である。この対象は、あるいはそれと同じものであるが、この対象の価格は、後日必要に応じてそれの生産にはじめに要した労働と等しい量の労働を動員することができるのである。これに反して、僕婢の労働は、ある特定の対象または販売しうべき商品にけっして固定しまたは実現するものではない。彼のサービスは一般にそれを為遂げた瞬間に消失するのであって、めったにその痕跡または価値をその背後に残さない。そして後日、その代りとして同量のサービスを獲得するというようなことはできない」(『国富論』三一四頁)。

価値を増し利潤を生む労働が生産的であるといったとき、スミスは完全に資本主義的生産の立場に立っている。これに反して、ある特定の対象または販売しうべき商品に固定され実現される労働を生産的だといったとき、スミスはすでに前資本主義的商品生産の観点を、あるいは現物的な観点をとり入れている。これと同様な観点の二重性は前項の資本の分析についてもみられたところであるが、もちろんこのことには、スミスのよき意図が含まれていないわけではない。それは、資本の歴史的社会的性質(資本主義的本性)をそのままに確認するとともに、他方、資本の運動に伴って実現される社会の物質的更新の過程をも理解しようとするものであった。生産的労働の性格に関するスミスの二重規定もまたこれに照応するものとみることができる。われわれはスミスの混乱を衝く前に、その二重規定に盛られている真理の一面を正しく読みとらなければならない。

しかしそれにもかかわらず、この二重規定は理論上峻別されるべきものであり、これを同一視しまたは混同することは許されないのである。たとえば、純然たる資本主義的生産性の観点からいえば、たといその労働が後に物を遺すことがないとしても、利潤さえもたらすならば生産的であるといわなければならない。スミスは他の箇所で、オペラシンガーやオペラダンサーの労働を不生産的労働だと説明した。これはその労働が支出された瞬間に消え失せ、後に何も手にふれてみることのできる痕跡を残さないという理由によるのである。しかしながらこれを企業家である劇場主の立場からみれば十分に生産的となりうるはずである。スミスがこれを生産的と考えることを拒んだ理由は、オペラシンガーやオペラダンサーの労働が社会的再生産過程に何らの意味を有しないところの、収入のたんなる浪費にすぎないと考えたからである。スミスのこの眼識は限りなく健全である。換言すれば、スミスは資本家個々人の立場（個別資本の立場）と社会的再生産の立場（社会的総資本の立場）とが無条件に一致するものではないと考えていたことが、ここによく示されているのである。前掲の例をもっていえば、劇場主の立場からみて生産的であるものは社会的再生産の立場からみて必ずしも生産的ではない。この二つの立場が簡単に一致すると考えることは、むしろ腐朽した資本主義的思考様式の矛盾性を示すものであって、それはスミスの思想からおよそ縁の遠いものなのである。スミスはまだ、これからまさに上向線を辿ろうとする産業資本主義の戸口に立っていたのである。けれども、スミスの意図や思想とスミスの理論とは厳密に分けられなければならない。そして、さきにスミスが総収入と純収入の区別を設けながら、なおかつ価格三分解説を棄てなかったのと同様に、われわれとしては、この場合にも彼の二重規定に現れている彼一流の理論的矛盾を指摘しておかなければならない。

とはいえ、スミスは不生産的労働が報酬に値しないと主張するのではない。また不生産的労働を不必要労働だと解するのでもない。生産的 productive ということと有用 useful ということとは別物である。たとえば、君主およびその下に働く司法、軍務の全官吏、陸海軍人、牧師や教師、法律家、医師、各種の文人、俳優、道化者、音楽家、オペラシンガーやオペラダンサーの類の労務は、スミスに従えばもちろん不生産的ではあるが、しかし必ずしも無用であるというのではない。スミスの与えた生産的ならびに不生産的労働に関する理論的規定は、いまわれわれのみたように、大きな問題を含んでいるにしても、しかしスミスがこのように生産的労働の規定を純経済学的立場からとり上げて、後の経済学者のように、生産性と有用性とを混同し、物質的生産と精神的生産の区別を立て、ついには論理と倫理とを混済するような誤りに陥らなかったのは、スミスの思想の健全さを物語るものだといわなければならない。けれどもひるがえって考えてみるのに、スミスはまだケネーの制約を完全には脱していなかった。スミスがケネーの純収穫を利潤と解し農業の外被をとりのけて資本主義生産の一般方式を示したことは、表現の形式としてはたしかに一層近代的であった。しかしケネーは農業一本で考えていたので、かえって一層徹底的にかつ一貫して資本主義的生産性の核心を抉り出すことができたともいいうるのである。しかしこのケネーにしても、物的視点と価値視点の区別と統一は必ずしも十分に行われておらず、したがって、多くの点においてフィジオクラートの影響を受けることが少なくなかったスミスに、かえって一層多くの混乱と不明確が現れることになったとみるべきであろう。スミスはケネーの遺産をより豊富化し、ケネーの理論をより一般化することによって、そのためにかえって自己の理論の矛盾と不齐合をあらわにしたといえる。その矛盾と不斉合とは、ほかでもない物的視点と価値視点の分離と統一の問題[1]に関するものであったことを、われわれは重ねてここに確認しておこう。

(1) スミスはさきに引用した第二篇第三章冒頭の一節において、ふたたび労働価値論の思想を閃かせ、見方によっては利潤搾取説の思想をも暗示している。しかしスミスはこの思想をここで理論化しなかったばかりでなく、生産的労働ならびに不生産的労働に関する自己の所説を理論化しようともしなかった。他の箇所でもそうであるように、スミスはここでも暗示にみちた問題提出者であるほかはなかった。スミスの相続人としてまっ先にマルクスの名があげられる。マルクスは、物的視点と価値視点との分離と統一という観点からこの問題に真正面からとり組んだ最初の人である。しかしながら、生産的労働の規定に関していえば、マルクスの叙述をもってしても、すべての問題が余すところなく解明されたということはできない。問題はなお今日に残されているというべきである。

ここではこの問題に深く立入る場所ではないけれども、読者の参考に供するため、つぎの二点だけを指摘しておこう。生産的労働と不生産的労働の区別をするに当っては、一、物的視点と生産過程を混同してはならないこと、二、価値視点の適用に当っては、個別的労働の見地ではなく、社会的総労働の見地が堅持されなければならないこと、以上の二点である。

以上の分析を要約しよう。生産的労働は資本によって維持される労働であり、不生産的労働は収入によって維持される労働である。そしてスミスは、ここでは、資本を主として生産的資本の意味に、すなわち現実に物的商品を製造することによって利潤をもたらすところの、本来の意味における資本(産業資本)の意味に解していることが知られる。かくて資本と収入の比が生産的労働と不生産的労働との比を決定し、逆に後者の比の多少によって資本の蓄積と、したがって国富の増大の程度が決定される。だから、スミスは浪費を戒め勤勉を奨める。社会の総資財のうち勤勉な人びとを雇傭するために用いられる部分が多ければ多いほど、その国は富み、逆の場合にはそれだけ貧しくなる。ゆえに、国富は節約parsimonyまたは貯蓄によって増加し、浪費によって減少する。これを今日の言葉でいえば、資本主義社会の拡大再生産は資本の蓄積によって可能となり、資本の不生産的消費によって縮小再生産が引き起されるということになる。つまり、スミスが節約というのは資財の資本化ということであり、浪費というのは資財の収入化ということである。この意味で、スミスは浪費を心から嫌った。そして、個人の浪費よりは国家の浪費を警戒し、軍費はそのうちでも最大の浪費であると断じたのは明快な結論であった。そしてスミスが、もし浪費するならばその瞬間に消失しないでなるべく後に物体を遺す物に浪費すべきことを奨めたのも、前段の分析と思い合せて若干の興味なしとしないのである。(1)

（1） 後にスミスは、「国防は富裕よりも重要である」と述べて、ドイツの経済学者リストからその自家撞着を非難された。しかしこれはリストの誤解であることをいっておかなければならない。スミスがこの名句を吐いたのは、第四篇のマーカンティリズム批判においてであった。スミスはここで、かのクロムウェルによる航海条令がイギリスにとって必要不可欠であったと断じ、これまでの海外政策のうち最も賢明な政策の一つだと激賞した。なぜなら、国防は富裕よりも重要であるからというのである。スミスが軍費をもって最も不生産的な浪費だといったのは、純経済理論的な観点からであった。それは後のより高い政治的な立場からの反対の発言と少しも矛盾するものではないのである。（スミスにおける政治と経済の関係をここでふたたび想起すべきである。なお詳しくは第七章をみよ。）

3 資本の種々な用途

生産的労働と不生産的労働に関するスミスの説明には一義的明確性を欠くとはいえ、すべて資本は生産的労働を動かすものであるというスミスの思想に変りはない。しかしながらなお問題が残る。たとえば、資本の用途すなわち産業の種類の異るにつれて、同量の資本をもって動かすことのできる生産的労働者の数に差異があり、かつ同数の生産的労働者が付け加える価値も同じではないであろう。いい換えれば、産業の種類が異るのにつれてその生産性に相違がある、とスミスはいうのである。スミスはかく主張することによって、彼の資本分析にさらに新たな論点を付け加えることになった。それはたんなる経済分析を越えた政治的政策的観点に通じるものである。

スミスに従えば資本の用途には四つの種類がある。すなわち、一、土地から粗製産物を獲得する産業、二、粗製産物に加工する製造工業、三、製造品をそれが過剰な場所から不足している場所へもたらす運輸業、四、製造品を消費者の最も都合のよい時および分量において分割配給してくれる分配業、以上の四種である。ところで「農業においては自然が人間とともに働く。そしてその労働は、何らの費用も要しないのに、その生産物が価値を持つ点においては、最も経費のかかる職工の生産物と異るところがない」(『国富論』三四四頁)。その上に、農業においては「役畜の労働」もまた加わっている。ゆえに同額の資本でもって農業ほど多量の生産的労働を動かすものはほかにない。この理由から、スミスは四種の資本の用途のうち農業に用いられた資本が最も生産的であると結論する。製造工業に用いられた資本はこれに次ぐ。卸売商人の資本は水夫や運送労働者を動かすのに用いられるから、さらにこれに次ぎ、最後に小売商人の資本は自己自身の労働を動かすにすぎないから、生産性が最も劣るものと考えられた。

さきにスミスは、第一篇において利潤の大小すなわち平均利潤率について述べるに当り、資本の利潤は資本の量に比例するものであることを認めた。また彼は、固定資本の唯一の目的が労働の生産力を高めることにあることをも知っていた(『国富論』二七一頁)。これらの設論といまのスミスの論述との間にはギャップがある。しかしここではこの点を無視するとしても、前記の所説は明らかに不当であろう。もし資本の生産性ということを、同一量の資本によって動かされる労働者の数と解しないで、それらの労働者が資本家にもたらす利潤の大小と解したならば、このような産業の自然な順位は存在しなくなるはずである。しかもなおスミスがこのような産業の自然的順位にこだわらざるをえないとすれば、ここにはたんにフィジオクラート的な偏向があるためだとか、生産的労働の二重規定とその不斉合のためであるとか、そういうことのほかに、何かもっと重要な理由があったといわなければならない。それはたんに経済的な理由ではなく、それを越えた政治的あるいは政策的理由であったとみなければなるまい。

スミスはこの点をつぎのように説明している。農業と小売商に使用される資本は国内に止まっていなければならない。それらの資本の使用はほとんど一定の場所、すなわちその農園および小売商の店舗に限られる。そしてまたそれは、多少の例外があるにしても、普通にはその社会の住民に属する。これに反して卸売商の資本は、どこというきまった場所を持たず、それが安く買えるところ、高く売れるところを求めて、転々として移動するようにみえる。製造業の資本は、もちろん製造業の行われているところに止まらなければならないが、製造地がどこでなければならないかは必ずしもきまっているわけではない。それは時としては、原料のできる場所から、または完成品が消費される場所から、相当に遠いことがある。しかし、もし製造業者の資本が国内にあるならば、その方がより有効である。というのは、その方が必然的により多量の生産的労働を動かし、その社会の土地および労働の年々の生産物により多くの価値を付け加えるからである。もちろんそれが外国にあってもやはり有用であることに変りはないけれども、この理由により国内にある方が望ましいことになる。かくして、もし耕作、製造および運輸に十分必要な資本が存しないときは、一国の収入を最も多く産出し、最大の貯蓄を可能にするような資本の用途、すなわち農業をまず選択すべきである。国内商業と外国貿易との関係もこれと同様の見地から考察されるのである。

外国貿易はただ国内産業の発達の結果であり、国内産業の発達の萌しとしてはじめて意義あるものであって、けっしてその原因と考えることはできない。産業の発展は、もし何ら人為的障害が存しないときは、農業—工業—商業の順位をもって進むであろうと考えられた。[1] これはスミスのいわゆる事物の自然の成り行きであり、富裕の自然的進歩といわれたものであった。一国の政策は、よくこのような自然の筋道を弁えて、政策の目標を誤らせないように心がけねばならないとスミスは力説したのである。

(1) スミスは、産業発達の自然的順位がヨーロッパの人為的な諸政策のために歪められてきた次第を詳述した、第三篇の末尾においていう。「しかし外国貿易と製造業によってある国がえた資本は、そのうちの一部分が土地の耕作改良に投じられて安定し具体化するまでは、甚だ不安定不確実な所有物である。商人は必ずしもある特定国の市民ではないというのは名言である。彼がどの土地を根城として商売をしているかは彼には大体どうでもよいことである。それで一寸気に喰わぬことがあれば、彼はその資本と、それと同時にそれによって維持される一切の産業を、一国から他国に移すのである。資本が、いわば、その国の地面にそれがあるいは建物となりあるいは土地の不滅の改良となって散布されたもののようになってしまわないうちは、そのいかなる部分もある特定の国に属するとはいえない。かのハンザ都市の大部分が所有したといわれる巨大な富の跡は求むに由なく、ただあるものは十三世紀十四世紀の模糊たる歴史であるにすぎない。いまやこれらの都会のあるものはどこにあったか、またそれのあるものに与えられたラテン名はヨーロッパのどの都会のことなのか、それさえはっきりしていない」(『国富論』三九五—六頁)。

以上はアダム・スミスが第二篇第五章の後半において述べたところを、生産的労働の観点から要約したものである。すでにたびたび指摘したように、これは経済理論の立場からみて種々の問題を含んでいることはいうまでもない。しかし他方において、それはスミスの国士的風格を伝える政治経済論として読みとられるべき箇所であろう。ここには経済理論家としてのアダム・スミスと、経済政策家としてのアダム・スミスが一つになって現れている。リベラリスト－スミスはナショナリスト－スミスと手を携えて登場する。人はこれによってみても、スミスをマーカンティリストの単純な対立者とみることがいかに的外れのスミス理解であるかを改めて知るであろう。スミスによれば、ポリティカル・エコノミーの目的は、君主すなわち国家と人民とをともに富ませることに存した(『国富論』三九七頁)。これを逆にいえば、スミスのいわゆる世界共和国 universal republic は政治的国民的地盤を忘れた架空の世界ではなかったのである。経済学は、スミスにおいては、政治家および立法者の学の一部分でなければならなかった(同上)。われわれはかくて、長かった経済理論的分析の後で、ふたたび研究の出発点に戻って、経済と政治と道徳との具体的連関の問題に、すなわち生産力の体系としての市民社会の総体把握の問題に復帰しなければならないのである。

第六章「アダム・スミスの経済理論」を終るに当り、スミスが政治経済学の研究に用いた方法について一言しておきたい。スミスの方法が演繹的であるか帰納的であるかということについて、よくスミス研究家の間に論議が交されてきた。しかし以上われわれの研究に徴してみれば、これは問題としてすでに成立しない問題であることが知られる。というのは、スミスの方法は演繹的とか帰納的とかという問題を超えたものであったからである。彼が市民社会に内在しようとする努力はその同感の論理のうちに示されていた。同感の論理は、すでに明らかにされたように、対象の内部事情に精通してそこに一つの自然的な秩序を跡づけようとする方法態度の上に立っていた。換言すれば、それは経験的自然法という思想態度の上に立っていた。だから、この思想態度に従えば、道徳的世界、法および統治の世界、ならびに経済的世界の考察に当っては、それぞれ与えられた経験的世界の構造に内在し、その場所に応じて経験に精通することが要求される。この方面からみれば、スミスの方法はつねに帰納的であるということができよう。しかしながら、研究者が与えられた経験的世界に内在し、その内部事情に精通しようとするのは、一つの自然秩序を信じるからであり、その跡づけが可能であることを知っているからである。この一面からいえば、スミスの方法はつねに演繹的であったとみるべきであろう。これを要するに、スミスの方法態度は演繹的-帰納的という対句をもっては蔽うことのできないもっと高次の、あるいは少なくともそれとは別の性質のものであったのである。

われわれはスミスの経済理論の検討に当っても、このような俗説に近い対句法に煩わされて、スミス解釈の焦点を不透明にしてしまうようなことがあってはならない。経済理論家としてのスミスの中には、いつも二つもしくは三つの立場が同時に混在している。そしてこれらの立場は、理論上、時として並行することもあるが、時としては鋭く対立し矛盾し合っている。価値論においてはいわゆる投下労働説と支配労働説、価格論においてはいわゆる分解説と構成説とが並行している。所得論とくに地代論においては、矛盾と混乱が絶頂に達している。そして最後に、資本の分類、生産的労働と不生産的労働の規定などにおいて、同様の混乱と矛盾がみられた。しかしながら、もしわれわれがより進歩した市民社会認識すなわち体制認識をもって[(1)]、スミスにおけるいわば呉越同舟の姿を仔細に観察するならば、スミスのどの部分が科学的に真であり、どの部分が科学的に誤りであるかを判別するに難くはないであろう。この意味において、スミスに方法がないとか、体系がないとかという非難もまたけっして当をえたものではない。スミスはもちろん、近代精密理論の論理的一義性を尚ぶ意味では方法も体系も持たなかったといいうるかもしれない。しかし、近代経済学のもろもろの方法やもろもろの体系(マルクス経済学のそれをも含めて)をかえってそのうちに含み、これらのもろもろの方法や体系そのものを生み出す方法と体系の実質を具えていることにより、かえって近代経済学(マルクス経済学をも含めて)の母胎となり、ときとしてその批判者とさえなっている点は、今日力説強調されなければならない。方法や体系はたんに理論の問題ではなくて、人間の問題であり、研究者の生活態度と眼識につながる問題である。

(1)　市民社会と資本主義体制の、したがって市民社会認識と体制認識の関係については後に述べる。とくに価値論におけるスミスとマルクスの関係を論じる補論二を参照されたい。

このような現代的関心から、われわれはもう一度アダム・スミスの全体観を再検討しなければならない。経済学者としてのスミスではなく、社会科学者としてのスミスにもう一度立ち戻らなければならない。この観点からとり上げられるべき問題は少なくないであろうが、われわれは現代におけるスミス解釈の立場から、さしあたり二つの最も重要な問題をとり上げたいと思う。第一は、スミスにおける国家と経済の問題であり、第二は、スミスにおける歴史認識の問題である。

アダム・スミスの市民社会体系において、国家と市民社会がどのような関係に立つか。この問題は、とくにヘーゲルの市民社会観と比較対照しながら、すでに本書の第四章において論じた。こんどはもっと現代的な観点からこの問題がとり上げられることとなる。学説史的にいえば、ヘーゲルとの関連におけるスミスではなくて、マルクスとの関連におけるスミスが問題となるのである。第七章がこの主題の解明に向けられる。

つぎに、現代におけるスミス解釈の最も重要な問題の一つとして、スミスにおける歴史認識の問題がある。これは戦後わが国のスミス研究家たちによってはじめて確保された視座である。それまでスミスには歴史意識は存在しないか、少なくともきわめて稀薄であると考えられてきた。これは啓蒙の思想家としてのアダム・スミスとしてはやむをえないこと、あるいはむしろ当然のことであるとみられてきた。けれども現代のスミス解釈は、この点においてよほど進んだ見解を打出すに至った。スミスもまた歴史の子であり、彼自身一面において歴史家であった(少なくとも豊かな歴史的教養を持っていた)。そして他方、スミスの啓蒙主義的な社会観は、それ自身が一つの歴史転換の意欲を表明するものであるという解釈も生れてきた。これは明らかに、体制転換という大きな歴史的課題の前に立たされている現代社会科学者の、新しい時代感覚を表わすものである。われわれはスミスに即しながら、どこまでこのような歴史認識の問題に対決することができるかを検討しなければならない。これが残された最後の問題である。前の場合と同様に、この場合にも、学説史的にはマルクスとの関連におけるスミスがとり上げられることになろう。これが第八章の主題である。

第七章　国家と経済

――スミスの自由主義的社会－文明観をめぐって――

スミスにおける国家と経済との関係はどうなっているか。この問題はおそらくつぎの三つの問題として、あるいは三つの側面からの一つの問題提起として考察されうるだろう。その一は、スミスにおける国家と市民社会との関係はどうかという問題であり、その二は、スミスにおいては政治的なものと経済的なものとはどのような関係にあるかという問題である。そしてその三は、スミスにおけるいわゆる人為的なものと自然的なものとの関係はどうかという問題である。これらの三つの問題は、すでにこれまでの諸章において折にふれ部分的に関説された問題ではあるが、ここにまとめて考察してみる必要があるだろう。

これら三つの問題は、いまいったように、結局は一つの問題である。たとえば国家は権力の主体に関して考えられるものであり、政治的なものはまさにこの権力の行使に関して考えられるものである。これにたいして市民社会関係は、すでに前の諸章においてみたように、たとい純経済的な社会関係を表わすものでないとしても、経済的なものが優越する社会関係、すなわちすぐれて経済的な社会関係である。だから国家と市民社会との関係は、少し観点を変えれば、政治的なものと経済的なものとの関係として集約的に表現されうるものとなる。とくにスミスの場合にはそうであって、これはスミスの国家概念を検討してみればすぐわかることである。最後に、スミスにおける人為的なものと自然的なものとの関係を考えるにしても、結局は政治的なものと経済的なものとの関係を考えることに帰着するであろう。もちろん政治はすべて人為的なものであると考えることはできないし、スミスがそのように考えていたと解するのは、後に明らかにするように、まったく馬鹿げた俗流自由主義者の謬見である。[1] だから政治的=人為的、経済的=自然的というように簡単明快な割切り方をするべきではない。また政治や経済以外の社会領域においても、人為的なものと自然的なものとの関係が問題となるべきだろう。少なくともスミスはこの点をいかに考えたか。われわれはこのように反問することができるであろう。これを要するに、ここで提起した三つの問題は、結局は一つの問題、すなわち国家と経済の問題ではあるが、観点のちがいにより、それぞれニュアンスのちがいを含んで考察される一連の問題となるのである。

（1） スミスの経済的自由主義が、いわゆる自由放任主義とは似ても似つかぬものであることを銘記せよ。いわゆる自由放任の思想 laissez-faire, laissez-passer はスミス思想の俗流化であるにすぎない。十九世紀初頭のドイツ・マンチェスター学派がその一例である。

このような見地からスミスの著作を考察すると、まず第一に問題となるのは『国富論』の後の三篇である。すなわち諸国民の富裕の進歩の差異について論ずる第三篇、重商主義および重農主義の批判に当てられている第四篇、主権者または国家の収入について論ずる第五篇が直接関心の対象となる。つぎに重要な資料となるのはいわゆる『グラズゴウ大学講義』であるが、われわれは国家と経済の問題について後に『国富論』の諸篇で詳細綿密に展開されたスミスの思想が、基本的にはまったくそのままの形で、ここに簡明率直な線をもって描かれているのを見出すことができる。当面の問題を研究するためには、『講義』をぬきにしてはきわめて重大な指針を失うことになろう。スコット教授によって発見された「国富論草稿」もまた重要な一資料ではあるが、いまの問題に関しては『講義』ほどの意義を持ってはいないといえる。

以下ここに提起された問題を順次検討することにしよう。

一 市民的制度としての国家および政府

イギリス経験論の社会観においては、国家をそれ自体において存立する一つの実体としてみないで、むしろそれを働きの面から、すなわちその機能の面から捉えようとする傾向が強い。国家とは何か。それは社会といかなる関係にあるのか。このような問題の抽象的な論議は、この時代の社会科学者にとってはそれほど大切な問題ではなかった。ホッブズやロックにとってさえ、そもそも国家と社会との関係はいかに、というような一般的抽象的な形において問題が提起されたことはなかった。とくにそれ以後のイギリス社会科学者たちにあってはそうである。このことはここに改めていうまでもなく、十八、九世紀以後におけるドイツ社会科学者たちの考え方といちじるしい対照をなすものである。(1) 国家はそれ自体としてではなく、むしろ政府として、統治として(政府も統治もともにgovernmentの訳語であることに注意)考察される。そして社会はもちろん一般社会というような抽象的な形ではなく、市民社会として考察される。これがとりわけ十七、八世紀におけるイギリス社会科学者たちの発想であった。われわれはすでに(第四章において)この点について論じておいたが、ここにもう一度それを確認しておかなければならない。

(1) ヘーゲルやローレンツ・フォン・シュタインをはじめ、マルクスやラッサールにもこの問題意識が強く現れており、それは後に形式社会学の出現とともに、国家と社会の対立一般として類型化されるに至った。優れてドイツ的な問題感覚であるが、わが国の社会学界に少なからぬ影響を与えたのは、両国の国状の然らしめるところであろう。

とはいえ、スミスの思想の中にも国家と社会の問題は存在する。われわれはこの点を故意に見落してはなるまい。それはたんにスミス解釈の上からでなく、今日の社会科学にとってもきわめて興味のある問題を投げ与えるものだからである。一見したところ、スミスは国家 state を市民社会 civil society に対立させ、主権者 sovereign を人民 people または臣民 subject に対立させているようにみえる。あるいは少なくとも前者から後者を区別して考え、それがこのような用語の差異となってはっきり表わされていることはまちがいのないところである。けれどもここにいわゆる国家は、市民社会の平和と秩序を維持するために、またそのかぎりにおいて存在理由が認められるものであって、けっしてその逆ではない。スミスの国家は市民社会の存在を前提し、市民社会の、きわめて重要ではあるが、一つの機能を果すためにのみ存在するものである。これは後に多元的国家観といわれる思想の基本線上をいくものである。また主権者と人民または臣民との対立にしても、(1)この両者の間の本質的な対立関係が問題とされるのではなく、それらはともに共同体 commonwealth の構成員として、市民社会の生活原理の中へ組み入れられるものとして問題とされるにすぎないのである。もっとも、スミスはときとして state を commonwealth とほぼ同様の意味に使っていることもあるが、スミスの基本的な考え方としては、国家はどこまでも市民社会の基盤の上で、市民社会の生活原理に即して把握されている。そしてこのことは彼の思想の発展を通じて変らなかった。ここではとくにその点に照明を当てなければならない。

（1） 臣民という日本語と subject という英語とではまったく語感がちがっている。臣民は主権者に従属する思想を表わす語であるが、subjectは、一方では臣従するという意味を持ちながら、本来主体とか主語という意味を持っている。主権の絶対性を基礎づけたホッブズの『リヴァイアサン』においても、この語は二重の意味に使われていることに注意すべきである。

スミスにおける国家と市民社会の関係を知るのに最も有力な手がかりとなるのは、『グラズゴウ大学講義』の序説と第一部「正義について」である。われわれはそこから国家の成立と性質に関するスミスの見解をはっきり知ることができる。まず何よりも国家は財産の安全を維持し、富者を貧者から守るために設けられた。「財産が存在するまでは、政府というものはありえない。まさに政府の目的は、富を確保し、富者を貧者から保護することにあるからである」(『講義』一四頁)。スミスによると、狩猟民族の間には正規の政府というものは存しなかった。ところが畜群の私有は財産の不平等をもたらした。そしてそれが最初に正規の政府を発生させた。国家なり、政府なり、統治なり——ここではこの三つの言葉は同義語として使用されている——、そういったことが必要となったのはこのとき以後のことであって、それまで人びとはいわゆる自然の法に従って生活したのであった。したがって、スミスによると、社会の平和と秩序を維持するために国家が必要となるのは、財産、とくに財産の不平等が発生してからのことである。社会の平和と秩序の維持ということは、法の立場からいえば正義の維持である。だから「正義の目的は侵害からの防止にある。そしてそれは政府の基礎である」(『講義』三頁)。

(1)　といってもスミスは自然法を信じたわけではない。まして国家契約ないしは社会契約の説を承認したわけでもない。スミスが国家=社会契約説に反対であったことは、後述のように『講義』において明記されている。ここで自然の法といわれるものは、人間に具わっている一種の義務感情のことである。後述の本文をみよ。

いうまでもなく国家(政府、統治)の成立と性質に関するスミスのこの思想は、根本においてはロックの思想である。

われわれはすでに(本書八〇頁)そのことを一言しておいた。しかしながらロックとスミスの間には二つの点で大きな違いがあることを注意しなければならない。

第一には、ロックにおいても政府は財産の保持以外の目的を持たない。この点でスミスはロックの思想の線上をいくものである。ロックの場合とまったく同様に、スミスにおいても財産は神聖で不可侵である。けれどもキャナンがとくに指摘するように、「政府が財産の保持のために設けられるかぎり、それは、実は貧者にたいして富者を擁護するために設けられたのである」(1)(『講義』一六頁)というのがスミスの見方である。ロックはそこまではいい切らなかった。この点でスミスはロックよりも一歩前進している。というよりも、スミスの方がよりよく市民社会の実状に通じているというべきである。そしてスミスのこのような見解は『国富論』において具体的な形をとって現れたとしても、その根本の思想はすでに『講義』のうちに簡明率直に示されているのであって、この点は今日のスミス研究家にとり非常に興味の多いところである。

(1) これはキャナンが『国富論』(第五篇第一章第二節、キャナン版、第二巻、二九八頁)からの引用として『講義』に付した注である。われわれはキャナンとともに、『国富論』で述べられたこの思想が、すでに『講義』のなかに見出されることを注意したい。

つぎにロックとスミスの第二の相違点は、国家(政府、統治)の性質についての理論的な説明の仕方にある。周知のとおり、ロックの統治論の基礎には原契約の仮説がある。もちろんロックはこれをいわゆる契約概念をもって捉えないで、人びとの同意というより主体的な観念をもって捉えた。一口に原契約の仮説をとるといっても、ロックにはホッブズなどの考え方と大いにちがったところがあることを忘れてはならない。(1) しかしながら、スミスはロックをも含めて、一般に契約説そのものに強く反対する。そしてその反対論はつぎの二点に要約されるであろう。

（1）　この点については福田歓一『近代政治原理成立史序説』（一九七一年）の精密な分析をみよ。

スミスの原契約説にたいする第一の反対理由はこうである。「原契約の学説は大ブリテンに特有なものである。しかも原契約の思想がまったくなかった処でも統治は行われており、かつわが国における大多数の人びとの場合においてさえそれが事実なのである」（『講義』一一頁）。キャナンがこの箇所に付した注から明らかであるように、スミスのこの反対論はヒュームから出ているものである。すなわちヒュームはつぎのように述べている。「前述の学説が注意深く教えこまれなかったところではどこでも、すなわちペルシアや支那において、フランスやスペインにおいて、またオランダ、イングランドにおいてさえ、かかる関係は、つねに、われわれの同意（コンセント）とはほとんど無関係であると考えられている」（『講義』一二頁）。この二つの引用から、われわれはスミスとヒュームの批判の直接の対象となっているのはロックであることを知りえよう。

つぎにスミスの原契約説にたいする第二の反対理由はこうである。かりに最初の政府が契約によって成立したと解明しうるとしても、その契約ははじめの契約者たちの子孫を拘束する力を持つものではない。人びとが現にある国家の中に住んでいるということは、けっして彼等がその国家にたいする服従のための契約を行ったとか、それに同意したとかいうことを意味しはしない。「一国にとどまることによって、人は政府にたいする服従の契約に同意するものだというのは、ちょうど人を船中に運び入れ、陸から離れたところに来てから、船中にいることによって彼は船長への服従契約を結んだのであると、彼に告げるのとまさしく同様である」（『講義』一二頁）。もしこのようないい方が正しいとすれば、人は国外に退去することによって、国家の臣民たる義務を免れうることになるはずであるが、いかなる国家でも国家にたいする臣民の不忠誠にたいしては最高の厳罰をもって臨んでいる。これは明らかにこの学説が現実の事実と相容れない説であることを示すものである。スミスはこのように述べて原契約の仮説を反論した。その思想的な基礎となっているのは、やはりヒュームの原契約説批判であることを再言しておこう。

以上のような両面からの批判によって、契約が政府にたいする服従の根拠でないとスミスが考えたことは明らかである。「義務というものの基礎は、人類がまったく知らない原理ではありえない。たといいかに混乱したものであろうとも、人類はその行動の基礎たる原理について、ある観念を持っているにちがいない」(『講義』一二頁)。その原理とは何か。それはほかでもない。同感の原理なのである。少し長いが、重要であるからまずスミス自身の言葉を引用しておきたい。

「人びとを導いて市民社会に加わらせる原理は二つあるが、われわれはこれを権威および功利の原理と呼ぶであろう。すべての小さな社会とか人びとの集団には、その首領として能力のすぐれた人が存している。好戦的な社会においては、彼は腕力のすぐれた人であり、洗練された社会においては、彼は精神能力のすぐれた人である。年齢と、長い間の権力の所有もまた、権威を強める一つの傾向を持っている。年齢というものは、当然、知識や経験と結びつけて考えられるし、また、権力の継続は、その行使にたいする一種の権利を与える。しかし、すぐれた富は、これらの性質のいかなるものよりも一層多く、権威を賦与するのに貢献する」(『講義』九―一〇頁)。この原理は『道徳感情論』において十分明らかにされている。そこでは、われわれよりすぐれた者にたいする同感が、同等のまたは劣った者にたいする同感よりも大きいことから、それが生ずるものであるということが示されている。すなわちわれわれは彼らの幸福な境遇を賞讃し、喜びをもってそれに同感しそれを促進させるように努めるものである。スミスはさらに続いてより詳細な説明を試みているが、これをスミス自身の言葉に従って要約すると、年長であること、身心の能力の優越、家柄の古さおよび富の優越ということが、ある人に他人にたいする権威を与える四つの事情である(以上の叙述については『道徳感情論』八四頁以下をみよ)。

第二の原理である功利の原理も、やはり同じ同感の原理によって理解される。「誰でも、社会における正義と平和を維持するためには、この原理が必要であることを知っている。国家制度 civil institution によって、もっとも貧しい者も、もっとも富める者およびもっとも有力な者による侵害を免れることができる。そして特殊の場合においてはいくらか不都合はあるかもしれないが——疑いもなく実際に不都合は存するのであるが——、しかしわれわれはより大きな弊害を避けるためにこの国家制度に服従するのである。人びとを動かして服従に導くものは、個人的な功利感であるよりも、むしろ公共的な功利感である。政府に服従しないでそれの転覆を願う方が、私の利益であることがしばしばあろう。しかし私は、他の人びとの私とは異った意見をもち、この企てにおいて私を援助しないであろうということを知っている。それゆえに、私は全体の利益のために政府の決定に服従するのである」(『講義』一〇—一一頁)。

「すべての統治には、ある程度この二つの原理がともに行われるのであるが、しかし君主政治においては権威の原理が主として行われ、民主政治においては功利の原理が主として行われる」(『講義』一一頁)。

以上によって、われわれはほぼ国家と市民社会の関係に関するスミスの基本の考え方を窺い知ることができると思う。これから先の分析を進めるために、その基本的な特徴を要約しておくとつぎのようなことになる。一、国家と市民社会の間に原理的な区別はない。二、国家は同時に政府であり、統治である。それは社会の平和と正義を維持するために設けられた市民的な制度すなわち civil institution なのである。三、正義の目的は侵害からの防止にあるのだが、侵害のうち最大のものは財産にたいする侵害である。だから国家は財産を守るために存在するものだといわなければならない。四、このような考え方は財産権を絶対視する近代市民社会の立場に立ってはじめて納得されうるのである。

スミスは財産権の前に人間の自然権の存在を承認している。しかし市民社会の立場からは、財産をぬきにした人間の自然権というものを考えることはできない。スミスは畜群の所有が政府および国家の成立の起源であるといったが、その場合畜群は fortune であって、property ではない。そこにはまだ近代的意味における国家や政府は存在しない。したがって近代的意味における私有財産というものは存在しない。スミスはどこまでも近代市民社会の立場から国家および政府の成立について論じているのである。

ところで、市民社会において最大の権威を基礎づける力は富である。しかし富めるものはそのゆえに国の内外から侵害を受けやすい。とくに貧しい者から侵害を受けやすい。それで国家は法と正義とによって富者を貧者から守らなければならない。でなければ市民社会の平和と秩序を維持することができないであろう。そこに国家または政府にとりなすべき任務が与えられることになる。スミスはこのように説いた。けれども他方において、貧者もまた国家の一員であり、市民社会においてその生活を保証されなければならない。でなければ、貧者が国家にたいしてどうして服従の義務を強いられることになるのか。その点をわれわれは理解することができないであろう。後述のように、この点についても、スミスの同感の原理はわれわれの理解を可能にしてくれるものである。(1)

(1) 同感の原理についてはすでに述べておいた。スミスの国家論においても、この原理が重要な役割を演じていることが、以上本章の説明においても知られよう。「同感」は一面人間の心理的な働きとも解しうるが、たんにそれだけのものではなく、同時に個人的または主観的なものを社会化または客観化する心的作用である。それは、政治的、法律的、経済的等の人間の社会的行為を理解する原理として、スミスの道徳哲学(社会哲学)の基本原理をなすものであった。詳しくは本書の第三章をみよ。

そこでわれわれにとってつぎのような問題が起る。すなわち国家または政府はその統治を通して市民社会の平和と秩序の維持のために何をなしうるだろうか。それはただ富めるものを貧しきものから保護することしかできないだろうか。貧者はいったい何によってその生存を保証され維持されうるだろうか。これは言葉を換えていえば、スミスにおける政治的なものと経済的なものとの結びつきはどうかという問題である。貧者は事実上社会の大部分をなすものとすれば、富めるもののためにある国家というものは、たんなる階級抑圧のための市民的制度にすぎないのであろうか。そもそも市民社会において、政治的なものと経済的なものとの関係はいかにあるのか。かくてわれわれの問題はスミスを越えて一歩前進することになる。

二　政治的なものと経済的なもの

社会のいかなる発展段階においても、政治と経済とはつねに不可分に結びついている。あるときは政治が経済に優越するようにみえ、他のときは経済が政治に優越するようにみえるかもしれない。しかし市民社会の立場に立っていうかぎり、結局経済的なものが政治的なものにたいして指導的な力を持つことになる。これがスミスの考え方の根本であった。われわれはまずもってスミスの市民社会に関するこの基本思想を正確に理解しなければならない。

市民社会は自由競争の社会である。分業と協業に基き、いわゆる利己心と交換本能ならびに節約本能の導きによって最大の生産力を実現しうる社会である。またその結果として、「一般的富裕が社会のあらゆる階層の人びとの間に満遍なくいきわたる」ことを期待しうる社会である。つまり近代市民社会は、すぐれて経済的な社会であり、人びとの平和と繁栄を約束するに足りる社会なのである。これがスミスの基本的な見解であった。

近代市民社会がこのようにすぐれて経済的な社会であるかぎり、政治的なものの発言の余地はここではまったくないか、もしくはほとんどないように思われるかもしれない。十八、九世紀のイギリスに現れたいわゆる自由主義国家を目して、「夜警国家」と嘲笑したラッサールの独断にはこのような無理解が特徴的に示されている。しかしながら、そのような考え方は市民社会のどの段階においても正しくないのである。政治的なものは経済的なものによって指導されながらも、あるときは社会の創造と形成のために積極的な役割を果し、他のときには社会の維持と発展のために善良な管理者の役割を果し、また他のときには社会の補強と防衛のためにふたたび積極的な役割を果すようになる。これは社会のそれぞれの発展段階[1]に照応するものであって、政治的なものと経済的なものとの関係も、このような社会発展の段階に応じてその現れ方が違ってくるであろう。だからわれわれはまずこのような歴史的観点から問題を考えなければならない。

(1) 社会の発展段階という思想はスミスにも存在する。これについては次章で述べることになるが、ここではさし当り近代市民社会への発展という視角から政治と経済の関係を扱うことにしたい。

近代市民社会は自由競争の社会である。しかし近代市民社会は自由競争の結果として生れたものではない。それはいわゆる経済外的な力をてことして生れ出たものである。このことの認識がまず必要であって、ロックと同様にスミスにおいても、これが問題考察の端初とならなければならない。それは国家(政府、統治)の成立目的が財産の保持のためにあったという彼らの所説の上にまず現れている。私有財産は市民社会の基礎である。財産の安全がなければ、市民社会の平和も繁栄もありえない。それでは財産はいかにして獲得され、国家はどのようにしてその保持のための諸制度を作り上げたのか。これを考察するのがロックの統治論の目的であり、スミスの『講義』の目的であったことをわれわれは知っている。この点に関するロックの説明は、一見歴史的でなく、もっぱら理論的であるようにみえる。(1) これに比べるとスミスの説明は、すでにみたようにずっと歴史的で現実的であるといいうるであろう。すなわちスミスは市民社会の発達を歴史的段階的に考察して、まず権威の原理によって説明を始め、しだいに功利の原理へと移っていくからである。

(1) ロックのこの点に関する説明が、たんに理論的であって歴史的でないかどうかについては問題がある。最近のロック研究は、ロックにおける歴史的方法の開発に新たな光を投じ、この点におけるロックとスミスの距離を従来よりもいちじるしく縮める方向に向かっている。詳しくは田中正司「ロックにおける歴史的方法の問題」(『思想』一九七二年八月)をみよ。

もしたんに理論的に説明するならば、財産の基礎は労働にあるといわなければなるまい。ロックに従いながらスミスのうちにもこのような思想がある。けれどもスミスにおいては、市民的な制度としての国家(政府、統治)の起源はもっと経験的な方法でもって説明される。『国富論』の第三篇「諸国民における富裕の進歩の差異について」はそのよい一例である。

周知のとおり、スミスはここでローマ帝国の滅亡以来、西ヨーロッパが蛮族の侵入を受けた結果として、いかに経済の自然的な進歩が妨げられたかということを歴史的に叙述している。ここでスミスが経済の自然的進歩というのは、すでにみたように、直接には産業発達の自然的な順序、すなわち農業から工業、商業、外国貿易への発展序列を指している。ローマ帝国の滅亡以来ヨーロッパの諸国民が採用した政策は、このような産業の発展序列を乱し、経済の自然的秩序に反するものであった。こういってスミスは、封建制度下における長子相続の制度や限嗣相続の制度がいかに不合理な結果をもたらしたかを述べている。これらの制度が不合理だというわけは、封建的な大土地所有制をいつまでも温存することによって、それは土地の合理的な改良を妨げ農業生産力の発展を妨げることになるとスミスは考えるからである。農業生産力の発展によってはじめて工業生産力の発展が可能となり、その結果として商業および外国貿易の発展を期待しうるのであるから、このような封建的土地所有制を温存する政策が、経済の自然的進歩にとって有害なものであるとスミスが考えたのは当然である。

スミスがこのように考えるかぎり、彼はまだ自然法的な合理主義や重農主義的な偏りから完全には脱していない。そして経済的なものと政治的なものとはしっくり結びつかないばかりでなく、二つのものの間には相容れない関係があるとさえ考えられているかの如くである。

しかしながらスミスにはもう一つの別の面がある。それは封建的な国家の政策が経済と産業の発展を促進し、近代市民社会の成立に役立った一面のあることを、彼が見落していないということである。封建的な大地主、とくに国王が都市の商工業者と結びつき、新しい時代へのてことなることができた事情をスミスは見落していない。これはわれわれが絶対主義と名づけるものであって、スミスは『講義』のなかではっきりとこの題目の下に考察を行っている(『講義』四二頁)(1)。外国貿易の奨励さえも、そのかぎりでは一つの積極的な意味をもつことができる。なぜならこれらすべての政策は、農業に刺戟を与え、農業生産力の発展に貢献することによって、産業の自然的な発展序列を実現するのに役立つことになるからである。念のためにいっておきたい。スミスがここで農業の発展というのは、合理的な農業、すなわち新しいタイプの農業を指すのであって、封建的な農業を指すのではないということである。

(1)　スミスはここで、絶対主義の経済的基礎についてきわめて注目すべき言葉をはいている。「ヨーロッパのすべての宮廷において、貴族の権力は、手工業と商業の発達という共通の原因から衰微した。」すなわちスミスは、封建主義から絶対主義への転換をもたらし、貴族の支配から国王の支配への転換をもたらしたものが、商工業の発達という経済的要因であったというのである。

以上スミスの所説を総括すると、ローマ帝国の滅亡以来、ヨーロッパの諸国民がとってきた政策は、経済の自然の進歩を妨げたと同時に、ある面ではそれを促進するのにあずかって力があったということになる。このことをスミス自ら承認せざるをえないであろう。なるほどヨーロッパの事態は、植民地アメリカにおけるほど単純明瞭ではない。スミスによると、アメリカでは、はじめからいわゆる自然の秩序が純粋に現れている。ヨーロッパではそうではない。しかしスミスの観察が歴史的経験的であればあるほど、「誤れる」政策が経済の自然を妨げたにもかかわらず、ときとしてこの「誤れる」政策がかえって経済の自然にとりプラスとなった。われわれは、おそらくスミスの叙述の意図には反するであろうが、このパラドックスを認めないわけにはいかない。(1)　そしてここに、われわれの主題である政治と経済との切っても切れない関係を認めることができるであろう。これはスミスの叙述の意図には反するようにみえながら、しかし本来スミスの市民社会観にとって、けっして矛盾するものではないのである。

(1)　この点の詳しい分析については、拙著『スミス国富論解説』一六九頁以下を参照。

これとまったく同様の考察を、われわれは『国富論』第四篇、とくにスミスの重商主義批判について試みることができる。重商主義の諸政策は、スミスにとり、特定の独占屋や仕事師の利益のために国民の大多数を犠牲とするところの最も不合理なものである。国家の保護や干渉は、ここでは神聖な神の意志(見えざる手)にたいする挑戦である。重商主義にたいするスミスの憤りは第四篇において最高潮に達するが、最近のわが国のスミス研究家の間では、『国富論』全篇がスミスの重商主義批判にほかならないという見解さえ現れている。(1)この見解は、経済理論家としてのスミスへの認識を曖昧にするおそれがあるとはいえ、スミスを時代の人としてみるかぎり、われわれに教えるところがあるといわなければならない。ここでスミスは実践家として、時論家として現れている。それは経済理論家スミスに先行するものであり、そこから彼の「政治経済学」が生れてきたものだからである。

(1) たとえば小林昇『重商主義の経済理論』、とくに第四論文「国富論と重商主義」をみよ。この論文はスミスと重商主義との関係を知る上で教えるところが多い。とくにスミスにおける国家と経済の関係を問題とする立場からは、小林教授がスミスとジェームズ・ステュアートとの関係を述べている点が注目される。なお同氏の『国富論体系の成立』(一九七三年)は、アダム・スミスとジェイムズ・ステュアートの関連を主眼としてまとめられている。

もしスミス自身がある意味で重商主義的でなかったら、もし重商主義的な諸政策のうちにとるに足りる真理がなかったとしたら、また重商主義の実践的意義がそれほど大きくなかったとしたら、どうしてスミスはあれほどまでに烈しく、多くの頁をさいて重商主義に立向かう必要があったであろうか。一口に重商主義といっても、商業主義的な段階もあれば、産業主義的な段階もある。スミスの生きた時代は、後者の産業主義的な段階の終りに近かったのである。

重商主義の体系は、経済的なものと政治的なものとの結びつきの必然性を教えている。とくに近代市民社会の形成期においては、政治と経済の結合は不可避であり必然であった。富は権力である(ホッブズ)。スミスはこれを認める。しかし権力はまた富でもある。スミスは率直にこれを認めたわけではないが、われわれは彼の重商主義批判から、彼もまたこの大きな歴史の真理を認めていたことを知るのである。われわれは、「国防は富裕よりも重要である」という一句が、スミスの重商主義批判の過程において発せられたものであることを、ここでふたたび想起すべきであろう。『国富論』第三篇におけると同様に、第四篇においてもまたスミスの興味深いパラドックスがあるといいうるだろう。そしてこのパラドックスは、いずれも政治的なものと経済的なものとの結びつきをわれわれに示しているのである。

重商主義(とくに商業主義的重商主義)にたいするスミスの批判には、ときとして無理解なところがあり、そのために、市民社会の形成過程にたいして、スミスはしばしば皮相な見解を示すことがある。たとえば、重商主義者によれば、富は貨幣からなると、スミスはこのように解している。けれども、すでに指摘しておいたように、重商主義者たちは貨幣=金銀をたんなる貨幣として求めたのではなく、貨幣を資本として求めたのである。すなわち貨幣資本を求めたのである。彼らは市民社会の成立の前提条件としての貨幣資本を求めたのであって、このかぎりにおいて重商主義者の実践は正しく、したがってその理論にも正しいものが含まれていたといわなければならない。正しい実践というのは、国家権力の庇護の下に貨幣資本を蓄積しようとする政策であって、これがやがて、直接または間接に、国内における農業や工業の生産力を刺戟するのに役立つ一面を持っていたのである。これはさきほど述べたとおり、スミス自ら認めるところなのである。

つぎに正しい理論というのは、重商主義者たちは貨幣資本の循環形式を正しく摑んだということである。すなわちマルクス的な表現をかりていえば、G—W—G′の形式を摑んだということである。そしてこの点は、今日わが国のスミス研究家の間ではほとんど常識となっているから、これ以上細説する必要はないであろう。スミスもまた貨幣を資本として把握することを知らなかったわけではない。しかしながらすでにわれわれがみたように、スミスが資本としての貨幣をたんに流動資本の一項目としてしか理解しなかったことは、重商主義者に比べてさえ一歩後退した点であると認められる。そしてこれについてもわれわれはすでに述べておいた。

今日われわれがスミスを読んで不思議に思うことは、彼にあっては封建制度や絶対主義に関する公正な考察が乏しいということである。ことに絶対主義にたいするスミスの見解は曖昧であって、両者の間に必ずしも明確な区別が識別されていないように思われる。この種の問題は直接スミスの関心事ではなかったであろう。封建制度にしても、絶対主義にしても、スミスにとってはともに反自然的なもの、事物の自然に合致しない人為的な制度であった。スミスの関心はこれらの反自然的で人為的な諸制度を改めることにあり、歴史的関心よりはむしろ政策的関心のほうが優越していたとみるのが正しいであろう。「事物の自然のなりゆき」natural course of things とスミスがいうとき、それは何よりもまずゾルレンであり、事物のあるべき姿であったが、しかし他方において、それは同時にザインであり、事物の現実の姿でもあった。われわれはここでふたたび、かの経験的自然法とわれわれが名づけたスミスの基本的な方法態度に思いをいたすべきであろう。スミスが重商主義にたいして烈しい対決の意欲を持つかぎり、しばしば問題の全面的な把握を忘れるようにみえるが、しかし彼が健全な判断力を失わない経験科学者であるかぎり、彼はいつでも事物のもっと正しい認識へと帰ってくる。たとえば重商主義の保護関税や輸出奨励金などに力をこめて反対するスミスは、いわゆる報復関税の意義を認めることを忘れなかったし、自由貿易論の立場から、アメリカ植民地の放棄をもって、本国のためにも植民地のためにも利益であると考えたスミスは、われわれがすでにしばしば引用したように、「国防は富裕よりもはるかに重要である」(『国富論』第四篇第二章、四三一頁)という一句を吐くことを忘れなかった。そしてこの一句は、後の第五篇における国防が国家の第一の任務だとするスミスの所説に直接につながっているのである。

要するにわれわれの問題は、近代市民社会形成期における政治的なものと経済的なものとの結びつきにあるのである。これは歴史的であるとともに理論的な問題である。経済学にとり最初であると同時に最後であるこのもっとも重要な基礎視角をスミスは見失わなかったといえる。「政治家または立法者の学問の一部分と考えられる経済学」は、かくして政治経済学 political economy として生れたのであった。すでに引用したように、スミスは重商主義および重農主義を批判する『国富論』第四篇の序論において、経済学をこのようなものとして規定した。スミスはここで、国民と国家(または共同体)、人民と主権者をともに富ませるのが政治経済学の目的であると述べたのである。この命題を理論的に――歴史的にではない――いかに解読すべきか、これがさし当りわれわれにとっての問題である。

ここで政治的 political といわれる語には二通りの意味があることを忘れるべきではない。第一には、言葉の本来の意味においてポリス的すなわち政治体＝国家というほどの意味である。第二には、経済に対立するものとしての政治という意味である。第一の意味における「政治的」は、そのうちに経済を含むものと解されるであろう。したがってそれは経済にたいしては上位の概念であり、これにたいして経済は下位の概念であるということになる。このようにして経済にたいする政治の関係は二重であることが知られる。政治は経済と対立しながら、経済をそのうちに包みこむという関係にある。これが共同体における政治と経済の構造的な関係である。(といっても、市民社会の現実の動きにおいて、経済が指導力を発揮するという市民社会のすぐれて経済的な特徴が消滅するわけではない。このことはすでに市民社会の三つの基本性格について述べた第二章で明らかにされたところであるが、ここでもう一度くり返して述べておきたい。)

近代市民社会の成立期において、たんに経済的な世界における歴史的な変化の意義が強調されるばかりでなく、それにもまして、政治的な変化の意義が(一般に経済外的強制の意義が)強調されなければならないのはなぜか。それは以上のような政治と経済の二重関係、いい換えると政治と経済の構造的二重関係に基くものだからである。だから自由主義的(産業主義的)市民社会が一応確立されてしまった時期においては事情は一変する。そこでは経済があたかもひとり歩きをするかのような外観を呈する。しかし経済のメカニズムが自動的に作用するようにみえるのは、いつもそれを支えている法と政治の力が背後にあって強く働いているからである。「平和と秩序」を維持しようとする国家の権力が暗々裡に働いているからである。財産の安全なくして、どうして所有権の確立があろうか。所有権の確立なくして、どうして法と正義があろうか。スミスが求めた政治的なものとは、その実質においてこのようなものにほかならなかった。この角度からみれば、市民社会というものは、経済体であると同時に政治体 corps politique であり、両者の統一体としての commonwealth (共同体)だということができるのである。

ラッサールのいわゆる夜警国家はけっしてただの夜警国家ではない。いわゆる自由主義国家においても、国家は夜となく昼となく活動し、その役割を果すために権力を行使しなければならない。これが市民社会における国家の現実なのである。だからもし経済のメカニズムが円滑に回転しなくなったとすれば、それに応じて国家権力の自動的必然的な発動が求められるのであって、そのときになってはじめて、政治と経済との関係の上に本質的な変化が生れるのではない。現在のイギリス国家は福祉国家であるといわれる。しかし福祉国家とは何であろうか。それはスミスがすでに述べたように、国民と国家とを、人民と主権者とを、ともに富ませることを目的とするものではなかったのか。いわゆる夜警国家といわゆる福祉国家との間には、国家と経済の関係からみるかぎり、すなわち政治的なものと経済的なものとの関係からみるかぎり、本質的なちがいは存しない[1]。市民社会(資本主義社会)の発展に照応して、前者は後者に弾力的に移っていくことができるのである[2]。

(1)　イギリス古典派経済学の自由主義は手ばなしの自由主義ではないというロビンス(L. Robbins: The theory of economic policy in English classical political economy, 1952.)は、まったく正しいが常識的である。彼らの経済的自由の主張は、一定の法と秩序の制度的な枠を前提条件とするものであると彼がいうのは正しい。しかしロビンスはそれを彼らの理論に結びつけて理解する努力をしていない。ロビンスにはただ社会主義の攻撃にたいして自己の属する伝統を擁護しようとする現実の関心が強すぎる。彼には、古典派経済学における政治と経済との関連はどうかという理論的な問題意識が欠落している。

(2)　スミスは『国富論』の第四篇で、彼の有名なフィジオクラート批判をつぎのような言葉をもって始めている。「ある種のスペキュラティヴな医者は、人体の健康を保つには食物と運動について一定の正確な養生法を守らなければならないとし、それに少しでも違反するとその違反の程度に応じて、ある程度の病気または不健康状態が必ずくると考えているように思われる。しかしながら、経験によると、人体はずいぶんといろいろ違った養生法によっても、いな、十分健康的だと一般にはとうてい信じられないような養生法によってさえも、もっとも完全な健康を、少なくとも外見上維持することが、往々あるようである。つまり、人体の健康な状態というものは、それ自身のうちに、まちがった養生法の悪結果をさえ、多くの点においてあるいは防ぎ、あるいは矯めることのできる健康保持の不可知な原理をもっているものと思われる」(『国富論』六三八頁)。われわれはここに自由主義思想に関するスミスとケネーとのきわめて興味深い対照をみることができる。スミスの自由主義思想は、ケネーのそれのようにスペキュラティヴなものではなく、もっと経験に即したものである。ケネーの処方箋は事物の外から指定されるものであるが、スミスのそれは事物のなりゆきに即して自然に生れてくるものである。ケネーの国家(政府、統治)は経済の上にあるけれども、スミスの国家(政府、統治)は経済の中にあることが知られるであろう。

以上のような考察の後で、われわれは前節の終りに提起しておいた問題に答えることができると思う。その問題というのは、もし国家が財産の保持のために設けられた市民的制度であるとするならば、財産を持たない人、貧しい人の国家にたいする服従の義務はどうなるかという問題であった。この問題にたいするスミスの解答は、二つの論点に分けて考察することができる。

その第一は、スミスの考えている市民社会にはもちろん貧富の対立は存在するが、その国家はマルクスのいわゆる階級国家ではないという点である。人口が多くて低廉な労働者の豊富なことを重商主義者たちは望ましいことと考えたのにたいして、スミスは高賃銀と労働者階級の生活の向上こそヒューマニティに一致するものと考えた。そしてこれこそ経済の自然律の作用なのである。周知のとおり、スミスにとって市民社会は階級社会ではあるが、彼の考えている国家(政府、統治)はマルクス流の階級国家ではない。すべての階級に属する人びとは市民社会の一員として同じ国家の一員なのである。したがってわれわれはこのことから、いわゆる独占資本主義国家において階級対立の問題がもっと烈しい姿をとって現れた場合にも、階級を階級的なものとしてでなく、市民的なものとして、共同体(コモンウェルス)の見地から処理しようとする根本の態度が固く守られているのを見出すのである。これがスミスの国家観の基本性格であって、今日のいわゆる福祉国家の思想も、基本的にはスミスの国家観から離れたものではないというべきである。ここにわれわれは、国家観におけるスミスとマルクスとの鋭い対立を指摘しなければならない。スミスの論述がいかにマルクス的にみえようとも、スミスはけっしていわゆる階級国家観の先駆者ではなかったのである。スミスのみた政府は市民的政府であり、スミスのみた国家は市民的国家であった。ここでは貧者もまた富者と同様に、市民として国家と政府の支配に服従しなければならないのである。

第二の論点は、もう一度前に帰って、スミスの国家理論そのものについてである。スミスによると、統治の形態が君主政治から民主政治に進むにつれて、権威の原理はしだいに功利の原理によってとって代られるとされた。これがスミス国家論の基本思想であった。したがって、もし完全な民主主義が実現したとすれば、その国家においては完全に功利の原理が行われることになるであろう。ところでもしこの功利の原理を徹底させていくならば、後にベンサムが試みたように、スミスとは反対の、純個人主義的な、功利主義的な国家－社会観が生れうるであろう。ベンサムのいわゆる「最大多数の最大幸福」という思想がこれである。周知のとおり、ベンサムはこの思想をもって彼の立法および統治の理論を基礎づけたが、スミスとベンサムとの間には、同じく功利といっても、ほとんど越えることができないほどの溝があることを忘れてはならない。前にみたように、スミスは功利を私的功利と公的功利とに分けた。国家＝政府＝統治の理論において、スミスが重きをおくのは後者であって前者でないことはいうまでもない。これに反してベンサムにおいては、私的功利が公的功利に優先する。より正確ないい方をすれば、公的功利は私的功利の総和でしかないであろう。またスミスは、ベンサムのように、功利を追跡して人間の快苦の感情にまで抽象化するようなことをしなかった。この点においても両者の思想態度はいちじるしい対照をなしているのである。

見方によれば、ベンサムの功利主義は、すでにホッブズに始まった人間性の分析路線(情念論)をそのいきつくところまで徹底させたものとみることもできるであろう。ホッブズにおいては、人間は情念の持主としては一つの自然物でありながら、同時に自然の理性(すなわち神の声)に従って国家契約を結ぶ(信約)ことのできる理性的存在でもあった。ここに自然と理性、個人と社会、市民と国家の二元論的な、あるいは二律背反的なパラドックスが露呈されていたといえる。ロックからスミスを経てベンサムに至る間に、この二元論的な、二律背反的なパラドックスはしだいに解消されていったが、それはイギリス市民社会の形成過程を反映するものであった。しかしながらかくして得られた一元論は、人間をたんなる快苦の計算機と化し、市民をたんなる私的利害の守り手に堕し、国家を文字どおり所有の安全弁たらしめずにはおかないという危険を孕んでいた。大陸のロマンティスト、理想主義者、社会主義者の批判をまつまでもなく、ホッブズ以来の伝統をふまえたジョン・ステュアート・ミルによって、この危険がいち早く察知されたことはあまりにも有名である。われわれとしては、アダム・スミスのいわゆる功利の原理なるものが、およそこのような危険から自由であることをここに改めて指摘しておかなければならない。それはある意味では個人と社会との、市民と国家＝政府との、さらに経済と政治との、いわば中点を狙った思想であるとみることもできよう。われわれはそこにスミスにおける「中庸」の思想を認めることができると同時に、彼の政治的保守主義を指摘することも不可能ではないであろう。

スミスの全社会哲学体系のうちで、政治的なものと経済的なものがいかなる関係にあるのか。もし人がこの点まで進んで分析のメスを加えるならば、いままで述べてきたことはもっと明るい理論的照明を受けとることになるであろう。われわれはすでに本書の第二章以下においてこの問題に対決した。[1] だからここではもはやこの論点に立入らないことにする。そこで残された問題は、たんに政治と経済の世界だけではなく、一般に人為的なものと自然的なものとの関係はスミスにおいてどのようになっていたかということである。これは以上の分析にたいして補足的な意味を持つものではあるが、社会科学者としてのスミスを知る上にやはり見落してはならない側面であって、いままでわれわれが検討してきた問題の残された重要な一面である。つぎにこの一面を検討することにしよう。

(1) われわれは、スミスの三つの世界(道徳的世界、法的政治的世界、経済的世界)の連関を明らかにし、しかもこの連関を経済的世界に即して把握しようと試みた。このような三つの世界の連関と統一は、社会科学的には生産力の観点からこれをよく把握することができるし、さらにこの生産力の観点は、労働生産力という思想を媒介として、労働価値論に結晶させることができる。政治的なものと経済的なものとの結びつきを理論的に理解するためには、このような社会科学的な操作をさらにおし進めることが必要なのである。けれどもこのことから、スミスをもって唯物論者であるとみることはできない。正しくは、スミスは即物論的であったというべきであろう。またわが国の法学者の中には、市民社会を規定して「すぐれて法的な社会」であると説く学者もあるけれども、このような規定のしかたが不十分であることは、以上われわれの分析によって明らかとなったであろう。

三　人為的なものと自然的なもの

もし国家と経済に関するスミスの思想が、『国富論』第五篇においてはじめて明らかにされたとみる者があるとすれば、その人は『国富論』をその全体像において把握しなかった人であろう。もちろん『国富論』第五篇は、国家と経済に関するスミスの思想を窺い知るのに最もふさわしい場所であることに変りはない。しかしながら視野をただそこだけに限定したのでは、これまでのスミス解釈の狭隘さから抜け出すことはできないであろう。これまでのスミス解釈によると、スミスは原則としてできるだけ多くの事業を個人の手に委ね、ただどうしても個人の手に委ねることができない事業だけを国家に振り向けているとされた。あるいはまた、国家の任務は私的個人の力を超えた公共的事務の遂行にのみかぎられるとされた。すなわち一、国防、二、司法、三、ある種の公共土木事業、の三つが、スミスにとって国家のひきうけるべき主要任務であるとされた。論者はこのことから逆に、いわゆる自由主義国家の本質に関するスミスの見解を推測しようとしたのである。このような研究方法は(1)必ずしも誤っているとはいえない。しかしながらただそれだけでは、『国富論』第五篇はたんに財政論の水準におし下げられてしまう危険を免れないのである。

これが従来のスミス研究の一つの欠陥であった。少なくともわれわれが以上試みたように、第三篇と第四篇とのつながりにおいて第五篇をみるのでなければ、国家と経済の問題についてのスミスの思想を全面的に捉えることは不可能であろう。そしてこのことを教えてくれるのが、『講義』の簡潔で力強いデッサンであることをもう一度ここで述べておこう。

（1）『国富論』の第五篇が、その後の財政学の発展にとっても古典的な出発点となっていることを忘れるべきではない。近代財政学の基本原則は、すでにスミスによって開陳されているのである。スミスは一般に租税の徴収について、一、公平であること、二、確実であること、三、支払に便宜であること、四、徴収費が少なくてすむこと、という四原則を立てている（『国富論』第五篇第二章第二節）。

ところでわれわれは、国家と経済との結びつきを、政治的なものと経済的なものとの結びつきとして解明しようとした。スミスにおいて、政治的なものは政策的なものであり、また人為的なものでさえあった。これにたいして経済的なものは自然的なものであった。これはスミスが市民社会の初期の段階に立っていたことから、今日のわれわれにとっても十分に理解できることである。けれども、もう一歩進んで考えてみるのに、そもそも政治的なもの、政策的なものはすべて人為的なものであるというべきであろうか。政治や政策にも人為的でないもの、すなわち自然的なものはありえないだろうか。このように進んでたずねることができるであろう。逆に、われわれの今日の立場からみて、経済的なものそれ自体のうちに不自然なものをいくらでも剔出することができるであろう。

このようにいったとき、われわれは自然的という言葉のとり上げ方について、すでにスミスからのいくらかの離脱があることに気がつくのである。スミスが自然的というのは、何よりも第一に、自然必然的ということであった。この意味においては経済は自然的であるが、政治や政策はそうではない。むしろその反対物であるとされるであろう。しかし第二にスミスが自然的というのは、当然そうあるべきだという意味である。このことはすでに論証ずみであるが、もしわれわれが今日国家独占資本主義と呼ばれる時代において、失業、生活不安、公害等経済にとって自然的でないものがあまりに多すぎると考えたとき、「自然的」はやはりこのような意味に解されるのである。前の方は必然性の認識であり、後の方は人間性もしくは公共性への要求を意味するものである。

もし自然的という言葉の意味をこのように二重に解するなら、政治や政策にもまた自然なものと不自然なものがあると考えることができる。すなわち政治や政策が、まさにあるべき姿においてあった場合に、それは自然的なのである。この意味において手ばなしの自由主義だけが自然的なのではなく、統制や強制もまたしばしば自然的なものと考えられるようになるだろう。そればかりでなく、政治や政策は第一の意味においても自然的(すなわち必然的)だと考えられる場合がありえよう。たとえば、市民社会の前提条件を作り上げるための統制や強制などは、政治として必然的であり、政策として自然的であるという見解がありえよう。かくて封建制度の衰退、絶対主義の勃興と崩壊、市民社会の生成と発展は、政治的にも経済的にも自然的であり、必然的であったという見方が成り立ちうるであろう。

以上われわれのスミス解釈は、いささかスミスの土俵を逸脱するものという批判を蒙るかもしれない。しかしながら、もしわれわれが『講義』ならびに『国富論』第五篇をその眼をもって読みさえすれば、いまここで述べたことを裏がきするに足りるスミスの見解が一貫して流れていることに気づくであろう。たとえば貴族政治はどうして絶対主義に席を譲ったのか。それは商工業の発達の結果である、とスミスは『講義』において答える。最善の政治は何であるかとスミスはたずねる。それは商工業を発達させることだとやはり『講義』においてスミスは答える。商業は人びとを精励にさせ、工業は人びとを勤勉にする。それはただ政治に関していわれているだけではない。『国富論』第五篇のスミスによると、国防は何よりも産業とその生産力の発達に依存する。この点においては司法や公共土木事業にしてもまったく同じである。教育も道徳も宗教も、すべて文明と文化の発達は経済的なものの発達によって規定され、それによって可能である。これがスミスの政治と経済、国家（または政府）と経済（または物質的生産力）との必然的な関係に関する根本思想であった。人はここにあたかもマルクスの「唯物史観」が先どりされているのをみて、ふたたび驚きの念を禁じえないかもしれない。しかしスミスとマルクスは同じではない。われわれにとっての問題は、スミスにおける自然的と人為的という思想が含意するものを、いかにしてスミスに即しながら正しく読みとるべきかということにあるのである。

ここでわれわれが経済的なものの発達というのは、スミスに即していえば、いうまでもなく市民社会の発達、すなわち生産力の体系としての市民社会の発達のことである。スミスに従えば、経済が順調に発達するかぎり、市民社会は「自然的な成り行き」natural course of things を辿っているものと考えられる。そして政治や教育や文芸や宗教が経済の自然的な成り行きに照応しているかぎり、それらのものはやはり自然的なものとなるであろう。これは道徳的世界、法および統治の世界ならびに経済的世界に関するスミスの基本思想から当然に出てくる帰結であって、われわれはすでに『道徳感情論』における三つの世界を論ずる章においてこのことを明らかにした。スミスは『国富論』第五篇において、この点をより具体的に、より生き生きと、広い視野をもって扱った。裁判所も学校も教会もその精神において自由であり、自由競争の原則の下に運営されるのでなければならない。スミスがこういったとき、彼が、利潤を求めて公正な競争を展開する新しい市民層の生活原理を、国家と社会の全領域におし広めようとしていたことが生き生きと感じられる。われわれはここに『国富論』第五篇の意義を再確認することができる。それは、スミスにとって「事物の自然の成り行き」とは何かということが、ここで初めて全面的に展開されているということである。それはかりでなく、この観点から文明と社会の総括的な批判が試みられているということである。

以上によって、スミスが『国富論』第五篇において、たんに財政論を試みたものでないことはもはや明白である。またスミスがたんに国家論を展開したものでないことも明らかである。スミスはここでは何よりも市民社会文明の使徒として現れ、文明の批判者として現れている。(1) スミスはそれを生産力の体系としての市民社会に関する彼の思想と科学をもって基礎づけた。後にマルクスがこの点においてスミスから多くのものを学ぶことができたのは、これまた自然の成り行きであったといわなければならないであろう。

(1)　この点に関してスミスがヒュームから受けた影響はきわめて大きいものがあった。たとえば『国富論』第三篇第四章(三八五頁)、第五篇第一章第三節(七四二頁)などにおいてその影響の跡が歴然としている。前の箇所においてスミスは書いている。「商業と製造業とは、それ以前には隣人にたいするほとんど絶え間のない戦争状態と上層の者にたいするほとんど絶え間のない奴隷にも似た従属状態とのもとに生活してきた農村の住民のあいだに、しだいに秩序と善政を、またそれにともなって個人の自由と安全を導入した。このことは、ほとんど注意されなかったけれども、商業と製造業との一切の成果の中ではるかに最大のものである。わたしが知るかぎりでは、従来このことに注目したのはヒューム氏だけである。」また後の箇所においては、スミスは「現代における際立って最も著名な哲学者で歴史家」という形容句をもってヒュームを讃え、ヒュームの著作から長文の引用を試みているが、その引用文の内容は、要するに、スミスの自由主義思想ならびにスミスの市民社会文明観と符節を合せるように一致している。

われわれはスミスとマルクスの関係について語る前に、スミスとヒュームの関係についてみる必要があるであろう。(この点については、田中敏弘『社会科学者としてのヒューム』一九七一年、をみられたい。)ただスミスがヒュームと異るところは、スミスがその自由主義思想と市民社会文明観を一つの理論体系にまで収斂することに成功したのにたいして、ヒュームにはそれができなかったということにある。市民社会の解剖学としての政治経済学は、ヒュームによってではなく、スミスの手によって初めて仕上げをみたのである。

第八章　アダム・スミスの歴史観

一　歴史家としてのアダム・スミス

アダム・スミスの市民社会観をあますところなく照明するためには、以上のほかなおとり上げられるべき論点は多々あるであろう。たとえば、スミスにおけるナショナリズムとインタナショナリズムの問題、とりわけスミスの植民地観などはその一つである。また言語や宗教や学芸に関するスミスの思想を吟味することも忘れてはならない。しかし本書ではこれらの諸問題に立入る余裕を持たない。だがわれわれは最後に、少なくとも彼の歴史観にふれておく必要はあるであろう。なぜならば、これによってはじめてわれわれは、アダム・スミスの市民社会観を総合的に把握することができるからである。

アダム・スミスはいうまでもなく十八世紀の人であり、産業革命前夜の人であった。それであるから、スミスの市民社会観が結局においてこの大きな時代の制約を受けていたのは、もとより当然のことである。現代のスミス研究者は、スミスの思想の時代的制約を、とりわけ彼の歴史観のうちに見出すことができる。なぜなら、市民社会の自然的調和の思想と永遠性にたいする信頼こそは、ほかならぬ十七、八世紀の啓蒙主義的歴史観の賜物であったからである。そしてこの歴史観は、思想的にはふたたび当時の自然法哲学に結びついていたのである。だから、アダム・スミスの歴史観は一応これを啓蒙主義の歴史観と称してさしつかえないであろう。この啓蒙主義の歴史観から現代の歴史観に至る道はけっしてそれほど簡単で明白なものではないが、それはまったく市民社会の歴史と相表裏する問題であるということができよう。それはすなわち市民社会の成立、生成および変質の問題と相表裏する問題である。それは単純に歴史観の変遷とか、歴史学の発達とかに帰着させうることではない。けれどもわれわれはこのことを念頭におきつつ、ひとまずスミスの歴史観の啓蒙主義的性格を検討してみることにしたい。

啓蒙の歴史観は総じて合理主義的な歴史観であるといわれる。このような一般的規定にはもっと綿密な吟味を要するところが多いと思われるけれども、ここではさし当りこの一般的規定に従って考察を始めることにしよう。それは歴史を好んで合理性と非合理性の二つの時期に分ける。たとえば近代は文明と開化の時代であるのにたいして、中世はおしなべて暗黒の時代であると呼ばれる。いうまでもなくこれは歴史の目的合理的な、一種の実用主義的な見方であって、今日の眼からみれば、必ずしも正しい歴史理解の態度を意味するものではない。アダム・スミスもまたこういう種類の歴史観を時代の人びとと共有している。たとえば人類の社会を大きく二つの時期に分けて考察し、粗野な社会 rude society と文明社会 civilized society とを区別するような場合である。この場合に、照明は文明社会の方に向けられているのはもちろんのことであって、粗野蒙昧な社会というのは、ただその照明が直接及ばない影の部分として、いわば否定的にとり上げられているにすぎない。かくしてたとえばスミスが、資本の蓄積と土地の私有に先立つ社会と、その後の社会すなわち市民社会(資本主義社会)とを区別したのも、ただ資本主義社会を前資本主義社会との対比によって明らかにするという一つの合理的な説明の便宜手段であるにすぎなかった。われわれはここに発展段階説の啓蒙主義的で目的合理的な性格を指摘することができる。そしてこのことについてはすでに論及したところである(本書一六五頁)。

同様の手法はスミスが貨幣の発生を説明する場合にも現れている。たとえばスミスが、物々交換には種々の不便――後の学者のいわゆる二重の一致(1)――を伴うものであるから、これを除去するために「社会のあらゆる時代のあらゆる思慮ある人」が貨幣すなわち交換の用具となるべきなんらかの財貨を用意すべく「努力」したと説いたときには、彼は明らかに一つの目的合理的な手法を用いている。こうした目的合理的な説明の様式は、自然法思想家が好んで現実秩序と自然秩序とを区別し、前者を後者からの逸脱であると解し、したがって自然秩序だけが価値のある秩序であると解する根本態度からきていることはいうまでもない。この根本態度からして、歴史は闇の世界と光の世界とに、価値なき世界と価値ある世界とに二分され、闇はただ光を明るくするためにのみ存在し、またかようなものとして役立つために目的合理的、実用主義的に措定されてくるのである。

(1)　いわゆる二重の一致とは、物々交換においてA(肉屋)が自己の求める財b(パン)の所有者B(パン屋)を見つけるだけでなく、Bが同時にAの所有する財a(肉)を欲しているという二つの条件が結びつかなければならないことを指すものである。スミスはこういう術語を使わなかったが、『国富論』第一篇第四章で貨幣の起源を説明するに当り、やはりこの事実を指摘している。

けれども、これは啓蒙主義的歴史観が成立するためのいわば第一段階ともいうべきものであって、そのすべてではない。たとい啓蒙の歴史観は、その根本性格としてはこのようなものであるとしても、しかしこのように素朴なものばかりではない。啓蒙の歴史観は、歴史の二分法から三分法あるいは四分法へと進んでゆく。換言すれば発展段階説の形態をとってくるのである。発展段階説はそれが歴史の目的合理的説明を主眼とするかぎりにおいては、歴史の二分法と原理上異るところはないとしても、しかし闇と光との間、価値なき世界と価値ある世界との間に、いくつかの中間項を設けて、価値のより高い、あるいは価値のより低い段階を設定するかぎりにおいて、それは素朴合理主義の立場から抜け出しているといえる。したがって逆説的になるけれども、それは一層目的合理的であるともいえるであろう。この場合には、歴史はたいてい現代をその最高の段階として目的の系列におき換えられ、そこに進歩とか発展の理念が漸次的段階的に説明され実証されようとする。そのかぎりで発展段階説はもう一歩歴史的素材に接近しなければならず、したがって素朴な合理主義に比して人びとを納得させることがより多いのである。ここに歴史の合理主義的把握と歴史叙述との結合の端初がうかがわれるのである。

このような合理的手法の助けをかりて歴史を叙述するということは、あながち啓蒙主義の立場に固有なものではなくて、すでにギリシアの昔から存在しそれ以来常に多くの人びとによって援用されてきたところである。スミスが『国富論』の第五篇において文明社会の諸制度を歴史的に論評するに当り、狩猟―牧畜―農業という古来から慣用されている段階説を、さも当然のことのように用いているのはこの一例である。(1)

(1) スミスは必要に応じて歴史の二分法または三分法を用いているが、この二つの段階説はまったく別個に用いられている。相互の間に直接の関係はない。

しかしそれよりも、この合理主義的な説明方法が彼の自然法的歴史観と最もよく結びついたものは、『国富論』第三篇におけるスミスの手法であろう。彼はここでは、農業―工業―商業という産業発展の序列を考え、これを彼のいわゆる「自然的進歩」の思想と結びつけている。前に論及したように、スミスによれば、もし他に何らの妨げる事情がなく、事物の自然の成り行きに一任されていたならば、産業はまず農業生産力の開発から始まり、ついで工業生産力の発展となり、農業と工業の成長がある段階に到達してはじめて商業、とくに外国貿易が発生するものである（本書二三二頁）とされた。その理由として、農業は資本の投資の場としては最も手近で安全確実であり、商業はその正反対であるから、まず資本を農業に投下することが人間性の自然に適うものだと説かれた。しかるにヨーロッパの政策は、この自然の理法に反して都市を保護し農村を冷遇した。われわれが前章でもとり上げた長子相続法のような不合理な制度は、封建的な家門の栄誉を保持するのに役立ったが、農村の合理化を妨害した一例としてとり扱われている。かくて「富裕の自然的進歩」は阻害された。そこで政策の目標は、この自然的序列の回復と樹立に向けられなければならないというのがスミスの主張であった。

このようにして啓蒙の歴史は進歩の歴史として、進化の歴史として、あるいは発展の歴史として完成されるのである(1)が、この目的合理的図式は少なくとも二つの意義を持っていることが知られよう。一つには、現実的人為的秩序への批判原理として役立つということであり、二つには、その最後の段階を現在または未来におくことによって、政策の目標を指示するという実践的意図を含んでいるということである。スミスにおいては、人為的なものが鋭く批判され排除されるとともに、他方自然的秩序の世界は現在および将来において実現されるべき理想社会であった。そして完全な自由競争がこの理想社会を実現するための唯一の政策であった。換言すれば、自然秩序の実現を阻害する諸事情をとり除くことが、そのままに最も現実的な政策となることができると考えられた。このように、歴史のいわば直接的な否定が新しい歴史の創造を意味するという点に、啓蒙主義的歴史観の一つの逆説的性格が存在するということができよう。もちろんここにいうところの歴史の否定は、それ自身一つの大きな歴史的実践であり、けっして単純な観念的な否定であるとか、あるいは単純に消極的な実践にすぎないとか、そういった性質のものではない。そこには多かれ少なかれ、現実の生きた歴史過程への内在と政策主体の実践的努力が示現されていることは忘れられてはならない。しかし歴史が価値なきものの否定から価値あるものへの実現の過程と考えられるかぎり、彼らにおける歴史の否定はわれわれにとって依然として問題を残している。

（1）厳密にいって、進歩ないしは進化と発展とは同じではない。進歩の思想は啓蒙主義的であり、これにたいして発展の思想はロマン主義的である。しかしここではこの区別にこだわらないことにする。

啓蒙の歴史観がたといどのように目的合理的図式を軸として具体化されようとも、それはいまみたように、本来二つの目的、すなわち歴史の過程に現れた現実秩序への批判と新しい実践目標の設定ということを図象化するものであった。したがって、もし人が新しい実践目的の追求に熱心であればあるほど、現実秩序への批判は果敢でなければならないし、また現実秩序への批判において果敢であればあるほど、いかにして現実の秩序が人為的であり反自然的であるかを実証しなければならなくなるはずである。これはとりも直さず、人びとをして歴史研究へと駆り立てることを意味する。啓蒙の社会観や歴史観は後になってきびしい批判を受けた。とくに十九世紀になりドイツにおいて隆盛をきわめた歴史主義の立場から鋭い論難を受けるに至った。(1) けれども啓蒙主義の歴史学が近代歴史学の源流をなしたということをわれわれは忘れてはならない。さらに啓蒙の社会科学者たちが、一見その超歴史的な発想法にもかかわらず、実際には内容の豊かな歴史感覚をもっていたことをくり返し指摘しておかなければならない。以下この点を、もう少し立入って明らかにすることにしよう。

（1）例えばベロウ Georg von Below の Die deutsche Geschichtsschreibung von den Befreiungskriegen bis zu unseren Tagen, 2. Aufl., 1924.（讃井鉄男訳『独逸史学史』一九四二年）をみよ。その他マイネッケの諸著作（前出）がこれに属する。

十六、七世紀は自然科学と数学の世紀であったとするならば、十八世紀は歴史的興味と歴史的研究が活発となってきた世紀であるといえよう。すなわち、イギリスではヒュームやロバートスンが、フランスではヴォルテールやモンテスキューが、ドイツではライプニッツやヴィンケルマンが、またイタリアではヴィコが現れて歴史的研究の機運を醸成し、いわゆる歴史主義の時代(十九世紀)に先立って一世紀も前に一つの歴史の時代を画していた。ハスバッハに従えば、とくにイギリスにおいては、名誉革命(一六八八年)の後、社会の上層および中層の階級の間に歴史的興味が喚起され、この歴史的興味はとりわけ政治史の方面に向けられた。そしてこのことは、フランスの歴史研究がとくに文明史的傾向をもち、ドイツのそれが教会史および美術史として芽生えてきたのにたいしてよき対照をなすとハスバッハはいうのである。(1)イギリスの歴史研究が政治史として成立したということは、この国における市民社会の成立の事情をよく表わすものであって、これはやがて経済的社会としての市民社会の確立を準備し、経済学的および経済史的興味の誘発に導いたものと推察されよう。それはともかく、われわれにとって興味深いことは、これらの歴史的関心がおそらく市民社会の発達そのものと結びついていたであろうと想像できる点である。なぜ十八世紀になって急速にこのような展開がみられたか。その背景をなす精神的物質的根拠は何であろうか。この問いにたいしてわれわれは、それは市民社会の発達に基くと答えるのが最も正しい解答であるように思う。そして市民社会をかかるものとしてとり上げた最初の近代的政治理論は、ホッブズおよびロックの政治学説であったが、それはいうまでもなく自然法的社会観を背景に持っていたのである。かくて近代の自然科学を生み出したその同じ自然法的世界観が、市民社会の成熟につれて社会的なものへの関心を強め、これが生来歴史家としての素質を具えた人びとのうちに結実して、啓蒙期における歴史研究の時代を現出させたものと理解することができるであろう。かくて歴史家としてのヒュームや歴史家

としてのモンテスキューがアダム・スミスの前に大きく浮び出てくるのである。(2)

(1) この叙述はすでに引用しておいたハスバッハの『アダム・スミス研究』(本書九一頁をみよ)第五章「アダム・スミスの歴史に対する関係」によった。歴史家としてのスミスについて語る文献が今日でもきわめて少ないように思われるが、われわれはハスバッハとともに、スミス研究のこの一面にも、今日もっと多くの注意を払う必要があるように思われる。スミスが歴史家として一流であったかどうかは別問題として、彼が文化の多方面にわたり深い歴史的造詣を持っていたことは、彼の遺した文献からもよくうかがえるのである(なおこの点については前出のスティーヴン、マイネッケを参照)。

(2) 社会科学は市民社会の科学として、市民社会の成立とともに成立した。これがわれわれの見解である。そして注目すべきことは、政治学や経済学や法律学とともに歴史学がこの市民社会の科学として登場したことである。だから啓蒙の哲学者が政治学者であると同時に歴史家であり、文明批評家であると同時に法制史家であることに何の不思議もないのである。とくにアダム・スミスを生み出したスコットランドに、このような学風が根を張っていたことはすでに述べたとおりである。

さてハスバッハのいうように、スミスはその諸著作において豊富な歴史的知識を縦横に駆使しているばかりでなく、彼の方法そのものが一種の歴史的方法であったとみることができよう。このことは、スミスの原典に多少とも通じている者ならば首肯するに躊躇しないであろう。『国富論』は、この意味で、一つの社会学的歴史的著作であるとハスバッハはいった。これも甚だ当をえた見方であるといわなければなるまい。すでにわれわれが指摘したように、『国富論』の第三篇は、一面からみれば自然法的歴史観の模範的な一例であったが、しかしそれは同時に、都市の勃興と農業制度の変遷との関係を歴史的に叙述することによって、この歴史叙述を所期の目的合理的な使命に役立たせ、かくして歴史研究と自然法的社会観との結合を完成したという意味においても、第三篇は模範的な一例であったのである。かくて第三篇は『国富論』中でもとくに歴史的研究部門とみられているけれども、しかし第一篇における銀の価格の変動に関するきわめて長文の一論稿は、それだけで歴史家としてのスミスの面目の一端を伝えている。そして第五篇における文化史的考察の場合はもちろんのこと、その最も理論的である第一篇および第二篇においても、歴史的知識と歴史的感覚なしにその全き理解を期することは不可能に近いであろう。この意味で、『国富論』の方法は、ハスバッハのいわゆる社会学的歴史的方法であるといってさしつかえないであろう。

さらにハスバッハによれば、『道徳感情論』そのものが一つの歴史的研究の書であり、その付録として添付されたスミスの言語の起源に関する研究は、人間性に関する理論的研究がいかにして歴史的研究に導くことができるかということのよい一例である。[1] 最後に、スミスは法および司法に関する歴史的批判的研究を志していたこと(この原稿は不幸にもスミスの意志により彼の死の直前に焼却されたけれども)、その遺稿『哲学論集』において天文学や物理学の歴史にも一指を染めていること、いな、スミス終生の目的が世界史 universal history を書くことにあったこと、これらの諸点を思い合せるなら、歴史家としてのスミスの面目を偲ぶ資料となるばかりでなく、時代の歴史的好尚がいかによくスミスのうちに反映しているかが推察されうるであろう。

(1) スミスはルソーの言語論が一般的理論的にすぎて歴史的経験的でないと批評している。ルソーの『人間不平等起原論』の翻訳と解説を試みるほどのスミスではあったが、歴史にたいする両者の扱い方にかなり大きなちがいがあることをみるべきである。

けれども、啓蒙の歴史観が以上のような活発な歴史研究と豊富な歴史的感覚の源流であったということは、必ずしも後のいわゆる歴史主義の手法が先回りして導入されていたことを意味しない。それはあくまでも合理主義的な歴史観の鋳型の中で醸成された現象であって、われわれはこれらの人びとを、いわば「歴史主義以前の歴史家」として後の歴史家から区別することを忘れてはならない。だから、たといスミスがすぐれた歴史家であったとしても、彼は市民社会の自然秩序を、すなわちその社会学的経済的構造をわれわれの眼前に描き出し、そして自由主義的思想と実践の客観性を心ゆくまで論証し納得させるという最後の目的を忘れたのではない。したがって、歴史的に傾いている他の啓蒙期の社会科学者と同様に、スミスはもはや原契約の擬制などには耳をかさないけれども、しかし歴史はただ一筋に市民社会への歴史であって、市民社会の中の歴史ではなかった。スミスにとって市民社会そのものは自然の秩序であり、一つの当為であって、この意味ではそれ自体は歴史ではない。したがって市民社会それ自体は歴史を持たない。スミスは市民社会の内部事情に精通しようとする本来の意欲をもって、前市民社会的諸事情にも精通しようとしたのであった。目標は、自然の秩序である市民社会それ自体の合理性を証明することにおかれたとみるのが正当であろう。かくてスミスは、ファーガスンの『市民社会史』に、半生にわたって蒐集した歴史的資料を付加し、これを豊富にし、活気づけたが(この点においてスミスは歴史家ヒュームから多くのものを学んだ)、しかしファーガスンの著作が本来の歴史書ではなくて社会学の一見取図であったように、スミスの『国富論』はやはり歴史の書ではなくて経済学の古典なのである。この点で、これらの人びとの歴史研究は、ドイツ歴史学派の歴史研究から結局において区別されなければならないのである。(1)

(1) ドイツ歴史学派の歴史研究にも、やはり合理主義的自然法的要素が混入しているけれども、しかし啓蒙期のそれからは区別されなければならない。歴史的個別的なものへの深い関心と理解が、後者を前者から区別する最も本質的なメルクマールであった。なおこのことについては私の旧著『経済社会学の根本問題』(一九四一年)第三部第三章で論じた。

二　市民社会観におけるスミスとマルクス

以上の論述からわれわれが引き出したいと思う一つの結論はつぎのようなものである。それは、スミスの市民社会観には言葉の正しい意味において発展の思想がないということである。スミスは所得の問題、すなわち賃銀や利潤や地代の考察に当っては、すでにわれわれがみたように、社会の発展傾向を三つに分け、それが前進的であるか、停滞的であるか、後退的であるかに応じて、いちいち具体的に検討するところがあった。これは経済学にいわゆる動態的観察を導き入れたものとして、今日の理論経済学者から一応の評価を受けるところであろう。けれどもそれは、市民社会内部の動態的変動に関する所説であって、市民社会そのものの発展に関する所説ではなかった。いかなる場合においても、市民社会の内的原理がそれ自身の展開をなしとげるという意味における発展は、スミスには存しなかった。それは自然調和の社会観が前提されている以上当然の帰結であったといわなければならない。

ところが、リカードやマルサスにおいては事情がよほどちがってくる。リカードやマルサスは周知のとおり、スミスの自然調和観をもはや簡単に受け入れることができない環境におかれていた。とくにリカードは率直に市民社会(資本主義社会)の行きづまりの可能性を認めることによって、スミスの自然調和観からきっぱりと訣別した。もっとも、リカードに従えば、それはただ一つの理論的可能性にすぎないものであって、近い将来に現実的になりそうもないことだとされたのではあるが、しかしこの理論的可能性が認められたということは、市民社会観の発達史の上からみて原理的に重要な認識である。

さらに重要なことは、リカードがこの結論を引き出すのに用いた論理の組み立てである。それは大体つぎのようなものであった。すなわち、リカードはマルサスの人口法則を基礎にして、人口が増加する結果食糧にたいする需要が増加し、これが食糧の増産、耕作地の拡張といわゆる耕境の低下、したがって地代の騰貴をもたらし(地代論)、それは食糧の価格を高騰させ、かくて賃銀の騰貴と利潤率の低下とをもたらし(投下労働価値論)、投資の刺戟が次第に減少してついには社会の進歩が停止されるに至るというのである。リカードのこの論証の方法は、マルサスの人口法則を承認し、その基礎の上に立てられているから、その根柢において論証困難な問題が潜んでいる。それは十分吟味されていない土台の上に構築された堅牢な建物であった。しかしリカードは、市民社会の動的理論を与えた最初の人として、ここに特筆する価値があろう。そして彼が市民社会の最初の動的理論家となることができたのは、彼がこれまでの啓蒙主義的な発展段階説に依拠するのでなく、市民社会の内部機構に沈潜し、その内在法則を正確に把握し、それを最後の結論にまで追跡する資質と能力を備えていた結果であったといわなければならない。この点においてリカードは論敵マルサスをはるかに凌ぐばかりでなく、その師スミスを越えるものであった。それにもかかわらず、リカードはスミスの労働価値論をふまえ、それをさらに徹底させることによってスミスを越えることができたといえる。このことも、併せて銘記されなければならない。

これを要するに、スミスには市民社会への歴史はあるとしても、市民社会の歴史はなかったのである。これはスミスの歴史観がその基本性格において啓蒙主義的であったことからして当然である。そして市民社会の最初の動態観を打立てたリカードの場合でも、この点は本質上たいしたちがいはないことを、最後的に確認しておきたい。リカードもスミスと同様に合理主義的個人主義的な社会観の上に立っており、市民社会の超歴史的な性格を前提する点では、原則上スミスとちがいはなかったからである。

ところがもう一つの問題がそこから生れる。それは、市民社会を歴史的動的につかむことなしには、市民社会への歴史を歴史的動的につかむことができないということである。市民社会の歴史と市民社会への歴史とは、その根本においてつながっており、前者は後者の発展、継続であり、止揚である。だから、もしスミスやリカードが市民社会の歴史を歴史的動的につかむことができなかったとすれば、市民社会への歴史を歴史的動的につかむことができなかったのはむしろ自然の結果である。われわれはここにふたたび、啓蒙の歴史観が、もはやそれ以上進むことのできない一つの宿命的な限界に逢着するのを見出すのである。

啓蒙の歴史観が結局において逢着しなければならないこの限界をのり越えて、市民社会の真に歴史的動的な見方を打立てたのは、ほかでもないカール・マルクスである。だからわれわれとしては、歴史観におけるスミスとマルクスの対立、というよりもむしろスミスからマルクスへの道をたずねなければならない順序となる。

この問題は、現代のスミス解釈にとって最も根本的ないくつかの問題点を含んでいる。第一に、スミスは市民社会の科学者であったのにたいし、マルクスは市民社会の批判の科学者であった。マルクスには、十七、八世紀式の市民社会概念だけでなく、まさに十九世紀の所産である資本主義体制の概念が問題であった。つまりマルクスにとって資本主義社会は一つの社会体制であり、社会構成であり、したがって一つの歴史的個体であった。第二に、マルクスにおいてはじめて市民社会そのものの歴史的発展の概念が打立てられた。これは第一の点、すなわち市民社会（資本主義社会）の歴史的個体性ということと不可分に結びついている。第三に、スミスが『国富論』で心ゆくまで展開したヒューマニズムの立場は、マルクスの『資本論』において最も輝かしい結実をみた。初期のマルクスは、自己の進むべき立場を現実的ヒューマニズムと名づけたのであるが、『資本論』はこの現実的ヒューマニズムの完成であるにほかならない。スミスのヒューマニズムからマルクスのヒューマニズムを分別するものは何か。これがわれわれにとって最後の問題点となるのである。

まず第一の問題についてであるが、市民社会観においてスミスとマルクスとを根本的に分つ点は、スミスが市民社会を超歴史的に把握したのにたいして、マルクスはこれをどこまでも歴史的に把握したということである。もともと市民社会は歴史的なものであった。これを超歴史的に把握したスミスについてはもはや多くを語る必要はない。しかしわれわれにとっての問題は、マルクスが市民社会をただたんに歴史的に把握したというだけでは足りない。これを資本の支配する一つの社会体制として、一つの社会構成として、すなわち資本の原理に即して歴史的個体的に把握したというところにあるのである。

これはいうまでもないことながら、市民社会を最後の到達点と考えるスミスと、市民社会＝資本主義社会を克服して進もうとするマルクスとの間のちがいである。しかし重要なことは、市民社会を歴史の究極の目標とみるかみないかということにあるのではない。それよりも市民社会が一つの歴史的個体として、一つの社会構成として把握されたということをわれわれとしてはより多く重要視しなければならない。これはスミスの歴史観の上に一つの大きな変革を加えたことになる。スミスの啓蒙主義的な歴史観においては、発展段階の思想しかなかった。これは歴史を進化主義的に、すなわち直線的単線的に理解するものであって、たとい多くの豊かな歴史的記述をそのうちに含むとはいえ、まだ真に歴史把握の方法を確立したものとはいえなかった。現実の歴史はけっしてたんに直線的単線的に進むものではなく、つねに渦巻き型に螺旋的に展開してゆくものだからである。そのことから、個々の発展段階がそれぞれ一つの歴史的な一時期として、歴史的な個体として受けとられ、研究されることになるであろう。これはもはや啓蒙主義の立場からではなく、それを越えそれと対決する歴史主義の立場からでなければ不可能である。

といっても、マルクスの歴史観が本来的な歴史主義の立場の上に立っていると即断してはならない。マルクスはたんに歴史的なものの個体性の把握に無上の価値を認めようとする本来の歴史主義者ではなかった。「それぞれの時代は直接神に接する」というランケ流の思想は、マルクスの歴史観からまったくほど遠いものであった。そうではなく、マルクスはむしろ、基本的には啓蒙主義の歴史観をふまえながら、啓蒙主義と歴史主義の統一という立場に立っていたというべきである。すなわちマルクスは、何よりもまず資本主義体制の個体性をはっきりとみてとった。そこから翻ってマルクスは、封建体制、奴隷体制、原始共産体制の個体性を認識することができた[1]。けれどもこれらもろもろの社会体制は、ただそれぞれ別個の歴史的個体としてばらばらに並立しているのではない。体制と体制との間には内的な連関があるとされている。マルクスがこれを生産力範疇に求めたことはあまりにも有名である。これにたいして社会体制の本質的な相違は「生産関係」の相違から生ずるものと考えられるので、マルクスは一つの体制から他の体制への歴史的転換の過程を、基本的には「生産力」と「生産関係」の関係として、両者の対応、矛盾相剋の関係として、動的発展的に把握することができた。この点からみれば、歴史にたいするマルクスの接近の方法は、スミスのそれと異るばかりでなく、一見して明らかなように、スミスのそれとは正反対であるようにみえる。スミスの歴史観が十八世紀的―イギリス的であったのにたいして、マルクスのそれは十九世紀的―ドイツ的であったことは何びとも否定しえないのである。それにもかかわらず、マルクスの歴史観が――啓蒙史観をふまえながらも――啓蒙主義と歴史主義の統一の上に打出されたものであるといって誤りでないのである。

(1)マルクスの歴史認識と市民社会分析の連関については、平田清明『経済学と歴史認識』(一九七一年)を参照されたい。

マルクスにとっては、何よりもまず市民社会そのものの歴史が問題であった。そのことから市民社会への歴史が必然に要請されるようになった。これが市民社会の科学者スミスと、市民社会の批判の科学者マルクスとの歴史観における基本的な差異である。

そこで第二の問題点に移ろう。マルクスにとって市民社会が歴史的であるということは、たんにそれが個体的であるということではなかった。個体としての市民社会が、それみずからの内在法則によって自動的に発展するということ、すなわち、この意味において動的発展的であるというところに、マルクスは市民社会の歴史性をみてとったのである。

市民社会がすぐれて経済的なものであること、これはすでにスミスによって十分に証明された。マルクスはスミスのこの卓見から出発する。スミスは市民社会の動態性を知っていた。そしてそれをいわゆる利己心の上に基礎づけた。つまり市民社会はすぐれて経済的であるから動態的である。スミスの考えはこのようなものであった。マルクスはやはりここから出発している。しかしながら、マルクスにとって市民社会はもはや開かれた体系ではなく、閉ざされた体系であった。市民社会は彼にとって永遠の調和の世界ではなく、不調和と矛盾の累積する世界であった。マルクスはこれを資本主義体制の体制原理から一義的に把握しようとした。資本主義体制の発展というのは、資本に内在する根本矛盾の発展にほかならない。マルクスにとって、市民社会の動態性というのはたんに無際限に拡がっていく社会、直線的に進行する無限進歩の社会ということではなく、拡がれば拡がるほど中心に向かって収縮しなければならないような社会、進めば進むほど振り出しへ向かって引き戻されるような社会の動態性ということであった。停滞的でない社会をみている点ではスミスもマルクスも同じであったが、歴史的個体としての社会、その個体のすぐれて個体的な発展がみられているかどうかという点で、両者のみる動態性の上に根本的質的な相違があった。(1)

(1)　比喩的にいえば、スミスの動態性は水上の波紋である。マルクスの動態性は渦巻きである。波紋を大きくするためには絶えず石(利己心)を水中に投じなければならない。渦巻きもまた不断に起動力(資本の利潤追求)を必要とするが、その運動は波状運動のように平面的でなくて立体的である。

これは要するに、スミスにみられなかった歴史の個体的発展の思想が、マルクスにとって本質的であることを示すものである。これはスミスの歴史観にたいするマルクスの第二の基本的な変革を意味するものである。マルクスは、この資本主義体制の個体的発展なるものを、この体制に固有な矛盾の発展として捉える。すなわち商品に内在する価値と使用価値との矛盾、生産過程に内在する価値増殖過程と労働過程との矛盾、資本の有機的構成における価値構成と技術的構成との矛盾、社会的総再生産過程における価値補塡と物的補塡との矛盾、資本の蓄積と貧困の蓄積との矛盾等々の一連の矛盾として捉える。要するに生産関係と生産力との間の矛盾として捉えるのである。

われわれはいま、これ以上『資本論』の内容に立入る必要はない。ここでわれわれにとって興味のあることは、スミスがマルクスの歴史観を先取りし、マルクスがスミスにほとんど接近するかのようにみえながら、しかもスミスとマルクスとの間には永遠の開きがあるというその一点である。スミスはすでに述べたように、商工業の発達が文化の発達の基礎であることを鋭くもみてとった。商工業の発達は功利の原則の支配する自由競争の社会においてのみ可能である。これがスミスの自由主義観の経済学的基礎であった。われわれはこれを、マルクスのいわゆる唯物史観にたいして、スミスの即物史観と名づけることができるであろう。(1)スミスの経験的自然法には、すでにわれわれがみたように、数多くの唯物論的見解が含まれていた。人はスミスの歴史観や社会観のうちに、マルクスの唯物論を発見することができるとさえ信じたほどである。しかしながらスミスが唯物論者でなかったことは、マルクスが経験的自然法の徒ではなかったのと同様である。マルクスの前にはヘーゲルがあり、ヘーゲルの前にはフィヒテやカントがあった。マルクスはスミスに接する前に、これらのドイツ観念論の哲学者たちの洗礼を受けていたのである。とくにマルクスにたいするヘーゲルの影響は強く、マルクスは『ヘーゲル法哲学批判』によって漸次自らの境地を切り開いていったにもかかわらず、後年の『資本論』においてさえヘーゲル的手法の跡は歴然として残されている。マルクスのいわゆる弁証法的唯物論の方法が、いかにスミスの経験的自然法の方法と異るものであるか、われわれは右の一点をみただけでも推察するにかたくないのである。

（1）即物的 sachlich と唯物論的 materialistisch の区別については論ずべきことが多いけれども、ここでは深く立入ることはできない。両者は実質的には近接しながら、その発想において結局対立する。前者は観念論的であり、後者は唯物論的である。これはマックス・ヴェーバーにたいするカール・マルクスの対立であるが、われわれにとって興味深いことは、ヴェーバーにたいするマルクスの問題が、ほかならぬアダム・スミスの中に存在していたということである。スミスはこの意味においても近代社会科学観の原点であったのである。

このようにして、スミスとマルクスは、その歴史観において近づきながらもついに離反し、結局は対立するようにさえなる。そしてその対立が最もはっきりと現れてくるのは、何といっても資本家と労働者の関係、すなわち階級関係の見方においてである。これはいま述べたような調和(スミス)と不調和(マルクス)との対立、相互依存(スミス)と敵対矛盾(マルクス)との対立を具体化するものである。スミスの市民社会体系は生産力の体系であるとわれわれはいった。しかしそれはただたんに生産力の体系であって、生産関係との矛盾相剋の体系ではなかった。これが最後に両者の大きな差異としてとり上げられなければならない。そこでわれわれは第三の問題点として、スミスの抽象的ヒューマニズムとマルクスの現実的ヒューマニズムの問題に移らなければならない。

三　歴史におけるヒューマニズム

スミスは啓蒙のヒューマニズムを奉じていた。人間の生命と身体と財産の安全ということが、彼の社会哲学の思想的出発点であったと同時に、その帰着点であった。とくに財産の安全ということはそのうちでも最も重要であった。財産の安全がなければ、生命や身体の安全もない。これが、人類が畜群を所有するようになった時期（遊牧時代）以来の社会の実情であるとスミスはいう（『国富論』第五篇）。しかしとくに近代市民社会においては、財産の安全が市民的自由にとり絶対的必要条件である（ロック）。スミスはロックに従いつつもさらにロックを越えて、人間の自由をこのように具体的に把握した。このかぎりでスミスのヒューマニズムは現実的であり、即物的であり、唯物論的でさえもあったということができるであろう。

しかしながら、このヒューマニズムにとって、越えることのできない一つの限界があることは、歴史の動態観についてわれわれがみたのと同じである。スミスにとって、「ブルジョア的」生産関係は与えられたものであった。というよりもむしろ、人間がこれから到達しなければならない理想の社会関係であった。そこでは生産力が最高の段階に発展し、社会のあらゆる階層の人びとが一般的に富裕となるべきことが期待されていた。だからスミスの生産力の立場は労働生産力の立場ではあるが、それは人間的労働生産力の立場であって、階級的労働生産力の立場ではなかった。スミスにおいては生産力は生産関係から引き離され、階級的人間は人間関係一般にまで解消されてしまった。これはスミスが生産関係を不当に抽象し去ったためではなく――これは近代の理論経済学者の仕事である――、スミスが生産関係を自然的なものとして前提していたためである。今日われわれがこれをスミスの抽象的ヒューマニズムと呼んだとしても、けっして彼の事情に精通しようとするその方法態度を傷つけるものではないであろう。

これにたいして、マルクスのヒューマニズムが現実的といわれるのはなぜであろうか。それは以上の叙述によってもはや明瞭である。マルクスは、スミスの人間的な労働生産力の代りに、階級的な労働生産力の観点を打出したといえる。生産力と生産関係との統一と矛盾の見地をとり上げることによって、そこから新しい歴史的発展の現実的な条件を検出しようとしたからである。スミスには新しい歴史を作るという意味の歴史意識は豊かに存在した。その担い手は市民であり、かかるものとして人間一般であった。しかしスミスは、この市民、この人間一般が十七、八世紀の歴史を担う「ブルジョア的」市民であり、「ブルジョア的」人間であることを意識することができなかった。これを意識したのがマルクスである。だからマルクスの立場に立っていえば、スミスのヒューマニズムが抽象的であったということが、とりも直さず十七、八世紀的であったということであり、それがとりも直さず、歴史のその段階において現実的であったということになる。この意味において、マルクスの現実的ヒューマニズムは、けっしてたんにスミスの抽象的ヒューマニズムの否定ではない。そのより高い立場からの克服であり、止揚であった。スミスの市民社会観、スミスの市民社会分析なしには、マルクスの資本主義体制認識は生れえなかったはずである。われわれは改めてこの点を再評価しなければならない。

マルクスの現実的ヒューマニズムについて詳論するのはいまその場所ではない。またそこから『資本論』への道について語ることもいまその場所ではない。しかしスミスとの比較において二つのことだけはぜひいっておかなければならない。一つは、いまいったように、ヒューマニズムを市民社会の動的発展的な運動の中で把握するということである。その際スミスの市民社会分析は、マルクスにとってもかけがえのない素材として役立つ。しかしマルクスをスミスから分つものは、主としてその素材を処理する方法態度にあるといわなければならない。社会の発展を一つの自然史的過程として把握しようとするマルクスと、歴史の経過を人為的なものから自然的なものへの形成過程として把握しようとするスミスとの差異はもはや明らかである。つぎにもう一つは、現実的ヒューマニズムの主体的条件についてである。マルクスにとって主体はもはやたんなる市民としての「市民」でないことはすでに述べた。それはヘーゲル的な「精神」でもなければ、さらにまたフォイエルバッハ的な「人間」でもない。それらを越えて、資本の運動の中から浮び出てくる階級的な人間である。いい換えれば、ここではブルジョアジーにたいするプロレタリアートが、すなわちたんなる市民としての労働者ではなく、階級としての労働者が問題として登場するのである。これはマルクスをスミスから分つ最も決定的な思想契機であるといわなければならない。(1)

(1) 現実的ヒューマニズムという言葉は、マルクスの初期の論文『聖家族』(一八四四年)にみえている。マルクスは同じころ、『ヘーゲル法哲学批判序説』(一八四四年)においてプロレタリアートを発見したけれども、それはまだ抽象的なプロレタリアート把握にとどまっていた。プロレタリアートが歴史の新たな主体として具体的に認識されるためには、何よりもまず資本が主体として把握される必要があった。このことはその後、マルクスによるイギリス古典派経済学の研究によってしだいに実現されていった。それゆえに、ここにいわゆる現実的ヒューマニズムなるものは、総じて抽象的観念的な認識段階にとどまっているとはいえ、スミスからマルクスへの移行を示すものとして、その後のマルクス自身の思想的発展の萌芽を含むものとして注目されるべきであろう。

終章 市民社会と資本主義体制

われわれはこれまで、市民社会と資本主義社会もしくは資本主義体制を、暗黙の間に同一のものと前提してきた。この前提は無条件に正しいであろうか。われわれはいまやこの疑問に答えなければならない。

まず本題に入る前に、スミスについてこの点をたしかめておこう。スミスに資本主義体制の観念がなかったことはいわずもがなである。またスミス自身について資本主義社会の観念が欠落していることもまた当然である。しかしながら、スミスが彼の眼前にみたものは、資本主義体制の初期の段階ではなかったであろうか。まさにそのとおりであると答えなければならない。そうだとすれば、スミスが分析の対象としたものは、まさに生成しようとする資本主義社会そのものではなかったか。これもまたそのとおりだと答えなければならない。そうだとすれば、市民社会と資本主義社会もしくは資本主義体制の間に実質的な区別は存在しなくなる道理である。すべてそのとおりだとすれば、われわれは今日なぜとくに市民社会について語らなければならないのであろうか。それはもはや過去の遺物であり、学説史的研究の対象としては興味あるものだとしても、もはや今日的意味を保持しえないものとなっているのではないのか。われわれは端的に、資本主義社会もしくは資本主義体制という言葉をもって、市民社会という言葉におき換えるべきではなかろうか。疑問は依然として残されているのである。

すでにわれわれがみたように、アダム・スミスの市民社会体系は、実質的にはまさに資本主義社会そのものであった。それは生産諸力の体系であると同時に、資本家、地主、労働者という三つの基本階級からなる階級社会であった。それは、私的所有と分業の基礎の上に構築された人間共同体の特殊歴史的な存在様式であった。そこでは利己心と自由競争の原理が働くことによって、いわゆる自然調和(スミス)なるものが、いわゆる非社交的社交性(カント)なるものが、巧まずして期待されうるのであるが、同じことをヘーゲルは理性の狡知と名づけ、マルクスは無規律の規律性と呼んだ。そしてスミスと同様に、マルクスがこれを価値法則の自己貫徹の姿として経済学的に把握したことはあまねく知られている。要するに、市民社会と資本主義社会の間にはなんら実質的な区別は存しないというのが、正しい解答となるであろう。少なくとも資本主義社会の基礎条件についてみるかぎり、市民社会と資本主義社会の間にはなんら本質的な差異はなく、したがってこの点に関するかぎり、スミスとマルクスとの間には格別のちがいは存しないということにもなるであろう。

それではこのことから、二十世紀の半ばをすぎた今日、市民社会について語ることはもはや時代遅れであり、あるいはときとして懐古的保守的であるにすぎないのであろうか。そればかりでなく、資本主義社会もしくは資本主義体制というまさに現代史的な感覚にみちた概念を水割りし、それを初発の十八世紀的感覚に引き戻すことになるという、一部批評家たちの非難がそのまま認められなければならないであろうか。断じて否である、というのがわれわれの解答である。われわれの見解をあらかじめここに要約しておくならば、市民社会と資本主義社会という二つの言葉は、実質的には同じものを指しているとしても、カテゴリーとして、概念として、両者は同じでないばかりでなく、厳密に区別されなければならない。みられているものはかりに同じであるとしても、それをみるものの見方が、すなわちその発想ならびに把握の仕方がまったく異るのである。それはたんに資本主義体制の初期と後期というような時期的なちがいを指すものではなく、資本主義社会そのものの捉え方のちがいから由来するものだとわれわれはみるのである。このことは学説史の上では、『国富論』と『資本論』の同一性と差異性に関する問題として、広く現代社会科学者の関心を蒐めるに足りるほどの、現代史的問題たることを失わないというべきである。

『国富論』と『資本論』を全体として比較検討するなどとは容易ならない大事業であって、未熟な研究者のにわかに企てうるところではない。そうだとしても、しばらくその観点を限定して、われわれが以上において定めた視座から考察するものとすれば、『国富論』と『資本論』の間には、実質的素材的にはほとんどまったく大きな差異は存しないといって誤りでないであろう。ちがいは、みられている素材内容にあるよりはむしろ、その見方扱い方すなわちその方法と、そこから引き出されてくる結論にあるといわなければならない。マルクスがスミスに加えたものは、素材的にはほとんどまったくといっていいほど新しいものはない。おおよその枠組もスミスによってすでに与えられていた。といってもマルクスがこの点でなんら積極的な貢献をしなかったという意味でないことはいうまでもない。われわれがかくいうのは、もちろんマルクスの方法なり方法態度なりの独自性に照らしてみて、素材内容に関し相対的な評価をあえてしているにすぎないのである。マルクスがスミスと異るのは、マルクスがスミス（およびイギリス古典派経済学者たち）から受け継いだ市民社会の分析資料を仕上げ、加工し、体系化するその独自の仕方にあった。簡単にいえば、スミスはその方法において経験論的自然法的であり、マルクスはその方法において弁証法的唯物論的であった。もしスミスの方法態度を十八世紀イギリス的であったとするならば、マルクスの方法態度は十九世紀ドイツ的であったということができよう。スミスにおいては、市民社会の名の下に、封建体制ではない新しい社会体制を望見し、創造することが問題であったのに、マルクスにおいては、市民社会の名の下に、資本主義体制の矛盾と終末を見届け、それによってもう一つ新しい社会体制を望見し、創造することが問題であった。一口に市民社会といっても、スミスとマルクスとではそのとり上げ方において、その発想において、まったく別のものとならざるをえないのは、[1]むしろ当然の帰結であったといわなければならない。だがわれわれはさらに進んで、われわれ独自の仕方において、市民社会と資本主義社会という観念の発想上のちがいを明らかにしなければならない。

（1） マルクスの市民社会概念には必ずしも一義的で明確でないところがあるように思われる。それは資本主義社会と同義語であったり、あるいはたんに自由平等契約の原理の上に立つ市民的関係の総体であったりする。また bürgerlich という言葉はしばしばブルジョア的という意味に用いられている。これは資本主義社会の概念がまだ学界に定着していなかったという時代的制約を別にしていえば、市民社会の発達が遅れていたドイツという国の場所的制約によるものであろう。

市民社会と資本主義社会は、発想上からみて、さし当りつぎの三点において区別される。まず第一に、市民社会は開かれた体系であるが、資本主義社会は閉ざされた体系である。そして第二に、市民社会においては市民が主体として観念されるが、資本主義社会においては資本が主体として観念される。最後に、市民社会は発想としては啓蒙主義的であるが、資本主義社会はたんに啓蒙主義的でなく、むしろ歴史主義的である。以上の諸点について順次考察を加えることにしよう。

まず第一に、市民社会が開かれた体系であるということについてはもはや説明を重ねる必要はあるまい。われわれはそれについて本文で十分に考察してきたはずである。歴史的には、近代市民社会は封建体制またはその最後の段階としての絶対主義に対するものとして現れた。少なくともその時期になって初めて、人間解放的な役割を担ってそれは歴史に登場したといいえる。市民社会の歴史的な性格と歴史的な役割がここに認められよう。しかしひとたび歴史の舞台に登場した市民社会は、もはや歴史的なものではなくて超歴史的なもの、完結することのない永遠に開かれた体系であると考えられた。このことは市民社会の人間解放的な性格からみて、その歴史的な役割からみて理解できないことではない。しかしながら、これをより具体的な眼をもって考察すれば、この見方は一面的であり、抽象的であることを免れないといわなければならない。われわれはそこに二つの限定を加えてみなければならない。一つには場所的限定である。近代市民社会が人間解放的な使命を担って歴史の舞台に登場したのは、近代国民国家の成立というもう一つの歴史的な出来事と手を携えてであった。市民社会と国家ないしは市民社会と国民という問題は、社会科学者としてのスミスにとってもマルクスにとっても、見逃すことのできない最も基本的な問題の一つである。そしてこれは現代の社会科学者にとっても同様に、基本的な問題であることを失わないのである。かくしてわれわれは、つぎのようにいうことができるであろう。市民社会は開かれた体系であるといっても、それは場所的に限定されている。場所的にというのは、たんに地理学的な意味においてではなく、自然的地理的なものと国家的国民的なものとの複合体という意味での場所として理解されなければならない。市民社会は国民国家の枠をはめられて近代史の上に登場してきたのである。市民社会はすぐれて経済的な社会であるとわれわれは説いた。しかしそれは政治的なものと離れたものでないことをここに重ねて注意しておかなければならない。市民社会が「体系なき体系」であるといわれる理由の一つは、おそらくこの点に求められるべきであろう。

市民社会は場所的に限定されているばかりでなく、時間的にも限定されている。この観点から市民社会を見直したとき、そこに浮び上るものがとりも直さず資本主義社会もしくは資本主義体制という発想である。資本主義社会は骨の髄から体系ある体系である。それは一義的な規定性を持った体系である。このことについて多くを語る必要はないであろう。それは歴史的な初めを持っていると同時に歴史的な終りを持っているものとして観念される。それは資本主義社会の歴史的性格といわれ、より正確には資本主義社会の歴史的個体的性格とも呼ばれえよう。もしこのように資本主義社会をその歴史的個体的な面から摑み直すならば、そこに浮び上るものがとりも直さず資本主義体制という発想である。前者と後者はまったく同じものを、ほとんどまったく同じ形式で把握しているということもできよう。しかしながら資本主義社会の歴史的性格は、資本主義体制という発想によって一層鮮かに浮彫りにすることができるであろうし、資本主義社会の体系的性格すなわちその一義的規定性は、資本主義体制の発想のうちに含みこませることができるであろう。かくして概念としては、資本主義体制のほうが資本主義社会よりもより上位の概念であり、したがってまた、これらのものが市民社会の概念よりはより上位の概念であることが知られるであろう。

ここからわれわれは市民社会と資本主義社会に関する第二の区別に移ることができる。市民社会においては市民が主体であるが、資本主義社会においては主体は資本である。（ここで資本が主体であるという表現は、表現としていささか奇妙な感を免れないかもしれない。資本家が主体であると改めたほうが一層わかりやすいであろう。しかしながら資本家は資本の人格化でしかなく、資本家が資本家でありうるのは、彼が資本の論理に服従し、資本の論理を忠実に実践する限りにおいてでしかないという意味において、資本が資本主義社会の主体であるという表現をここでは用いることにしたい。）すでにわれわれがみたように、市民社会は資本家と地主と労働者という三つの階級から成るところの階級社会である。個々の資本家、地主、労働者はもとより市民であるが、これを市民として把握するかぎり、彼らの階級的属性、彼らの階級的対立関係は一応捨象されている。みられているものは同じであっても、それのとり上げ方が同じでないことは一見して明らかである。概念としては市民よりは資本家(ないしは地主、労働者)のほうがより上位の概念であり、したがって市民社会よりは資本主義社会のほうがより上位の概念であることもまた、多くを語らずして明らかであろう。それはちょうど人間の概念が市民の概念に比してより抽象的一般的であり、したがって市民概念が人間概念よりもより上位の概念であるのと同様である。しかしながらわれわれとしては、市民社会と資本主義社会の概念における上下関係を、さらに立入ってより精密に検討しなければならない。

(1)　マルクスが彼の主著を Das Kapital (資本というもの)と名づけたのはまさにこういう意味においてであった。資本はここでは客体ではなくして主体である。いな主体といってもたんに個人的な主体でなく、市民的な主体でもなく、まさに資本主義体制そのものを背負って立つ主体である。それは通常の思考においては、客体として総括されるべきところであろう。それにもかかわらずこれを主体として把握したところに、マルクス独自の主体—客体の論理が現れているとみることができるであろう。

かりに比喩的な説明方法を用いるとすれば、市民社会は二次元の世界であるのにたいして、資本主義社会は三次元の世界であると説明することができるであろう。しかしながら、このような比喩的説明にたいしてはただちに異論が起りうる。それは市民社会と資本主義社会の実質的な同一性を否定するものであり、両者の間に歴史的段階的な区別を設定することに加担するものであると。たしかにこのような異論が入りこむ余地はあるであろう。だがここで二次元の世界といい、三次元の世界というのはまったくちがった二つの別世界のことを指していうのではなく、同一の世界の構造上の位層の差異、つまり次元の上下関係を指していることを忘れてはならない。いわば一個の建築物における一階と二階の関係として把握されるべきであろう。次元の差異は、もともと同一物における構造的位層の差異にすぎないことがこれでよく理解されうるはずである。といっても比喩はあくまで比喩である。この比喩には依然としてもっとほかの疑念がまつわりつく可能性があることを認めなければならない。もしそうだとすれば、市民社会というものは階級社会であるのかないのか、というよりはむしろ、市民社会を二次元の位層におき、資本主義社会を三次元の位層におくことによって、市民社会の階級的性格が否定されることにならないであろうかと。このような疑念はまことにもっともである。われわれはさらにこの疑念を晴らすべく努めなければならない。

そこでわれわれはつぎのようにいうことができる。市民社会は二次元の世界に投影された三次元の世界であると。あるいはまた、つぎのようにいうこともできる。市民社会は資本主義社会という建造物の平面図であるにほかならないと。いうまでもなく、これらはいずれも一つの比喩的例解にすぎないものであるから、なお説明としては不十分なところがあるのを免れないであろう。それよりは端的にいって、「市民社会においては市民が主体として把握され、資本主義社会においては資本が主体として把握される」と規定したほうが、両者の区別をより的確に論理的に把握したことになるであろう。しかしながら、かりにこの二つの比喩についてもう少し詳細にみるとすれば、われわれは前者の比喩よりも後者の比喩のほうをより適切なものと判定せざるをえない。なぜなら、われわれは幾何学上二次元の世界から三次元の世界を引き出しえないのに反して、製図上平面図から立体図を引き出すことは不可能ではないからである。もっとも、二次元は一次元の上に構築され、三次元は二次元の上に構築されるという意味においては、先の比喩も必ずしも無用ではないのである。比喩的説明はいかにともあれ、市民社会と資本主義社会の同一性と差異性を論理的に把握することが、現代社会科学者に課せられた課題であることに変りはないのである。

このことからわれわれは、スミスとマルクスの方法上の差異を識別するに足りる重要な手がかりを発掘しうるであろう。たとえば労働価値の理論をとってみよ。スミスにおいては労働は価値の源泉であり、したがって労働は価値の尺度である。この点はマルクスにおいても別段変りはない。しかしスミスにおいては価値法則は商品の交換を規制する法則であり、それは同時に市民社会の正義と秩序を保証する法則であった。これにたいしてマルクスはどうかというと、マルクスにとって価値法則は資本主義社会(より正しくは資本主義体制)の基本法則であり、自然法則であった。それはたんに商品交換の法則ではなく、それを含みながらもそれを越えて、資本が自己運動をとげるためにどうしてもそれに従わなければならないところの「社会的自然法則」であった。マルクスにとって価値法則は資本主義の体制法則であった。それはもはや市民社会的な正義と秩序の維持に役立つ法則ではなく、それとは反対に、市民社会に内包されている対立と矛盾の側面をあらわにすることに役立つ。市民社会の肯定的側面だけでなく否定的側面は、すでにわれわれがみたように、カントによっても、ヘーゲルによっても、一応認知されていた。しかし彼らはいずれもまだ市民社会に内在することなく、市民社会に外在的ないしは超越的であることによってそうなることができたにすぎなかった。問題は、なぜマルクスだけが市民社会の「無規律的規律性」の意味を現実的に把握することができたかということにある。それはマルクスが、スミスを初め古典派経済学者の業績を徹底的に汲みとることに成功したためだというだけでは、正しい答とはならないであろう。それはマルクスが資本を最も現実的な主体として、自己運動する主体として把握することができたためだと答えなければならない。そしてこの点が、たんにマルクスをカントやヘーゲルから分つばかりでなく、さらにマルクスをスミスからも分つ最も重要な方法上の観点であったことをわれわれは強調するものである。(1)

(1)　なおこの点については本書に付した二つの補論を参照されたい。詳しくはそこへ譲るとして、ここではただ一つ、「価値概念のうちに資本の秘密が洩らされている」というマルクスの最も含蓄にみちた発言を引用するにとどめておく。(K. Marx:

Grundrisse der Kritik der politischen Ökonomie, S. 662. 〔高木幸二郎監訳『経済学批判要綱』第四分冊、七三〇頁〕 ここには商品交換の規制法則としての価値法則と資本主義の体制法則としての価値法則との関係が、いい換えると市民社会と資本主義社会との関係が、最も簡潔な形で語られている。

そこで市民社会と資本主義社会に関する第三の論点に移ろう。これは両者の発想上の相違に関する論点である。市民社会がすぐれて啓蒙主義的な思想と結びついており、前者は後者をその思想母体として生れてきたとみることもできれば、反対に、後者は前者のイデオロギー的表現とみることもできるであろう。いずれにしても市民社会がいわば啓蒙主義的な思想の担い手であることに変りはない。それは何よりもまず、封建主義ないしはその最後の段階としての絶対主義に対するものであることは異論の余地がない。ホッブズからスミスにいたるイギリス社会科学者たちの基本姿勢が、このようなものであったことを想起すれば足りるであろう。またイギリスについでフランスが、フランスについでドイツが、それぞれナショナルな特殊性をもって同様に啓蒙主義的な思想家や社会科学者を輩出し、ここに啓蒙の世紀といわれる十八世紀が出現したことについても、もはや多くを語る必要はあるまい。アダム・スミスの市民社会体系が、すぐれて啓蒙主義的であるのはもとより当然のことである。くり返していう。civil は civilize に通じ、それは転じて civilization に結実する。われわれはこのことだけをいまひとたび想起すれば足りるであろう。

市民社会がすぐれて啓蒙主義的発想と結びついているのにたいして、資本主義社会は一面啓蒙主義的でありながら、他面同時に歴史主義的な発想を持っているといえる。資本主義社会の代りに資本主義体制をおき換えてみれば、このことはなお一層明瞭となるであろう。資本主義体制の概念は、その発想からみて、啓蒙主義と歴史主義の統一として把握することができる。あるいはまた、歴史主義の思想的源泉をロマン主義にあるものとすれば、資本主義体制の概念は、思想史的には啓蒙主義とロマン主義との統一物であるということを妨げないであろう。

多くの研究者が指摘するように、すでにヘーゲルの哲学体系が啓蒙主義とロマン主義の統一を企図したものだといえる。ヘーゲルはドイツ的ロマン主義の思想母体の中でイギリス的－フランス的啓蒙主義を克服し、止揚したとされている。このことによってヘーゲルは、逆に、ロマン主義を合理化することに成功した最初の哲学者——なぜならフィヒテやシェリングにはそれができなかったから——であったともいいえよう。われわれはヘーゲルの『法の哲学』をもって、このような試みに成功した最初のすぐれた社会科学的労作とみることもできるであろう。そしてマルクスの『資本論』が、これにつぐ第二のすぐれた社会科学的業績であった。といっても、われわれは手放しでこの最後の命題を肯定しようとするものではない。ヘーゲルは市民社会にある程度まで内在することができたとしても、そこからいそいで神秘な国家理念への上昇に旅立ってしまった。マルクスはそれとは反対に、市民社会の中で国家を捉え、市民社会から国家の成立を説明し、市民社会に即していわゆる社会と国家の分裂、いわゆる市民と公民の分裂を説明しようとした。この点からみればマルクスはヘーゲルよりもスミスに近く、マルクスは哲学者であるよりも社会科学者であったといわなければならない。しかしながら思想史的観点からこれをみれば、人はマルクスの中にたんにスミス的な啓蒙主義を認めるだけでは十分ではない。それは楯の半面をみるにすぎないのである。思想史的観点からこれをみれば、マルクスはヘーゲルと同じドイツ的ロマン主義の思想基盤の上に立つものとみなければならない。弁証法というものは——それが観念論的であろうと唯物論的であろうとにかかわりなく——もともとロマン主義的な思想の源流から流れ出たものなのである。かくてマルクスはスミスをそのうちに含みながら、しかもヘーゲル的なロマン主義を超克することができたといえる。啓蒙主義とロマン主義の統一を、哲学の立場においてではなく、社会科学の立場において初めてなしとげることに成功したのがマルクスであったことは、ここに改めていうまでもないであろう。この意味において、『資本論』こそは、思想と科学の統一を実現することができた最初の――ドイツ的な――社会科学的労作であったというべきである。

しかしながら、ここはヘーゲルとマルクスの比較を試みる場所ではない。スミスとマルクスの――したがって市民社会と資本主義社会の――発想上のちがいについてより多く語るべき場所である。たとえば分業と商品と貨幣という三つの基礎範疇をとって、両者の比較を試みてみよう。まず分業は、スミスにとって「商業的社会」の分析の出発点におかれている。それは労働の生産力を高める最も直接的な要因としての技術的分業であるが、それは観点を換えて「職業分業」でもあり、さらに観点を換えていえば、たとえば都市と農村との間の分業でもある。周知のとおり、スミスはこれらさまざまな分業を知っており、それを興味深い具体的な資料をもって綿密に考察した。しかしながら、これらさまざまの分業が相互にどのように関連するかということについてはあまり多くを語らなかった。それはスミスの叙述が分業の諸形態を意識的に区別することなく、一つの分業(技術的分業)から他の分業(職業分業)へと自然に移行し、さらにもう一つの分業(都市と農村との間の分業)が叙述の必要に応じて適宜に現れるという、スミス独自の論述方法をみてもこのことはたやすく首肯できるのである。これにたいしてマルクスの叙述方法はどうかというと、マルクスはヘーゲルの一般―特殊―個別という三段階的発想に倣って、一般的分業、特殊的分業、個別的分業の区別をまず設定し、それに基いて分業の諸形態を具体的に観察するばかりでなく、それらの分業を理論的に整備し体系化することをけっして忘れなかった。たとえば一般的分業は都市と農村との間の分業であり、特殊的分業は産業諸部門間の分業であり、個別的分業は工場内部の技術的分業である。こうなるとスミスがいわば必要に応じてとり上げた分業の諸形態が、たんに形態上の差異としてではなく、次元の差異として、位層の差異として体系化されてくることになる。ここには明らかにイギリス啓蒙主義の思想やイギリス経験論の哲学にはみられなかったドイツ・ロマン主義やドイツ観念論哲学の発想が看取されるであろう。さまざまの分業は、ここではその同一性と同時に差異性において、その区別と同時に連関において把握される。われわれはこの点に、市民社会と資本主義社会の同一性と差異性を把握するための、一つの有力な手がかりを発見しなければならないのである。

われわれは同じことを商品についても考察することができる。スミスにとって商品 commodity とは何か。それは財貨 goods とどうちがうのか。その点必ずしも明確ではない。(この点後に述べるように、money と capital についても同じことがいえる。) スミスにとって財貨が欲望の対象物であり、使用価値 value in use の関心事であることは一点の疑いをいれないけれども、商品は一面においては財貨と同じものとされながら、他面においては交換の対象物であり、したがって交換価値 value in exchange の関心事とされている。スミス商品概念の曖昧さは覆うべくもないのである。これにたいしてマルクスが、まず商品を使用価値と価値という二つの要素に分析した上で、使用価値は価値の担い手であるとしてこの両者を結びつけたことは、こと改めていうまでもなくあまりにもよく知られているところである。だが、スミス的発想にたいするマルクス的発想の独自性は、たんにその点につきるものではない。マルクスは使用価値視点と価値視点との間の質的な差異を明確に認識したばかりでなく、両者の対立性と矛盾の可能性をもはっきりと認識することができた。マルクスにとって商品はこのような対立と矛盾をそのうちに孕んだものであり、このようなものとしての使用価値と価値との統一物であったのである。われわれはここにも事物の本性を対立物の統一として、矛盾の展開として、すなわち運動と連関において把握しようとするロマン主義的-弁証法的発想のまぎれもない一例を見出すことができるのである。

誤解を防ぐために、われわれはここでたんにスミスとマルクスの発想のちがいについて語るばかりでなく、ヘーゲルとマルクスの発想のちがいについても一言しておかなければならない。マルクスにとって商品は主体であった。それはマルクスにとって資本が主体であるのと同じ意味を持っている。ただ資本がより高次の主体であるのにたいして、商品がより下位の主体であるという相違があるだけである。このようにいうとすれば、マルクスの発想はいちじるしくヘーゲル的であるということにならざるをえないであろう。たしかに発想の上でヘーゲルがマルクスに及ぼした影響は思いのほか大きく、初期および中期のマルクスにおいてこの事実がはっきりと認められるし、そればかりでなく、後期の労作『資本論』においてさえ——マルクス自身が告白するように——この影響はまだ消え失せてはいない。それにもかかわらず、マルクスのヘーゲルからの離脱の意義はつねに、そしてどこにおいても、強調されなければならない。たとえばマルクスの商品概念についていえば、マルクスにとって商品は「資本主義的生産様式が支配する諸社会」の富の「元基形態」であった。だからマルクスはこの元基形態である商品の分析をもって資本主義社会の分析を始めた。この分析においてマルクスがスミスの価値概念をいかに利用し、わがものとしたかということはいまみたとおりである。しかしながらマルクスは、けっして資本主義社会の分析を価値概念の分析から始めるようなことをしなかった。これは明らかにヘーゲル的手法である。(ヘーゲルが抽象的法の担い手である抽象的な個人から、彼の『法の哲学』の叙述を始めたことと対比すべきである。) マルクスにとって商品が主体であるということの意味は、ヘーゲルにとって抽象的個人が権利の主体であるということの意味とは同じでない。価値はひとり歩きするものではない。それは商品という主体すなわち全体を表象に思い浮べることによって、初めて歩き出すことができるものなのである。

われわれはここでふたたび、「価値概念のうちに資本の秘密が洩らされている」というマルクスの含蓄深い表現を想起すべきであろう。主体としての商品は主体としての資本において初めてその全き意義を獲得するものとすれば、価値法則なるものが資本主義体制という全体を前提することによって初めて、その全き意義を獲得するにいたることももはや理の当然であるといわなければならない。

分業と商品について述べたことは、そのまま貨幣にも妥当する。たとえばスミスにおいては貨幣の概念が多義的であり、ときとしてそれは曖昧であることを免れなかった。まず第一に、スミスにおいては貨幣 money と資本 capital (または stock) の区別が明確でなかった。(このことは『国富論』第二篇におけるスミスの資本分析においてみられた。) 貨幣と資本の混同ないしその区別の不明確さは、スミスのマーカンティリズム批判にも認められる。(『国富論』第四篇におけるスミスのやや苛酷ともみえるマーカンティリズム批判の一部はここから生れたものといいうる。) つぎに、スミスにおいては、貨幣そのものと貨幣の諸機能との区別がつねに必ずしも明確にされていなかった。スミスによれば、貨幣はそれ自身一つの商品であり、財貨の交換において何人もそれの受領を拒まないであろうと思われるという意味において一般的交換可能性を持った商品であり、換言すれば、貨幣は金または銀であった。これは貨幣そのものに関するスミスの見方を示すものであろう。他方において、貨幣は交換の用具であるとともに価値の尺度でもあった。これは貨幣の機能についてのスミスの見方を示すものである。といっても、スミスがつねにこのような貨幣そのものと貨幣の機能というような区別を意識したわけではなく、また厳密な概念の区別を試みているわけでもない。あるときは前者から後者への自然の転移が行われているかと思うと、他のときには二つのものが無意識のうちに混同されたり使い分けられたりしているという有様である。これを要するに、スミスにあっては、貨幣において即自的に資本が観念されることが可能であると同時に、他方、貨幣において商品が、したがって交換価値が、したがって交換の用具が、したがって価値尺度が、したがって価値が観念されることができたといってまちがいではない。スミスが捉えた市民社会なるものは、その実質においては資本主義社会であったことがこれによって明らかにされるであろう。スミスは資本主義社会を市民社会の平面図に投影して作図したものとわれわれが主張するのは、まさにこのような理由によるのである。

貨幣をめぐるスミス的見解とマルクス的見解の同一性と対立性について、多くを語ることはもはや無用であろう。それは一面において、すでに分業や商品についてわれわれが試みた考察のくり返しとなるばかりでなく、他面において、それは『資本論』冒頭の三章、とくにその首章における貨幣の必然性に関するマルクスの光彩陸離たる論理の展開過程に、われわれを必要以上に巻きこむことになる惧れなしとしないからである。ただここではマルクスのつぎの一句だけを引照するにとどめておきたい。「困難は、貨幣が商品であることを把握する点にあるのではなく、いかにして、何ゆえに、何によって、商品が貨幣であるかを把握する点にある」(第二章「交換過程」)と。「いかにして」というのは、商品がいかなる論理的過程を通して——つまり「必然的」に——貨幣となるかを問うことであり、「何ゆえに」というのは、商品が貨幣とならなければならない——なることができる——その論理的根拠を問うことであり、「何によって」というのは、以上の二つのことが現実に可能となるべき歴史的素材的過程を問うことであるように思われる。この点に関するマルクス研究者たちのスコラ的ともみえる見解の対立[1]はいかにともあれ、われわれにとってつぎのことだけは論議の余地がないほど明白である。それはマルクスがスミスを素材的内容的にふまえながら、それを思想的方法的にアウフヘーベンしたということである。われわれの言葉をもっていえば、二次元の世界に圧縮されていた三次元の世界は、いまやマルクスの思想と方法によってようやく本来の姿に復元されようとしているのである。さらにいい換えれば、われわれは、市民社会(スミス)と資本主義社会(マルクス)との間の同一性と差異性という二面的な関係を、解き明かすことに役立つ貴重な指針を、ここに発見することができるであろう。

(1) 久留間鮫造『価値形態論と交換過程論』(一九五七年)はこの対立における一方の立場を代表する。著者によると、『資本論』第一章「商品」第三節「価値形態または交換価値」は貨幣の「いかにして」を扱い、第四節「商品の物神的性格とその秘密」は貨幣の「何ゆえに」を扱い、第二章「交換過程」は貨幣の「何によって」を扱うものとされている。著者の精緻な分析には教えられるところが少なくないとしても、このような割りふり方はいささか機械的であり、マルクスの方法と方法態度にたいしてまだ真に適合的な解釈を示したものとはいいがたい。他方において、この種の問題に大した意義を認めない論者も見出されるが、われわれの立場はそのいずれでもないことを表明しておく。この問題は、一方ではイギリス経験論(スミス)と、他方ではドイツ観念論(ヘーゲル－マルクス)との関係を、いかに把握するかという問題を意識することなしには、とうてい正しい解決を与えることは不可能な問題であろう。

以上われわれは、分業と商品と貨幣という市民社会の最も基本的な範疇をとり上げ、そこにおけるスミスとマルクスの方法と方法態度の相違を論ずることによって、市民社会と資本主義社会の関係を闡明しようと努めてきた。考察されなければならない問題はなお多く、残されている論点はけっして少なくない[(1)]。ここではいちいちこれらの問題や論点に立入ることはできないが、ただ最後に資本の範疇についての言及を避けることはできないであろう。なぜなら、市民社会と資本主義社会との、したがってスミスとマルクスとの区別と連関を最も集約的に表現するものが、とりも直さず資本という範疇だったからである。

(1) たとえば貨幣から資本への移行は論理的にいかにして可能であるか、という問題などはその一つである。これは市民社会と資本主義社会の関係を問う立場からみても、けっしてゆるがせにすることのできない問題である。しかしここではこの問題に立入ることはできない（補論二を参照されたい）。ただ一言いっておけば、マルクスにとって市民社会の考察は、『資本論』冒頭の三章をもって終るのではなく、全三巻がその考察に当てられているということを忘れるべきではない。

すでにわれわれがみたように、市民社会の主体は市民であるが、資本主義社会の主体は資本である。スミスにとって資本家は市民の次元において把握されていたが、マルクスにおいて資本家は階級の次元において把握された。同じことをもう少しちがった観点からいい直せば、スミスにとって資本家は資本の主人であったが、マルクスにとって資本家は資本の人格化でしかなかった。スミスにとって、市民社会は生産力の体系として、いわば開かれた体系として無限の進歩を約束するものであったが、マルクスにとって、資本主義社会はいわば閉ざされた体系として、生産力と生産関係の矛盾相剋の展開過程として描き出された。これらすべての比較対立点は、約言すれば、一方が資本を主体として把握する発想を持たなかったのにたいして、他方が資本を主体として把握するという発想を堅持し、それを論理的に展開する能力と方法を持っていたということから由来したものとみることができる。われわれはここに『諸国民の富』にたいする『資本というもの』Das Kapital の興味深い、そして示唆に富む発想上の対立を確認しなければならないと考えるものである。(1)

（1）　マルクスの市民社会概念がどのような過程をへて生成し、発展してきたかという問題は、今日でも依然として十分に究明されていない問題である。望月清司『マルクス歴史理論の研究』（一九七三年）はこの問題の解明に本格的にとり組もうとした最初の研究書であるといってよいであろう。なお山中隆次『初期マルクスの思想形成』（一九七二年）は、思想史的観点からではあるが、これと同じ問題に迫った着実な一研究である。併せて読まれるべきであろう。

スミスとマルクスとの発想上のちがいは、もしわれわれが資本主義社会の代りに資本主義体制という範疇をおき換えてみるならば、より一層明白となるであろう。資本主義体制は、発想からみて、後方に向かっては封建体制にたいし、前方に向かっては社会主義‐共産主義体制にたいしている。その意味において、資本主義体制という範疇は一つの歴史的個体的体系であり、したがってその本性上、ロマン的歴史主義的発想と有機的に結びつくことができるものであることが理解される。これにたいして市民社会という範疇は、たといそれが歴史的に生成してきたものであるとしても、未来に向かって開かれたものであるかぎり、啓蒙主義的発想と結びつくことはできるけれども、そのままでは歴史主義的発想と手を握ることは拒まれているといわなければならない。それは土地所有の支配なり、資本の支配なり、労働の支配なり、一つの社会体制を体制として打出すことができるところの主体的な原理と結びつくことによって初めて、その歴史的な役割を果すことができるのである。主体としての資本の概念を確立することが、いかに資本主義社会の分析にとって必要欠くべからざる方法態度であるかということは、これによっても知ることができるであろう。アダム・スミスの市民社会体系は、かくして初めて、たんに十八世紀において生かされるばかりでなく、またたんに十九、二十世紀において生かされるばかりでなく、さらに来るべき新たな世紀においても生かされうるであろうし、また十分に生かされなければならないのである。

補論一　価値論の復位

一　価値論の追放

価値論が経済学から追放されて随分久しいことになる。イギリス古典学派の労働価値論が、リカード派の解体とともに解消し去り、かのジョン・ステュアート・ミルの『原理』(一八四八年)において生産費説に席を譲ったことは、人の知るとおりである。それから、前世紀の七十年代に、イギリスのジェヴォンズ、オーストリアのメンガー、スイスのワルラスによって、かつて追放された価値論の王座を取戻そうとする革新的な企てがなされたことも、学説史上あまりに著名な事実である。これらの企てがミルによって見放された経済価値論を復辟させようとするものであるかぎり、それは明らかに一つの理論的復古主義の傾向を表わしていた。そしてこの理論的復古主義が、主観主義的な効用価値論の上に立つかぎり、それは一方において、経済学における理論的ニヒリズムの傾向――たとえば歴史派経済学の傾向――を救済すると同時に、他方において、ミル以後二十有余年にわたって支配した理論的経済学そのものの沈滞無気力に、清新の気風を注入するものであった。だがしかし、効用価値論の歴史とても、それに先立った労働価値論の歴史以上には長くはなかった。すでにハインリッヒ・ディーツェルが「価値論の教説価値」Lehrwert der Wertlehre について皮肉な疑問を発してから五十年以上にもなり、たとい効用価値論が二十世紀の経済学に及ぼした理論的影響は甚大であったにせよ、マーシャルにおいてもピグーにおいても、或いはシュムペーターやケインズにおいても、本来の意味における価値論というものは存在の意味を失うに至った。

これにたいして、価値論のこのような発展解消の歴史とは別に、いわゆる科学的社会主義を奉ずる人びとは、マルクスの労働価値論を信じる点において例外なく一致していた。彼等の理論的見解や思想体系は、その発展した形では種々の偏向と対立を示したが、少なくとも労働価値論を理論的分析の基礎とする点ではすべて一致していた。かくて、一方においては、経済学からの価値論の追放をもって経済学の王道であるとなし、そこに経済学最高の理論的地平を見出そうとする人びとがあるのにたいして、他方においては、価値論の追放の過程をもって経済学の通俗化の過程であると考え、自らはイギリス経済学の正統性を労働価値論によって相続しようとする人びとが対立した。だから、問題は労働価値論か効用価値論かということではなくて、価値論の上に立つ経済学か、或いは価値論抜きの経済学かということになってきた。そしてこの際、価値論を奉ずるということは社会主義を奉ずると同じことを意味するものと解された。これが、少なくとも第二次大戦の開始前、および大戦の進行中の世界の学界の実状であった。そして日本の学界も、もとよりその例外ではありえなかった。

二　限界効用学派の自壊過程

アカデミーにおける近代経済学が価値論をその王座から引きずり下し、やがて学問の圏外へ放逐するに至ったことには深い理由がある。それは効用価値論の持つ宿命的な帰結であったのである。というのは、もともと効用価値論は個人と財との関係から出発して、価格や貨幣や所得等の社会的経済的問題の理論的解明を心がけるものである。しかし個人と財との関係というものは経済の基礎事実であるとしても、経済学の理論的基礎ではない。効用価値論のその後の分裂と解消の危険は、ほかならぬその出発点に潜んでいたのである。もし個人と財との関係を経済生活における消費面と解し、これを所与の経験的事実と解釈するならば、いわゆる限界効用均等の法則は、一つの心理物理法則と化してしまって、いったい効用というものは測定可能であるのか、全部効用 total utility と限界効用 marginal utility の関係はどうか、というような、現実の社会関係の分析には没交渉なスコラ的論議に導かれるようになる。ところが、もし右のように個人と財との関係をもって近代経済生活における合理性一般の表現形式であると解釈するならば、第一の解釈にみられる心理主義的卑俗性はこれを免れることはできるであろうが、しかしその場合には消費面から出発する意義は存在しなくなる。たとえば貨幣面に現れるグレシアム法則の合理性、生産面に現れる最低生産費(あるいは最大生産費)法則の合理性から出発するのが、もっと現実的であり、方法論的にも一層正しいのである。しかるに、どこまでも消費面に現れる合理性に執着して限界効用法則の方式を重用するとすれば、それはたんなる形式的合理性ではなく、それ以上の、或る実体的関係を要求し、予想しているからなのである。このことは、右に述べた個人と財との関係を主体的実践的側面から基礎づけようとして、限界効用法則をもって近代社会における実践的合理性の表現方式であると説いてみたところで、救われるものではない。それは外面的合理性を内面的合理性におき換えたまでのことであって、(1)そのために価値論の本来の意義が些かも闡明されたわけではなく、効用価値論の自壊作用が阻止されたわけでもない。

(1)　杉村広蔵『経済哲学の基本問題』(一九三五年)はこのような解釈をとっている。それはカール・メンガーの思想に帰り、そこから経済哲学の基本問題を汲みとろうとするものである。しかしこれでは経済価値論の復位をなしとげたことにはならない。

およそ価値論の存在理由は、現象としての貨幣－価格世界に足場を与え、経済の直接的日常的な世界を批判的に再構成する本質原理を指示することにあった。だから古典学派は、需要と供給が一致してそれ以上価格変動が生じない点、すなわち自然価格から、さらにいい換えれば等価形態から価値論を始めたのである。限界効用学派もまたその厚生論的立場から、一種の快楽主義的経済本質観と価値論とを結びつけていた。等しい投下労働量が相互に交換されるということは、古典学派にとって経済の本質に照応する事実であると同時に、望ましいことであったが、限界効用学派にとって、限界効用均等法則が実現された状態すなわち欲望最大満足の状態は、やはり右の場合とまったく同様の意義を持っていた。したがって、限界効用理論の強味は、このような経済本質観から価格構成を論理的に引き出してくるところにあったので、そこには経済のたんなる外面的合理性の把握を超えた、もっと深い要求が含まれていたのである。ところが、不幸にして彼等の経済本質観は、始祖の手から亜流の手へ受け継がれるにつれて、心理主義的素朴実在論の偏見に陥った。彼等には社会過程としての交換過程をどこまでも社会過程として掘下げることができないで、これを個人対財の関係にまで抽象化し、それを実体化してしまったのである。彼等はかくすることによって古典学派の等価形態を深化し、克服したと信じていたが、しかし実際彼等が実現したものは交換過程そのものの分析ではなくて、交換成立の心理的動因を指摘するに止まった。そこで、かのいわゆる主観的使用価値から主観的交換価値へ、主観的交換価値から客観的交換価値への論理的上昇が始まった。(1) けれども、この論理的上昇の旅は、これをたんに合理的説明のための理論的図式としてみても、自家撞着的な不合理を含んでいた。社会的なものはけっして非社会的なもの、あるいは前社会的なものから説明されることはできないのである。この点で限界効用理論は、すでにその生誕の初めから、価値論を放棄すべく運命づけられていたともいえるのである。

（1）カール・メンガーの弟子ボェーム・バーヴェルクの努力の一つはここに向けられた。しかし彼の俊敏さをもってしてもこの困難な課題を克服することはできなかった。

かくてウィーザーの大著『社会経済の理論』(Fr. v. Wieser: Theorie der gesellschaftlichen Wirtschaft, 1914.)は、限界効用価値論の前社会的組立ての中へ社会的勢力という現実の輸血を行うことによって、これを死の床から救い出そうとしたものであったが、しかしそれは最後の努力でしかなかった。その後この学派は[1]、限界効用論の経験主義的拡充になお腐心する一派と、この方式をもっと形式的論理的に解釈し直そうとする一派とに分れたが、いずれも資本主義経済の社会的現実に有効に接近することができなかった。他方において、カッセルやリーフマンやシュムペーターの体系は、その根底においては限界効用学派の思想態度を残留させつつも、価値論をみごとに放棄してしまった。すなわちカッセルは効用価値論の代りに稀少性《クナップハイト》の原則一本で押し通し、リーフマンは古典的な価格構成論の代りに価格変動論を持ち出し、シュムペーターは初めから価値を価格におき換えた。この派特有の経済本質観は、なお、そこここにその余映を残しているとはいえ、これ以後の理論経済学は、一切の経済本質観から自己を解放し、社会観と科学理論とを峻別することに全努力を傾注した。理論の思想性喪失がその結果としてもたらされ、理論の科学性ということはその技術性と同視されるようになった。ケインズの体系はこのような理論における事物化傾向の頂点に立つものだとみてよいであろう。

（1）ここでは主としてオーストリア学派のことを念頭においている。孤独な巨星ジェヴォンズについてはもちろん、その後数理経済学の源流としてわが国でも有力な祖述者を見出したローザンヌ学派についてもここではふれない。価値論における思想と理論の関係、価値論における主体と客体の関係を問うわれわれの立場からみて、一応やむをえない措置であると考える。

三　全体認識の学としての価値論

さて、技術的理論の欠陥は危機の時代には最も端的に表明される。たとえばケインズの一般理論は戦前及び戦時を通じて最も有力な実践的意義を獲得した。それは日本だけでなく、アメリカにおいても支配的な地位を獲得し、ともに戦時経済の遂行に役立つところが大であった。アメリカのケインズ学派がより実際的であるのにたいして、日本のケインズ学派はより純粋理論的であるという差異はあるにしても、この派の理論の実践性はすでに事実によって十二分に証明されたのである。けれども、この場合問題となるのは実践性の意味である。真実の実践性は所与の目的にたいする技術的処置や対策の意味における実践性ではなくて、目的そのものをも自ら設定する主体的実践性でなければならない。真実に主体的なものは全体的なものである。この意味で、ケインズの一般理論は戦後の経済理論としては今一大試練の時に際会しているように思われる。

　というのは、日本はもちろんのこと、アメリカにおいてさえ、戦後経済の発展状況はまさにこの主体的全体的なものの発言を必然ならしめているからである。全体主義者の全体は空虚な観念にすぎなかったが、戦後経済の破局と再建の過程は、真に現実的な全体を実現する過程でなければならない。たとえばインフレーションを取ってみよう。もし刻下のインフレーションが、たんなる金融対策や貨幣操作によっては如何ともなし得ないほどの全経済的全機構的な現象であるとするならば、問題は通貨と財貨の総量を含めてさらにそれを越えた全生産力及び全生産力機構の問題にまで発展しなければならないし、また現に発展している。それゆえに、これを克服するものはあれこれの対策ではなくて、大いなる歴史的実践でなければならないであろう。しかしそれは技術的実践を越えたところの、したがって技術的理論の視野と把握力とを越えたところの全体的問題なのであって、この全体を理論的に把握する立場が価値論の立場なのである。

国破れて山河ありというが、社会経済が危局に臨んで価値の世界が現れてくる。すなわちわれわれは貨幣や価格の体系がまさに崩壊し去ろうとするとき、財貨の生産や生産力機構の総体が全面的に活動不能に陥ろうとするとき、全体を貫く統一原理の強力さを今さらのように感じとるのである。価値原理がこのような現実的な全体として、貨幣や財貨や生産力の内面的統一者として、つねに技術的理論の支柱として、その論理的基礎として存しなければならないことは、多くの経済学者によって看過されてきたけれども、しかし世界経済恐慌や今次のインフレーション(1)は、このような経済学者達の無自覚と無力をあばく絶好の機会なのである。

(1) 終戦直後のインフレーションを念頭においているけれども、ここに述べられていることは、そっくりそのまま最近の(一九七〇年代の)世界的インフレーションに妥当する。ケインズ理論はいまや過去のものとなりつつあるとみられるようになった。

では価値論の復位ということは、この場合経済学の歴史をどこまで遡ることを意味するであろうか。答は明白である。限界効用学派を越え、さらにマルクス経済学をも越えて、今一度古典学派の労働価値論に復帰することを意味するのである。なぜなら、マルクス労働価値論の源泉はイギリス古典学派の中にあるからである。

古典学派の労働価値論は、それが十八世紀の自然法的思考様式に縛られているかぎり、経済社会の動的性格を理論づけることに十分成功したとはいえなかった。またそれは、経済生活の物象的メカニズム的側面を一方的に固執したという非難も、必ずしも不当ではないだろう。さらにまた、それは自由主義の経済分析と経済政策、すなわちザインとゾルレンとをとり違えたという無理解な非難も、無下に却けるべきものではないかもしれない。しかし古典派経済学が、自然法的思考様式の故にこそ、その労働価値論によって、経済学史上初めて市民社会の全体観に達したという事実は、永久に忘れられてはならないのである。その後近代経済学の全努力は、この労働価値論を人間化し主体化しようとする方向に向けられたが、それはしらずしらずの間に全体性の立場を破棄することになって、かえって価値論の崩壊と理論の技術化とを招いたことはいまみたとおりである。古典学派の労働価値論によって把握された市民社会の全体性を主体化するためには、一方において労働それ自体を主体的実践的に把握すると同時に、他方において労働の歴史的社会的規定を必要とするであろう。自然法哲学の様式はもはや陳腐な十八世紀の遺物であるかもしれない。しかし哲学と科学との結合は今日ますます必要である。価値論の復位は、それゆえに、経済学から今日行われている様な悪しき経験主義や実用主義を追放することを意味するのである。

古典学派の労働価値論は、その形式よりもその実質に従って再評価されなければならない。この理論は商品生産と貨幣流通と価格運動との内面的統一原理として組立てられた。その際、労働は価値の源泉であるがゆえに価値の尺度であり、またたんに価値の尺度であるばかりでなく、ときにはさらに一歩を進めて、労働は価値の実体であるとさえ考えられることもあった。われわれはここに、まさに生成発展しようとする市民社会の新産業主体が、いかに健全で自信にみちた自己認識に到達しているかを認めなければならない。この自己認識こそはとりも直さず市民社会の全体認識への第一歩なのであって、このゆえに古典派経済学は、労働価値論によって初めて経済学の科学性を、すなわち社会科学としての経済学を確立したというべきである。

かつてゴットルは、労働価値論や限界効用価値論はもちろんのこと、一切の技術的な経済理論を含めて、唯物的な財理論であると論断し、彼自身は「経済的ディメンション」という見方を説いた(Gottl Otto-Lilienfeld: Die wirtschaftlichen Dimension, 1923.)。これはその実質において価値論を意味するものと解するほかはない。経済的ディメンションというものは、あらゆる経済がそこにおいて展開される場であり、一切の経済活動がその上で実演される舞台にほかならない。ゴットルの試みは、多様な経済現象を現象学的還元の方法にも似た方法によって統一しようとする試みで、価値論の自壊作用が行われた後の出来事としてみれば、一層興味深いものがあるといわなければならない。けれどもわれわれとしては、もちろんゴットルのこの見解に同意することはできない。ゴットルの経済的ディメンションの思想は、第一に経済の質的規定を与えているだけで、それと経済の量的規定とのつながりが明らかではない。それに第二として、そこには歴史的主体的な立場が欠けている。それは戦時下の全体主義的風潮に奉仕することができたとしても、戦後まで生きのびることはできなかった。したがってゴットルのこの思想は何らの果実をもたらさないで放棄されてしまったのである。これは、かりに価値論なき後の価値論だとしても、労働価値論からの一歩後退であるにすぎなかったことはいうまでもない。われわれは一切の経済的事象の根源的事実として労働生産力を考えることによって、ゴットルの経済的ディメンションを考えるよりは、遙かに直截に、経済の客体的であると同時に主体的な真実性に徹することができると思う。そして、生産力の質的規定と量的規定の統一は労働価値の思想によって初めて可能となるのであるが、真に具体的な問題は、これを資本主義体制の全体把握の原理論として展開するところにあるといわなければならない。

全体性の喪失は危機時代の特色である。したがって、全体性を回復するということが再建の課題でなければならない。かつて古典派経済学は、この課題を解決することによって、偉大で生産的な役割を果したが、それは労働価値論という合理的で理論的な全体認識に到達することによって初めて可能となったのである。戦後経済学が解決しなければならない幾多の諸問題は、何よりもこの偉大な歴史の教訓に傾聴することによって解決されるであろう。なぜなら、第二次世界大戦は全体としての資本主義体制をわれわれの問題とすることによって、われわれを市民社会の出発点にまで押し戻してくれたからである。そしてこのことはケインズ経済学の亜流にたいする警告となるばかりでなく、他方マルクス経済学の亜流にたいしてもまた一つの指針となるべきであろう。(1)

(1) この論文が書かれたのは一九四六年夏(『経済評論』八月)のこと、すなわち終戦後まもなくのことであった。それから早くも二十七年の歳月が流れたけれども、そしてあのときと今とではまったく状況が変ったようにみえるけれども、しかし筆者としては、ここで述べられていることがそっくりそのまま今日にも当てはまると考えざるをえない。「原点へ帰れ」という合言葉を、この論文はすでにその実質において先取りしていたものとみていいだろう。

補論二　体制概念と価値法則

一　体制概念の構造

体制とは何か。これについては多くのことをいいうるであろう。とくに社会的システムに関する最近の社会学者たちの論議には、参考とすべきところが少なくないようである。しかし少なくとも体制概念の最も基本的な徴表としては一義的規定性ということを挙げることができるであろう。一義的規定性とは、いうまでもなく、知識なり事象なりの雑多と多様が一つの根本原理によって、統一ある秩序にもたらされた姿を指すのである。知識の雑多が一義的規定を受けて一つの統一にもたらされた場合に、われわれはそこに体系が生れたという。これにたいして、社会諸事象の多様が一義的規定によって一つの統一にもたらされた場合には、われわれはそこに体制が存するという。この意味で体制概念はまず第一に社会的秩序の概念に結びついている。

もっとも日常の用語の上では、体系と体制とは必ずしもはっきり区別されないで、しばしば混用されている。たとえば新物価体系とか新租税体系とかいわれた場合である。これらの場合にはもちろん単純な知的統一の組織だけが問題とされているものでないことはいうまでもない。これにたいして、体制が体系と混用される場合はちょっと見当らないようであるが、その代り、同じく体制といってもそこには種々の意味が付着しやすい。たとえば戦時中、統制経済体制であるとか、ファシズム体制であるとか、あるいはもっと卑俗に新体制の理論とかいったような表現が用いられたことがある。統制経済やファシズムや新体制が厳密な意味で一つの体制であるかどうかということは、一義的規定性ということの理解の仕方、すなわち体制原理の把握の仕方によって判定されるべき問題なのであるが、これらのものは本来の意味においてけっして一つの体制ではなく、結局体制の内部における局面、段階、もしくは態勢にすぎなかったことが、今日ではすでに歴史的に証明されているのである。だからここには少なくとも体制概念の混用ではなく濫用があったということができる。(そしてこれに似た体制概念の混用ないし濫用は、さまざまの形で戦後にも行われている。)

これにたいして、封建体制とか、資本主義体制とか、共産主義体制とかいわれた場合には、われわれは疑いもなく、社会学的な、あるいは厳密にいって社会科学的な意味に用いられた体制概念の実例を感得する。なぜなら、そこには明らかに、もはやそれ以上何物にも還元できないところの、究極的で固有な体制原理の支配を、われわれはそれぞれについて確認することができるからである。このように、一つの体制に固有な性格を、いい換えれば、一つの体制を個体的独自的なものとして他の体制から分つものを、体制の歴史的個体性と名づけることができよう。これが体制概念の第二の徴表である。

かくて体制は、一方では社会的事象の統一体であるという点で、単純な知識的統一体である体系から区別されるばかりでなく、他方では一つの体制原理が他の体制原理から歴史的に区別されるという意味で、歴史的個体的なものとして相互に区別される。体制概念はこれらの二つの原理、すなわち一義的規定性と歴史的個体性の統一として把握されるのである。この二つの原理はもちろんまったく別ものではない。観点を異にしてみた同一の原理なのであるが、そのうちどちらがより重要であるかといえば、体制概念の論理的な基礎づけということからいえば一義的規定性の原理であろう。しかしわれわれの現実感覚からいえば歴史的個体性の原理がより重要となるであろう。たとえば、封建体制と資本主義体制と共産主義体制とは、何よりもまずその体制原理の歴史的個体的特殊性に基いて相互に区別されなければならない。すなわち土地所有の支配か、資本の支配か、それとも労働の支配かということがこれら三つの体制を歴史的に異った個体として区別するのであって、その自然的基礎や形式社会学的共通性などはさしあたりまったく問題とはなりえない。しかしながら、体制原理は社会の、歴史的な、特定の在り方を規定する原理であるという意味では、あくまでも歴史的個別的に把握されることを要するけれども、それと同時に、他方それが一つの体制に属する一切の歴史的社会的現象に統一と形態を賦与するという意味では、それは必要にして十分な時間的な拡がりを持たねばならないし、また事実上持っている。この時間的な拡がりの中において右の体制原理が現実に作用し、活動するのであるから、体制の概念はこの意味では、社会事象の空間的場所的連関性をそのうちに含むものでなければならない。歴史の現実の発展の上では、一つの体制の内部においてすでに次の体制の出現を予告し、あるいは本質上まったく過ぎ去った一つ前の体制に属する出来事が、現体制においてきわめてしばしば観察されるであろう。しかしその場合でも、一、本来一つの体制に属すべき事柄は、どこまでもその体制原理の本質に照らして理解されなければならないし、二、本来その体制に属する諸現象の空間的場所的連関性は忘れ去られてはならない。われわれはこのような体制的諸現象――それは一つの体制に所属し、一つの体制原理によってまとめ上げられている諸現象という意味である――の空間的場所的連関性を構造的連関性と名づけることができるであろう。

体制概念は、かくて、社会事象の歴史的個体性と構造的連関性とを統一する概念であるといってもよいだろう。あるいはまた、体制概念は時間性原則と空間性原則との統一概念であるといってもよい。ただし誤解を防ぐためにつぎのことを一言しておく。ここに空間性原則というのは、けっして自然資源や国土といったような自然概念ではなくて、どこまでも歴史的社会的事象の構造的連関の空間的場所的性格を指示している。その意味は、一つの体制を外側から眺めたときには歴史的個体性の面がはっきりと意識されるであろうが、それを内側から眺めたときには構造的連関の意識が強くなってきて、本来歴史的範疇であった体制原理が自然的範疇であるかのように現れ、本来歴史的であった社会事象の構造連関は、あたかも自然的な体制原理の空間的活動の場であるかのように映じてくるという意味である。だから体制が時間性原則と空間性原則の統一だといっても、それはたとえば、ドイツ歴史派経済学者カール・クニース(K. Knies: Die politische Ökonomie vom Standpunkte der geschichtlichen Methode, 1853.)が、国民経済をもって時間性原則と空間性原則との統一だとみる場合と同様の意味においてではないことを注意すべきである。ドイツ歴史派経済学においてみられたように、国民経済の概念は、経済発展の一つの段階としてはある意味を持ちうるであろうが、それは断じて体制ではありえない(1)。体制概念が時間性原則と空間性原則の統一概念であるというのは、歴史的社会的事象をその流れと幅とにおいて切断してみることを意味するのであって、この意味においては体制概念は実は歴史的時代という思想を社会科学的範疇に翻訳したものにほかならないのである。

(1) 国民ないしは国民経済の概念は、社会体制の概念に比べてより多義的であり、より複雑である。このことは、一つの国民がいかなる社会体制を選びとるかという歴史的課題の前に立たされたとき明瞭となる。なお高島善哉『民族と階級』(一九七〇年)をみよ。

このような体制概念のきわめて抽象的な、一般的な分析から、われわれはすでに若干の現実的な問題処理にたいするいくつかの手がかりを獲得することができる。たとえば修正資本主義が資本主義と社会主義との結合であると説かれたり、資本主義的計画経済と社会主義的計画経済とを計画経済一般の名の下に包括しようとしたりする見解がある。あるいはまた、資本主義経済の価格理論を社会主義経済の経済理論に転化したり、逆に、資本主義経済の価格計算を基礎にして、社会主義体制の可能または不可能を論証しようとしたりする試みがある。以上の見解や試みの中に政治的実践的な意図が盛り込まれている場合は論外として、純理論的にいっても、ここでは何よりもまず、一つの体制を他の体制から区別するところの、いわば理想型的概念規定が必要である。しかし詳しくは後に価値論の項でふれることになろう。

けれども体制概念の解明のためには、たんに一つの体制を内と外から、すなわち内在的及び外在的に、構造的連関性と歴史的個体性との統一として把握するだけでは十分ではない。さらにわれわれは一つの体制と他の体制との連関をもとり上げて問題としなければならない。この角度からいうならば、体制はまさにそれが一つの歴史的個体として他の体制から歴史的に区別されるものであればこそ、体制Aと体制Bとを結びつけ、関係づけ、比較を可能にする共通の地盤が存在しなければならないことになる。もしそうでなければ、歴史はたんにいくつかの個体的な体制の相互に独立した断片に切断される惧れがあろう。これは疑いもなく歴史的相対主義への転落を意味するであろう。体制概念はもちろん上述の意味においては相対主義の立場を受入れているものではある。しかしもしそれだけに止まるときは、体制と体制とのつながりや、一つの体制から他の新たな体制への移行を把握する立場が出てこない。この立場は明らかに、一つの体制に即しながらしかも体制を超えた超体制的な立場である。この超体制的立場というものは、体制概念の相対主義的側面を克服するという観点からすれば、一つの絶対的な立場であるともいいうるであろうが、しかしそれが体制に即して理解され、体制において具体化されるのでなければならないという意味では、それはけっしてたんに抽象的絶対的に固定化されてもいけないものである。けれどもこのことは、すでに多くの学者により、歴史の相対的見方と絶対的見方との相即的関係について論じられたところであって、ここで改めて再確認すれば足りるであろう。ここで一言しておかなければならないことは、ただ一つ、すなわち体制概念は歴史の相対的にして絶対的な把握を可能にするために構想された、社会科学の最も重要な基本範疇だということである。

社会科学はあくまでも経験科学であるから、右に述べた超体制的な立場を確定するために、歴史哲学的思弁に頼ることはできない。だからたとえば、歴史の発展をもって理念の顕現である(ヘーゲル)とか、おのおのの時代は直接に神につながる(ランケ)とかいったような歴史哲学をそのままに受入れることは許されない。あるいはまた、人類社会の進歩に関して経済学者や社会学者の直観や思弁が産み出したところの、いわゆる発展段階説にたいしても慎重でなければならない。このような警戒と慎慮の後に、経験科学としての社会科学に残された道は、生産力の立場であると考えられる。生産力の立場こそは、体制に即して体制を超える立場であり、したがって一つの体制を他の体制へと結びつける立場であるといえる。われわれのみるところによれば、この生産力の概念と結びつくことによって、歴史的個体及び構造的連関としての体制概念は、初めて相対的にして絶対的な、すなわち初めて現実的な概念となる。換言すれば、理念型としての体制概念はこれによって初めて現実的な理念型となりうるのであるが[1]、以下視点を新たにしてこの点を明らかにすべく努力しよう。

(1) われわれはこれを、平均型および理念型にたいして現実型と名づけたいと思う。現実型は平均型と理念型の思想をそのうちに含む最も高次の概念であると考えられる。

二　市民社会、経済時代、資本主義体制および生産力

かつてゾムバルトは近代資本主義成立以後の時期を指して経済時代と名づけた。それは経済が支配的な重要性を持つ時代というほどの意味であって、実質上はマルクスのいわゆる資本主義的生産様式の支配する社会に該当している。実質上またこれと同じ内容のものを、アダム・スミスは商業的社会あるいは社会の市民的状態と呼んだが、これはもっと一般的な用語に従えば市民社会という言葉をもって表現されるであろう。われわれの経済社会学[1]はかつて経済時代の社会学という表現をとり、そしてそのことから、すぐれて経済的な社会としての市民社会の概念から出発したのであるが、いまや体制概念の確立と拡充によって、再出発の緒を見出すことができるものと予想される。ところでこのような体制概念の確立と拡充は、認識論的方法論的に行われると同時に、実質的内容的にも行われなければならない。

（1）　高島善哉『経済社会学の根本問題』(一九四一年)をみよ。著者はここで経済社会学のありうべき概念について検討を加えた結果、経済社会学をもって経済時代の社会学、すなわち経済時代の自己認識のための社会学と規定した。この規定によれば、ゾムバルトはまさに経済社会学者の一典型であり、マルクスもまたある意味では経済社会学者の列に加えられることになるであろう。

まず実質的内容的観点からいえば、いま述べたとおり、市民社会も経済時代も資本主義体制も別段異るところはない。しかしこれらの三つの概念は、概念としてそれぞれ独自のニュアンスを持っていることに注意しなければならない。そのニュアンスの相違を一つ二つとり上げてみるならば、第一に、市民社会は自然法的思想を連想させ、経済時

代は歴史的発展段階的思想と暗につながっている。これにたいして、資本主義体制が自然法的思考と歴史的発展段階的思考との統一として概念されうることは明らかであって、これら三者の相違は、実は『国富論』(スミス)と『近代資本主義論』(ゾムバルト)と『資本論』(マルクス)との性格の差異をも示していると考えられる。しかし第二に、もっと実質的に、市民社会や資本主義体制は明らかに一個の生産力体系として把握されるのにたいして、経済時代の概念は、概念としては散漫であることを免れない。ただ市民社会概念においては反省と分析をまって初めて明らかとなる諸性格、すなわち、一、その歴史的性格、二、その社会学的性格、三、そのすぐれて経済的な性格などは経済時代の概念のうちに端的に表現されている。しかし第三に、市民社会の概念においても、経済時代の概念においても、構造連関の思想、すなわち社会的諸現象の相互的連関と構造的統一の見地はまだ明らかにされていない。これら幾通りかの意味において、体制概念は市民社会概念と経済時代概念をそのうちに包含するものだといってよいだろう。

市民社会と資本主義体制に比較すると、経済時代の概念はむしろ色あせたものである。というのは、それは生産力の体系とか構造的連関の立場に直接にはつながらない一つの様式概念だとも考えられるからである。そこでわれわれの考察はもっぱら前の二つ、すなわち市民社会と資本主義体制に向けられ、ただその際経済時代の概念が一種の触媒として用いられるにすぎないこととなる。

さてスミスの商業社会が、ローレンツ・フォン・シュタインの産業社会(Lorenz v. Stein: Die industrielle Gesellschaft, 1850.)を経て、マルクスの資本主義社会へ通じたとみる説があるけれども、この説の当否はしばらくおく。この説の検討も興味がないわけではないが、われわれにとって当面の主題ではないからである。体制概念の確立と拡充という課題にとって肝腎なことは、生産力体系としての市民社会ないしは資本主義社会の概念をまず摑みとることである。さきにみたように、生産力の立場は歴史的個体としての体制に即しながらそれを超える超体制的な立場であった。(この意味において生産力は体制貫通的なものというべきであろう。)いかなる社会体制もその基底として生産力の支柱を持たなければならないことはほとんど自明の理である。一つの体制が進歩発展するか、それとも萎縮後退するかは、その体制がいかなる生産力の基礎の上に立っているか、また生産力をどのように培養し発展させることができるかに依存している。この命題はあえてある特定の歴史観に訴えなくとも、今日の世界の実状から経験的に十分理解できるところである。しかしながら、いかなる体制にとっても、生産力がその体制的基礎であるという認識そのものは、必ずしもあらゆる体制にとって可能なのではない。それはちょうど人間が歴史的社会的存在であるとか、あるいはまた、人間は道具を造る動物であるとかいったような、人間を動物から区別する人間特有の主体的性格が、歴史の特定の段階において初めて認識されてくるのと同様である。この意味において、体制の基礎に生産力を認めようとする生産力の立場は、社会的生産力の特定の発展段階である近代市民社会において初めてはっきりとみえてくる立場であるといわなければならない。

身分や国家とはちがった独自の存在としての社会が発見されたのは、近代の初めであるといわれる。このとき初めて、政治学や経済学や歴史学を中核とする社会の科学が誕生したといわれる。この社会が、その実質において、生産と再生産の同時的進行を内容とする経済的流通および循環の社会であることを発見し、確認したのはほかならぬケネーであった。さらにこの経済的流通および循環の社会が、生産力の体系であることを明確に規定したのはスミスであった。経済学をその最も具体的集約的な表現の場とする社会科学の成立は、この時期において初めて可能であった。これら一系列の事柄は、生産力の立場が一面超体制的なものを指示しながら、他面近代社会に特有な独自の認識に属することを示している。それらはすべて近代的市民社会の発達の結果なのである。市民社会がすぐれて経済的な社会であること、それは生産力の体系として把握されなければならないことがしだいに明らかとなったのである。眼前に市民社会の登場をみながら、封建的制約の殻を脱しえなかったヘーゲルが、市民社会を欲望の体系としか規定しえなかったのはむしろ当然であったといわなければならない。

市民社会が欲望の体系ではなくて、とくに生産力の体系と呼ばれるに到った究極の理由はどこにあるか。それはほかでもない。産業が、否、資本が生産力展開の主体として登場してきたことである。この意味において市民社会は第三階級の社会であり、したがってまた階級社会である。資本は第三階級の産業的実践を物象化するものであり、利己心や利潤追求はこのような実践原理の言葉を換えた表現にほかならない。ところでスミスの商業社会像も、シュタインの産業社会像も、ともにこの点を描いてはいるけれども、彼らにはまだ構造連関という思想はなかった。生産力の資本主義的展開の過程を、利潤追求という資本の実践原理から跡づけ、検討し、そこから生れてくる資本主義体制のメカニズムを一つの構造連関として、一つの運動として把握したのはマルクスであった。シュタインはしばらく別として、スミスとマルクスとの相違はどこにあったかといえば、それは生産関係視点がスミスにはなくてマルクスにはあったという点にあるだけではない。生産力の構造連関という思想が、スミスにはなくてマルクスにあったという点にこれを求めなければならない。なるほどスミスには労働の生産諸力という概念はある。それは道徳的世界、法および統治の世界ならびに経済的世界における人びとの行為を集約的に表現するものであり、生産力の構造連関という思想にある程度まで接近するものであった。生産力の内容規定からいえば、スミスとマルクスはその実質において異るところはないとさえいいうるであろう。しかし両者の相違はその形式的規定にあるとみなければならない。形式的規定の相違は、観点を換えていえば、発想上の相違であり、啓蒙主義的経験論的方法（スミス）にたいする弁証法的唯物論的方法（マルクス）の対立ともみることができよう。ついでながら、生産力視点と生産関係視点の有無ということではなく、両者の関係をどのように摑むかという点においてスミスとマルクスの対立が認識されなければならないのである。

かくて市民社会と資本主義体制との差異は実質上のものではなくて、把握様式の差異であることがわかる。市民社会の発達は、近代的資本関係の発達をまって、それと同時に行われた。体制概念はこの同じ市民的資本関係を社会的諸生産力の構造連関として把握するものなのである。資本がこの構造連関を把握したとき、われわれは資本の支配する体制すなわち資本主義体制を見出し、労働がそれを把握したとき、われわれはそこに共産主義体制を見出すのである。市民が主体であるのか、それとも資本または労働が主体であるのかということがきめ手となるのである。この意味において、資本主義体制の概念は、市民社会のそれよりも一段と高次の概念であるということができるのである。（われわれはさらに一歩を進めて、生産力の構造連関としての市民社会と共産主義体制——社会主義はその第一段階——にまで止揚することができるという思想に到達しうるであろう。）

そこでわれわれの問題は何よりもまず生産力とは何かという問題に集中する。生産力の体系としての市民社会とは何かという問題に集中する。そこからさらに進んで、そもそも生産力の構造連関とは何か、その構造連関を一義的に把握するための基本原理は何かということが問われなければならない。前の問題はすぐれてスミス的な問題であり、後の問題はすぐれてマルクス的な問題であるということができよう。スミスは生産力の体系としての市民社会を発見し、かつそのメカニズムを分析した。これにたいしてマルクスは、生産力の構造連関としての資本主義体制を確認し、その動的発展的な過程を明らかにした。かくて、スミスの市民社会認識はマルクスによって資本主義の体制認識(1)にまで高められ、さらに体制転換の法則の認識にまで高められた。われわれはこのことから、体制概念というものが、社会科学者としてのスミスとマルクスの関係を照明する上で、いかに重要な役割を果すものであるかを知ることができる。それと同時に、体制概念が現代社会科学にとっていかなる意義を持つべきであるかということについても知ることができるのである。

(1) マルクスには社会体制 Das soziale System という言葉はないわけではないが、よりしばしば社会構成 Die Gesellschaftsformation という言葉が用いられている。今日マルクス主義の文献では、ふつう後者のほうが慣用されているようである。しかし反体制的とか、体制内的とかいわれる場合など、体制概念もしばしば現れてくる。体制概念には主体的な要因が示されていないのにたいして、社会構成の概念には主体的要因が暗示されている。しかしその客体的な要因を示す点においては、社会体制のほうが社会構成よりも勝る。ともに一長一短があるといわなければなるまい。

かくして社会科学の最も主要な課題は、一つの体制において歴史的構造連関的なまとまりと発展を見せている現実の生産諸力の解剖である。生産諸力は何よりもまず第一に、物質的生産力としてとり上げられるであろうが、それはいうまでもなく自然資源や技術から成っている。しかしたとえば機械の概念がすでに高度に発達した資本主義社会を前提しているように、したがってそれは単純な工学的範疇ではなくて立派な歴史的社会的関係を予想しているように、自然資源もまた生産力の一項目としては歴史的社会的関係を予想しているのである。この簡単で明白な事態の認識にさえ到達しえないところに、かの「政治経済学者」(1)たちが大戦中依拠した資源論の幼稚な誤りが存在した。生産諸力というものは、初めから体制の立場から、すなわち歴史的社会的生産力としてとり上げられなければならないものである。

（1）　ここで政治経済学者というのは、たとえばゴットルなどの驥尾に付して、経済における主体的形成的側面のみを一方的に強調し、いわゆる戦時総力戦体制に奉仕した一群の経済学者たちをいう。政治経済学といっても、スミスやマルクスが政治経済学と呼んだものとはまったく別ものであることはいうまでもない。

このような意味でわれわれはまず物質的生産力をとり上げる。そしてその際、資本主義体制が研究の当面の対象となる。なぜなら物質的生産力の意義と重要さとは、資本主義体制の確立によって初めて現実に認識されるにいたったものであって、その逆ではないからである。われわれはこの研究を手がかりとして、あるいは資本主義に先行した封建体制の、あるいは資本主義に続いて来るであろう共産主義（社会主義）体制の検討を企てることができるのである。

しかし物質的生産力と名づけられるもののうち、すでに技術やとくに機械技術のようなものは、高度に発達した科学知識や実証的探求の精神を予想し、したがってそれはまた、自由にして民主的な市民社会関係を予想することが知られよう。このように生産力概念はきわめて複雑な、精神的および制度的な、主体的および客体的な、人間の歴史的社会的行為連関の全般をその契機として内包しうることになるのであるから、これらの複合的生産力の諸契機を相互連関的に研究すべきである。通例、経済社会学なるものは、経済と法律、経済と道徳、経済と宗教といったように、経済と他の社会諸現象との相互関係をとり扱うものと解されることが多い。しかしこのようなとり扱い方は一定の確固たる方法態度の上に立つものとはいい難い。それらの研究は、経済と技術との関係を尋ねる場合と同様に、何よりもまず生産力構造の立場から、とくに物質的生産力との関連において検討されることを要するであろう。スミスとマルクスはこのことをわれわれに教えているのである。

このようにいったからとて、われわれは体制概念の分析において、ただ生産力視点だけをみて生産関係視点を無視したり軽視したりしようとするものではない。起りうべき誤解にたいし、ぜひこれについていっておかなければならない。生産関係視点を忘れた生産力視点は生産力主義と呼ばれる。これは一つの体制が他の体制と共有するところの、いわば超体制的な側面にとらわれた見方であって、体制の歴史的個体性の意味を没却するものである。これにたいして生産力視点を忘れた生産関係視点は、生産力機構としての体制に十分内在することのない、いわば階級主義的な政治主義に陥る危険を免れないであろう。いずれの立場も、現代社会科学の立場からみて是認することはできない。現代の社会科学が体制認識の科学であるといわれるのは、まさに以上の二つの立場を結びつけ、総合することによってえられる歴史的社会的認識のあるべき姿を端的に表現したものにほかならないからである。ただ、われわれが体制概念の分析を、生産関係視点からではなく、まず生産力視点から始めるのは、生産力というものの固有の性質に基くものということができるのであって、その理由はおよそつぎのようなものである。第一に、生産力はたとい物質的なものにおいて集中的表現をみるとはいえ、その本質上主体的なものであるが[1]、生産関係はその本質上客体的なものである。第二に、生産力はしたがって動的始発的なものであるが、生産関係は静的停滞的なものである。以上のことを念頭においてわれわれは体制概念と価値法則の考察に移ることにしよう。

（1） 生産力の構造ならびにその本質については、高島善哉『民族と階級』第十章「生産力の論理とナショナリズム」を参照されたい。

三　体制概念と価値法則

体制概念の確立と拡充の結果は、価値の理論にたいしても示唆するところが少なくない。ことに社会主義体制下においても価値法則が行われるか否かという問題が、戦後学界の一関心事となっている現状においてはそうである。そして社会主義と価値法則という問題の解明は、まず資本主義体制と価値法則の関連を知ることなしには不可能である。ここに価値法則の体制的性格の問題が発生するのである。

さて価値は一般的にいって、すなわちそれが宗教的または芸術的価値であれ、道徳的または学術的価値であれ、さらに政治的法律的および経済的価値であれ、評価する作用と価値創造の働きとを予想する。そしてこの評価作用と価値創造の働きが、一方からみれば個人的な世界のことのようにみえながら、それが同時に歴史的社会的な人間集団によって支えられていなければならないことはいうまでもない。ところが経済的価値が他の一切の価値から区別されうる最も本質的な一点は、それが数量化されうる価値であり、また現に数量化された価値だということである。価値は元来人間にとって望ましいもの、よいもの goods, biens, Güter であり、したがって価値は元来質的なものであるが、質的であると同時に量的であるという点に経済価値の特色が存する。そして質的な価値の数量化ということが、何びとかの個人的評価や個人的な創造行為によって行われるのではなく、経済社会の歴史的な発達につれて、一つの歴史的社会的行為として遂行される。要するに、価値の形成が歴史的社会的行為の所産であるばかりでなく、質的な価値が量的に表現されるというところに、他の諸価値と比較して経済価値の特殊性があるのである。そこに経済価値論の出発点が見出される。

経済価値の質的な側面は使用価値、その量的な側面は交換価値、と呼ばれる。そしてこれらが価値の最も端初的な形態である。問題は、この二種類の価値がどのような関係にあるかということにある。周知のとおり、アダム・スミスはこれら両種の価値を value in use と value in exchange という用語で区別した。そしてスミスは両者のちがいを、あの古典的に有名になった水とダイアモンドの例をもって説明した。この引例そのものは実はスミス独自のものではないけれども、スミスが、水はその使用価値が大であるにもかかわらず、交換価値はきわめて小もしくはゼロに近いと述べ、これに反してダイアモンドはその交換価値が非常に大きいにもかかわらず、使用価値はそれほど大きくはないと述べたことは、とくに後の学者の関心事となった。後に限界効用学派に属する人びとが、これを価値のパラドックスと名づけたことも価値論史上あまねく知られているところである。しかしながら、スミス自身はこの矛盾に気づかなかったばかりでなく、両種の価値の間にいかなる関係があるかという問題を提起することもなかった。彼はいきなり交換価値の分析に進み、そこから名目価格 nominal price と真実価格 real price の区別に達し、さらに前者を price in money とし、後者を price in labour としたこともまたよく知られている。これが労働価値論のいわば原点をなすものである。しかしスミスは価値－価格－所得機構の分析において必ずしも労働価値論を徹底させることなく、説明が困難に遭遇すると、しばしば臨機応変に使用価値＝効用価値論の考え方を援用して、急場をしのぐ感があった。スミス自身は、これを自己矛盾であるとも自己の理論的破綻であるとも思わなかったようであるが、しかしこのスミス的な矛盾から、その後における価値論史上の二大対立、すなわち労働価値論と効用価値論の対立が生れたこと、そして前者はマルクスの労働価値論により、後者はオーストリアのメンガー、イギリスのジェヴォンズ、スイスのワルラス兄弟などの効用価値論によって代表されていることもまた、一般によく知られているところである。

ところで、体制概念の観点からこれら両種の価値論を比較してみるとどういうことになるであろうか。われわれは、もちろんここでは理論の細部に立入って論ずることはできない。労働価値論と効用価値論の思想性格を明らかにするという観点から、そしてそれと関連して、二つの価値論の社会科学的真実性を検討するという観点から、当面の問題に立向かうことにしたい。

マルクスの労働価値論は、たんに価値の実体が労働であるとか、価値の尺度には外在的尺度(貨幣)のほかに内在的尺度(労働)がなければならないとか、価格は価値の貨幣的表現でしかないとか、そういったことを明証するためにのみあるのではない。またマルクスの労働価値論は、いわゆる等価交換の法則が商品交換の規制法則であり、したがっていわゆる価値法則なるものが、市民社会の自然法則として盲目的にその作用を逞ましくしていることを、明証するためにだけあるのでもない。もちろん以上のことは、マルクスの労働価値論にとって基本的に大切なことであり、これらの諸点の認識なしには、われわれは労働価値論の理解に到達することは不可能である。しかしながらこれらのさまざまな認識作業、さまざまな認識努力の究極の目的はどこにあったかといえば、それはいうまでもなく、資本の秘密を曝露することにあったことは明らかである。それは資本とは何かということであり、資本はいかにして利潤を獲得するかということであり、さらにいえば、そもそも剰余価値とは何か、剰余価値はいかにして搾出されるかということである。これを要するに、マルクス労働価値論の究極の目的は、資本の秘密を探りあてることにあったといえるのであって、スミスの労働価値論とマルクスのそれとの間には、その認識目標からみて、少なくともこのような大きなちがいが見出されるのである。

これにたいして、効用価値論の認識目標はどこにおかれていたかといえば、資本とその運動ではなく、価格機構の解明にその主力が向けられていた。そして所得配分の問題が価格機構の一構成要素であるかぎり、所得の問題もまた彼らの理論的な視野の中にあったといえる。（彼らはこれを帰属理論 Zurechnungstheorie と呼んだ。これは最終生産物の価格＝交換価値を、それの生産に協力した生産諸要素――資本、土地、労働――に配分する理論である。）けれども主力は価格すなわち交換価値がいかにして決定されるか、交換価値を決定するメカニズムは理論的にいかに解明されうるか、というところに向けられていたといって差支えない。この点で、効用価値論者はむしろスミスの地平を越えることなく、スミスの陥った自己矛盾（投下労働説と支配労働説の矛盾）、その理論的破綻（価値分解説から価値構成説への逆転）を、スミスの理論的枠組の中で解決しようとしたものだとみることができよう。ただし効用価値論者は、もはや労働という発想（すなわち価値を生産し創造するという発想）からではなく、効用という発想（すなわち価値を消費し評価するという発想）からこのスミス的課題にとり組んだのであって、先に述べたところの価値のパラドックスなるものは、誰よりもまず効用価値論者の頭脳に反映されたスミス的矛盾にほかならなかったのである。この意味で、いささか逆説的ないい方をあえてするならば、労働価値論者よりもかえって効用価値論者のほうが、より多くスミスにたいして忠実であったということもできるであろう。

この最後のわれわれの立言には一つの重要な注釈がぜひとも必要である。効用価値論者メンガーが労働価値論者マルクスよりもスミスにたいしてより忠実であったということは、メンガーがマルクスよりもよりよくスミスの認識努力を受け継いだということを意味しない。またメンガーがマルクスよりもよりよくスミスの社会科学的内実を生かしたということを意味しないのである。というのは、メンガーはスミスの等価交換方式を出発点としたけれども、それをもう一つ理論的に深める作業を行うに当って、個人主体の評価作用にまで降りていってしまったからである。その結果として、つぎにもう一度交換価値＝価格の水面に浮び上ることがきわめて困難になった。いい換えると、個々の評価主体と個々の消費財との間の関係については、たとえば限界効用逓減の法則というような合理的評価方式を搾出して、精緻な説明を展開することができたとしても、そこから現実の市場価格(スミスのいわゆる名目価格)の世界に理論的に浮び上るのは並大ていのことではない。それはたかだか市場価格の変動を説明することはできるとしても、価格そのもの(スミスのいわゆる真実価格)を有効に説明することは困難であろう。なぜなら、メンガーはスミスとちがって、貨幣をすでに与えられたものとして前提しているからである。(これに反して、スミスにとって最初の購買貨幣は労働であり、貨幣の価値がまず労働によって説明されなければならなかった。)そこでかりにメンガーが価格＝貨幣機構の理論的説明に成功したとしても、彼には資本の秘密を解き明かす鍵は永久に拒まれていたはずであり、このことはメンガー以後のオーストリア学派の人びと、およびその他の限界効用学派の人びとについても一様に当てはまることである。資本はたかだか「過去の生産の結果であって将来の生産に役立つ諸財」でしかなくなり、したがって資本による生産とは「迂回生産」round-about production のことでしかありえないであろう。かくて限界効用学派の人びとは、アダム・スミスの市民社会体系を効用理論にまで掘り下げることによって、スミスの「自然的自由の体系」を文字どおり「自然的体系」と化した。いい換えれば、彼らは一つの超体制的な経済理論を作り上げた。そうすることによってまた、彼らは歴史的社会的個体であるはずの資本主義体制を永遠化し、「自然秩序化」したということもけっして不当ではないのである。

社会主義－共産主義体制にたいして背を向けている限界効用学派の人びとが、かえってその理論的作業の内部では、あたかも未来社会のイメージに捉えられているかのような感があるのにたいして、マルクスや労働価値論の立場に立つ人びとが、かえって資本主義体制に埋没するかのような感があるのは、一つの歴史的な皮肉であるといわなければならない。資本主義体制を擁護する姿勢を持った限界効用論者が、反体制的(社会主義‐共産主義的)であるかのようにみえるのにたいして、資本主義体制を否定する姿勢を持った労働価値論者が、かえって体制内的(資本主義的)であるようにみえるのはいったいどういうことであるのか。一見これもまた一つのパラドックスだといえるかもしれない。しかし立入ってみればそれはパラドックスでもなんでもないのである。われわれはつぎに体制理論としてのマルクスの労働価値論についてこのことを確かめなければならない。

メンガーが一見「社会主義‐共産主義的」であるのにたいして、マルクスが一見「資本主義的」であるようにみえるそもそもの原因はどこにあるのだろうか。それはスミスの等価交換方式にたいする両者の態度のちがいにあるといわなければならない。メンガーはスミスの等価交換という自然法的思想を否定し、その代りに不等価交換という思想をもって彼の効用価値論を基礎づけた。これにたいしてマルクスは、終始一貫してスミスの等価交換方式を守り続けた。これが価値論上における主観主義と客観主義の分れる因であったといえる。だから、言葉の正しい意味において等価とは何か、等価交換の法則とは何かということを問い続けるマルクスのほうが、はるかによりスミス的であり、したがってより市民社会的であり、より資本主義的であるといわざるをえないことになる。スミスの労働価値論というものは、もし完全な自由競争が前提されたとすれば、二つの商品の交換割合はいかにして決定されるかということを明らかにしようとするものであった。スミスはそれを二つの商品の生産のために投じられた労働の分量が等しいということのうちに求めた。だから等価の法則はたんに交換の法則であるだけではなく、それと同時に、というよりはその前に、生産の法則でなければならなかった。スミスにおいて労働価値論が資本主義的商品生産の実相を捉えていたこと、したがってスミスの思想を忠実に受け継いだマルクスが、誰よりも「資本主義的」であったことは当然だといわなければならないのである。

いまわれわれは、市民社会的という用語と資本主義的という用語をいささか不用意に使用した憾みがある。もちろんこの二つのものは完全に同義語ではない。しかし両者の重なり合いのちがいについて論ずるのはいまその場所ではない。（われわれはすでに本文の終章においてこの点をかなり詳細に論じておいた。）しかし市民社会と資本主義社会の異同をもう少しちがった観点から明らかにするという意味において、労働価値論におけるスミスとマルクスの異同についてさらに若干の考察を付加しておく必要があるように思われる。これを箇条書的に略述すればつぎのようになるであろう。

まず第一に、スミスはいわゆる使用価値と交換価値のパラドックスに彼の注意を向けはしたが、このパラドックスの意味について考えなかったばかりでなく、そもそも二つの価値の関係はどうかということさえ問題としなかった。これにたいしてマルクスは、一方において使用価値を物財的なもの、素材的なものと解し、他方において交換価値を価値の相対的比率的表現と解した。ではマルクスにとって価値とは何かといえば、それは人間労働の凝結したものであり、より正しくは抽象的人間労働の対象化されたものである。もちろんそれは幻のごとく宙に浮ぶことはできない。それは素材的なもの、物財的なもの、いい換えれば使用価値において対象化されなければならない。かくて使用価値は価値の素材的な担い手というマルクス独自の定式が打出されることになる。この定式そのものはマルクス独自のものであるとしても、この発想に導くための素材はほとんどみなスミスの中に見出されることを、われわれとしては注意したい。マルクスとメンガーとどちらがスミスの忠実な弟子であるかを見抜くことは、それほど困難な仕事ではないのである。個々の評価主体(メンガー)ではなく、商品が、つまり資本主義社会の細胞としての商品がマルクスの考察の対象であった。これをスミス流にいい換えれば、「商業的社会」もしくは「文明化された社会」(=市民社会)の究極の要素としての商品からマルクスもまた出発したことになるのである。

では価値のパラドックスについてのマルクスの解決はどうかといえば、マルクスはこの点ではリカードの弟子であったといえる。リカードが、任意に再生産することのできない、いわゆる稀少財の価値を彼の労働価値論から追放したように、マルクスもまたこの種の財をその考察の圏外に追放した。そのことによってマルクスの労働価値論は方法的に純化され、理論的に一義化された。効用価値論者のいわゆる価値のパラドックスなるものは、実はスミス－リカード－マルクス的な商品――これが資本主義的商品生産における本来の商品である――と、そうでないところの、いわば非本来の商品とを同一列におき、両者に共通な、より抽象的な、非歴史的な理論を打立てようとしたところから生れたものというべきなのである。

第二に、ではマルクスは価値論における質的なものと量的なものとの関係をどのように摑んだのか。経済価値は他の諸価値とちがって、なぜたんに質的であるだけでなく、同時に数量的なものとして表現されるのか。またそれはいかにして可能となるのか。これはスミスにはなかった問題提起であるし、右の第一点の解明によってもまだ答えられていない問題である。われわれは進んでこの点を考えてみることにしよう。

経済価値がなぜ数量的な価値として表現されるのか。それはスミスによって一部答えられ、マルクスによって完全に答えられた。経済価値を測定するものは貨幣=金(または銀)であるが、金(または銀)はそれ自身が商品であり、労働の生産物であるというところに経済価値の数量的性格を解き明かす鍵がある。これは、「労働は最初の購買貨幣である」といったスミスの立言のうちにすでに与えられていたものである。マルクスはこれを受けて、労働を価値の内在的尺度、貨幣を価値の外在的尺度として捉え、さらに一歩を進めて、この両者を統一する観点を切り開いた。それはあの有名な労働の二重性という観点である。すなわち労働は一方において使用価値を生産する労働であると同時に、他方において価値を生産する労働として把握されることになった。これはスミスにはないマルクス独自の労働観であることはいうまでもない。マルクスがこのように独自な観点を打出すことができたのは、彼が労働をたんに支出された労働としてではなく、支出されうる労働として、すなわち生きた労働力として、これを動的に主体的に捉えることができたためであった。

そこで問題は、では経済価値はいかにしてこのような内在的ならびに外在的な尺度を持つことができるのであるのか、ということになる。このいかにしてに答えるものがマルクスの価値形態論であるが、これについてもいまは論ずべき場所ではない。ここでわれわれが注意しなければならないのは、価値の内在的ならびに外在的尺度がかかるものとして社会的に成立し、あまねく商品交換の規準として役立ちうるためには、すでに資本主義的商品生産がもっぱら支配的に行われている社会を前提していなければならないということである。これは資本を前提し、資本主義体制を前提しているという意味である。いい換えると、価値や貨幣の本質の問題は、あらかじめ資本の姿を思い浮べることなしには解明されえないということになる。「資本は過程しつつある価値」にほかならず、「貨幣は価値の一般的実存様式」であり、「商品は価値の特殊的実存様式」にほかならない。価値実体観の有無を別にしていえば、これがマルクスの価値概念をスミスのそれから分つ最も本質的な差異であろう。

なるほどスミスにおいても抽象的な人間労働という観念は存在した。しかしそれはあらゆる場所とあらゆる時を超越した非歴史的なものであった。マルクスのいわゆる抽象的人間労働がそのようなものでないことはいうを要しない。これと同様に、なるほどスミスにも等価交換の法則すなわち価値法則なるものは存在した。しかしそれが資本との結びつきにおいて捉えられることはなかったといえる。たかだか貨幣との結びつきにおいて、交換価値との結びつきにおいてみられたにすぎなかった。マルクスがそうでなかったことはわれわれがいまみたとおりである。マルクスにおいては、価値法則はたんに商品交換の法則であるばかりでなく、そこから貨幣の必然性が論証されなければならない足場であり、またそれにおいて資本が自己増殖をとげることができる舞台であった。価値法則は資本を前提することなしには、その全き姿において成立することはできず、逆に、資本は価値法則を前提することなしには、その本性を洗い出すこともできない。これを要するに、「価値概念において資本の秘密が漏らされている」(マルクス『経済学批判要綱』)のである。われわれはこれをいい換えて、価値法則はその全き姿において資本主義の体制法則であると規定することができるであろう。

以上われわれは価値法則におけるスミスとマルクスの関係――その一致点と差異点――を究明することによって、市民社会と資本主義体制との関係を一つの側面から明らかにしようと努めてきた。重複をおそれずに、われわれが到達した結論を要約すれば、ほぼつぎのようにいうことができるであろう。一、スミスにおいては、価値法則は市民社会の規制法則であったが、マルクスにおいては、それは資本主義体制の規制法則にまで高められた。二、このことは、スミスがみていたものとマルクスがみていたものは実質上別のものではなかったことを意味する。つまり、市民社会と資本主義社会は実質上同じものであることを意味する。三、相違はただ――両者の発想上ならびに方法論上のちがいをあえて問わないとすれば——前者が市民の観点から資本主義社会をみたのにたいして、後者が資本の観点から市民社会をみたという一点にあるにすぎない。四、ここからスミスとマルクスとの、したがって市民社会と資本主義体制との決定的なちがいが生れてくる。それはつまり、市民社会は開かれた体系であるのにたいして、資本主義体制は閉ざされた体系であるということである。（以上は純理論的な考察であって、スミスとマルクスが属していた歴史的時代の差異というものを一切捨象していることを念のために断っておく。）

資本主義体制と価値法則という主題に関して論じなければならない論点は、けっして以上をもって尽きるものではない。しかし細部に立入ることは、もはやわれわれの企図するところではないので、さし当り以上のことからひき出されるであろう一つの推論について言及するにとどめたい。それによってわれわれは一層われわれの主題の意味を明確にすることができると信じるからである。

それは端的にいえば、社会主義社会においても価値法則の妥当は認められなければならないということである。それは、社会主義社会においても市民社会が消滅しないで、依然として存続するという思想と結びついているのであって、このことは以上の所論からただちに理解されるであろう。このようにいっても、アダム・スミスによって解明された市民社会が、そのままの形で社会主義社会に持越されるという意味でありえないことはもちろんである。またマルクスが資本の運動の場として捉えた市民社会が、なんらの質的変化をとげることなく社会主義社会にひき継がれるという意味でないことももちろんである。市民社会はそれ自体が一つの歴史的な生成物であり、したがって歴史的に生成し発展する。だがしかし、市民社会が生産力の体系であるという一点においては、それが前近代的な市民社会であろうと、近代的な市民社会であろうと、あるいはまたつぎに来るべき新しい体制下の市民社会であろうと、本質的には変りがないはずである。ただ変るのは、生産力の質でありその構造であるであろう。その変化は主として生産力の主体の性格によってもたらされるといえる。すなわち生産力の主導者が市民的市民であるのか、資本主義的市民であるのか、それとも社会主義的市民であるのかということによって、生産力の質と構造が、したがってその歴史的なあり方が変ってくるものといわなければならないのである。

もしこのようにいうことができるとすれば、社会主義社会においても価値法則の妥当が認められるかどうかという問題[1]にたいして、一つの有力な解答の指針を提供することが可能となるであろう。価値法則は社会主義社会においても妥当するし、また妥当しなければならないという結論が、ここからひき出されることになるであろう。といっても、価値法則はもはや「見えざる手」の働きとしてではなく、また「盲目的自然法則」の作用としてでもなく、市民によって自覚され見透された「配分の法則」[2]として妥当するにいたるであろう。にもかかわらず、ここでもまた価値法則は無視されてはならず、遵守されなければならない。それは資本という物象化された主体によってではなく、労働という人間主体をまって初めて可能となるはずのものである。ここでは市民社会の原理はもはや「非社交的社交性」(カント)の原理としてではなく、また「理性の狡智」(ヘーゲル)の原理としてでもなく、前市民的共同体と市民社会的共同体の両者を統一する新たな構成体の原理として見直されてくるであろう。

(1) 社会主義社会における価値法則の妥当の問題については、ソヴェト・ロシアにおいて長い間論議が続けられた結果、今日ではこれを肯定する意見がしだいに有力となっているようにみえる。(この点については岡稔『計画経済論序説』一九六三年を参照されたい。)このことはわれわれにとってすこぶる興味が深い。この問題を戦後いち早くわが学界に紹介したのは、都留重人「経済学の新しい課題――価値法則は社会主義社会にも妥当するか――」(『世界』一九四六年十一月)である。それ以後わが国においてもこの問題に関説する論稿は数多く現れたが、しかしわれわれのように市民社会との関わり合いにおいてこの問題を論じたものはなかった。他方、平田清明『市民社会と社会主義』(一九六九年)は、題名のように市民社会と社会主義の関連を問題とした点において画期的であったが、これを価値論の次元にまで掘り下げるにはいたらなかった。われわれの試みはこれら両者の発想を統一しようとする狙いを持っている。(前掲岡稔氏の著作は、われわれのやり方とは同じではないけれども、労働価値法則をもって社会主義的計画経済を基礎づけようとする試みであることが注目される。)

(2)　大熊信行『経済本質論』(一九四一年)が提唱する「配分の原理」なるものは、価値論の裏づけを持たない、まったく形式的な、超歴史的な抽象原理である。それはいわゆる「マルクスのロビンソン物語」を曲解するものである。それはかつていわゆる「戦時体制」の基礎理論としての役割を果したが、今日新しいファシズムの基礎理論として奉仕することもできるであろう。しかし配分の原理が、われわれのいうところの社会主義的配分の法則となんの関わり合いもないことは、以上の論述をもって明らかであろう。

事項索引

サ 行

タ行

ナ 行

ハ 行

マ 行

人 名 索 引

ア 行

カ 行

サ 行

タ 行

ナ 行

ハ 行

マ 行

ヤ 行

ラ 行

ワ 行

■岩波オンデマンドブックス■

アダム・スミスの市民社会体系

1974年 4月26日　第1刷発行
1994年 9月8日　第4刷発行
2025年 3月7日　オンデマンド版発行

著　者　高島《たかしま》善《ぜん》哉《や》

発行者　坂本政謙

発行所　株式会社　岩波書店
〒101-8002 東京都千代田区一ツ橋 2-5-5
電話案内 03-5210-4000
https://www.iwanami.co.jp/

印刷／製本・法令印刷

ISBN 978-4-00-731541-1　　Printed in Japan